油气企业"一带一路"20国投资风险管理研究

张 琼 著

中国财经出版传媒集团
中国财政经济出版社

图书在版编目（CIP）数据

油气企业"一带一路"20国投资风险管理研究／张琼著．——北京：中国财政经济出版社，2023.8
ISBN 978－7－5223－2449－4

Ⅰ．①油… Ⅱ．①张… Ⅲ．①"一带一路"－石油企业－国际投资－风险管理－研究 Ⅳ．①F407.22

中国国家版本馆CIP数据核字（2023）第159865号

责任编辑：郭爱春　　　　　　　责任印制：张　健
封面设计：卜建辰　　　　　　　责任校对：张　凡

油气企业"一带一路"20国投资风险管理研究
YOUQI QIYE "YIDAIYILU" 20GUO TOUZI FENGXIAN GUANLI YANJIU

中国财政经济出版社 出版

URL：http：//www.cfeph.cn

E-mail：cfeph@cfeph.cn

（版权所有　翻印必究）

社址：北京市海淀区阜成路甲28号　邮政编码：100142
营销中心电话：010-88191522
天猫网店：中国财政经济出版社旗舰店
网址：https：//zgczjjcbs.tmall.com
北京中兴印刷有限公司印刷　各地新华书店经销
成品尺寸：170mm×240mm　16开　19印张　271 000字
2023年9月第1版　2023年9月北京第1次印刷
定价：82.00元
ISBN 978－7－5223－2449－4
（图书出现印装问题，本社负责调换，电话：010-88190548）
本社质量投诉电话：010-88190744
打击盗版举报热线：010-88191661　QQ：2242791300

序 言

"一带一路"倡议提出至今已逾10年,取得了丰硕的合作成果,区域投资促进了全球化,使各个国家同时获得更多的发展机遇。"一带一路"的建设不仅对经济增长产生重要的意义,中国与沿线国家之间科教文卫交流合作的层次大大提升、领域有所扩宽,对文化传播也产生了深远影响。油气领域作为全球都非常重视的能源领域,在"一带一路"合作中起到了领头羊的作用,率先实现了与沿线国家的充分合作,投资额及回报率均有显著增加,取得了预期的效果。随着国内和面向国际石油市场的天然油气资源合作关系发展的不断深入,两者渐渐融合形成了密不可分的天然有机体,并且全球供需循环体系也初步显露。我国的油气行业国际贸易综合运营技术业务已经拓展遍及80多个发展国家和发达经济地区,建立了一系列油气国际贸易战略投资合作体系布局,从五大天然气和油气行业国际贸易合作区、四大天然气和油气行业国际贸易战略投资合作发展通道,再到三大国际大型天然油气国际贸易综合运营技术服务中心的建成,均有了长足进展。

本书立足于"一带一路"沿线国家的油气投资风险管理进行系统研究,研究对象为"一带一路"沿线油气资源相对丰富、合作基础较好的国家,具体目标定为俄罗斯;中亚的乌兹别克斯坦、哈萨克斯坦、土库曼斯坦;中东的伊朗、伊拉克、沙特阿拉伯;东南亚的印度尼西亚、缅甸、新加坡、马来西亚、文莱;南亚的巴基斯坦、印度、阿富汗;西亚的卡塔尔、也门、阿联酋、科威特、叙利亚等20个国家。主旨研究这20个国家的油气投资环境分析、投资风险识别、投资风险估计、投资风险评价,进一步为我国油气企业更好地"走出去"提出相应投资应对策略。

本书分为七章,从风险管理的理论内容逐步深入,按照风险识别、风险估计、风险评价和风险决策的思路构建内容体系。第一章介绍了我国对"一带一路"沿线国家投资的六个方面的重要意义;第二章分析了我国油气行业对外投资的现状,包括油气投资合作的方式、特点、趋势及存在的问题;第三章通过对油气投资环境的油气资源环境、政治环境、经济环境、油气法律政策环境、基础设施建设五个方面分别对确定国家进行详细的分析,客观介绍其油气投资的优势和劣势;第四章进一步对20个国家的油气投资风险进行识别,主要包括政治风险、经济风险、运营风险、法律风险和安全风险五个方面;第五章基于风险识别的范围根据导致风险出现事件的频次进行风险估计,综合得出各个地区油气投资各种风险的评估汇总结果;第六章针对"一带一路"沿线的20个国家政治风险、经济风险、运营风险、法律风险、安全风险的详细研究结果,在已确定的一级指标下分别建立二级指标,共同构建"一带一路"沿线国家油气投资风险评价体系;第七章通过对20个"一带一路"沿线国家进行油气投资风险的综合评价,根据得分可以看出,不同国家的油气投资风险差异较大。俄罗斯、沙特阿拉伯、哈萨克斯坦、印度尼西亚的油气投资风险明显小于其他研究国家。土库曼斯坦、伊朗、乌兹别克斯坦、新加坡、缅甸的投资风险较低,虽然相对于排名前列的国家有着一定差距,但也适宜开展油气投资活动。文莱、马来西亚、巴基斯坦、阿联酋、卡塔尔、印度、科威特虽然油气资源也比较丰富,但外交政策、油气投资环境相对不稳定,需要中国的油气企业谨慎考虑。伊拉克、也门、叙利亚、阿富汗4个国家的综合得分较低,表明油气投资环境较差,油气投资风险较高,不适宜大规模开展投资活动。

根据评价结果,结合"一带一路"沿线国家的油气投资风险状况,按照所划分的不同风险等级将提出不同的针对性应对策略,对于低风险国家可以采取加强能源外交、深化油气合作、稳定当前投资、保持长期发展等策略,对于中风险国家则应细分投资风险、提升防范能力、维持投资规模、拓展合作空间等策略,对于高风险国家则采取关注风险趋势、保障自身利益、结合实际需求、谨慎投资决策。通过以上投资风险管理体系建设，希望能够增强油气企业的抗风险能力，同时提升我国能源合作的国际化水平，降低油气投资的各类风险，从而实现美好愿景。

张 琼

2023 年 7 月

目 录

第一章 我国对"一带一路"沿线国家投资的重要意义 ……… 1
- 第一节 促进世界各地经济平衡发展 ……………………………… 1
- 第二节 促进我国和沿线国家贸易转型 …………………………… 9
- 第三节 提升能源合作国际化水平 ………………………………… 10
- 第四节 促进沿线国家卫生医学的进步 …………………………… 12
- 第五节 促进农业协同发展 ………………………………………… 13
- 第六节 促进基础设施建设与合作 ………………………………… 15

第二章 我国油气行业对外投资现状 ……………………………… 17
- 第一节 我国油气对外投资主力及合作方式 ……………………… 18
- 第二节 我国油气对外投资的特点和趋势 ………………………… 28
- 第三节 我国海外油气行业投资存在问题分析 …………………… 32

第三章 "一带一路"沿线国家油气投资环境分析 ……………… 36
- 第一节 中亚国家油气投资环境分析 ……………………………… 36
- 第二节 俄罗斯油气投资环境分析 ………………………………… 48
- 第三节 中东地区油气投资环境分析 ……………………………… 53
- 第四节 东南亚地区油气投资环境分析 …………………………… 64
- 第五节 南亚地区油气投资环境分析 ……………………………… 81
- 第六节 西亚地区油气投资环境分析 ……………………………… 90

第四章 "一带一路"沿线国家油气投资的风险识别 ………… 105

第一节 油气投资风险界定 ………………………………… 105
第二节 "一带一路"沿线国家油气投资的政治风险 ………… 106
第三节 "一带一路"沿线国家油气投资的经济风险 ………… 122
第四节 "一带一路"沿线国家油气投资的运营风险 ………… 135
第五节 "一带一路"沿线国家油气投资的法律风险 ………… 149
第六节 "一带一路"沿线国家油气投资的安全风险 ………… 161

第五章 "一带一路"沿线国家油气投资的风险评估 ………… 173

第一节 "一带一路"沿线国家油气投资的政治风险评估 …… 173
第二节 "一带一路"沿线国家油气投资的经济风险评估 …… 190
第三节 "一带一路"沿线国家油气投资的运营风险评估 …… 202
第四节 "一带一路"沿线国家油气投资的法律风险评估 …… 211
第五节 "一带一路"沿线国家油气投资的安全风险评估 …… 219

第六章 "一带一路"沿线国家油气投资的风险评价 ………… 234

第一节 "一带一路"沿线国家油气投资的风险评价体系构建 … 234
第二节 "一带一路"沿线国家油气投资的风险评价体系应用 … 249
第三节 "一带一路"沿线国家油气投资的风险评价结果分析 … 258

第七章 "一带一路"沿线国家油气投资风险决策 …………… 263

第一节 "一带一路"沿线国家油气投资风险分类 …………… 263
第二节 "一带一路"沿线国家油气投资风险控制对策 ……… 265
第三节 "一带一路"沿线国家油气投资风险防范 …………… 273

结　　论 ………………………………………………………… 282
参考文献 ………………………………………………………… 285

第一章 我国对"一带一路"沿线国家投资的重要意义

自"一带一路"的实施，根据相关部门发布的公告，截至2021年11月，我国对"一带一路"沿线的57个国家境外非金融企业累计投资金额达1162.2亿元人民币，同比增长5%，占同期总额的18.1%。我国对外投资的国家有新加坡、马来西亚、泰国、印度尼西亚、巴基斯坦、哈萨克斯坦、越南和老挝等。对外非金融类投资主要集中在租赁和商务服务业、批发和零售、制造业等。近几年我国投资范围不断扩大，从并购金额上看，主要集中在秘鲁、智利、中国香港等国家和地区。同期在对外承包工程方面，我国对沿线60个国家新签了对外承包工程项目合同4518份，签订合同总额达6628.6亿元人民币，占同期我国新签合同金额的50.9%；完成营业额4951.6亿元人民币，同比增长0.8%，占同期总额的57.8%。同时，我国投资领域也在不断发展壮大。比如，在跨境电商方面，我国也取得了相应的成果，已经和俄罗斯、哈萨克斯坦、匈牙利、澳大利亚、巴拿马等沿线的国家签订电子商务合作备忘录，建立了双边电子商务合作机制。在数字经济时代，跨境电商一改传统的交易模式，"一带一路"投资促进全球化，使各个国家有了更多发展机遇。本章将对"一带一路"倡议下我国大力推进对外投资的意义进行详细的论述和分析。

第一节 促进世界各地经济平衡发展

区域经济发展不平衡性问题是现阶段整个世界经济发展最为突出的结构性矛盾之一。自2013年"一带一路"战略举措提出后，中国在与沿线国家贸易合作方面取得了显著成效，促进了贸易合作，升级了贸易结构。

2021年我国克服了疫情的影响,与世界多个国家和地区建立了日益密切的关系,推动了相关项目的合作发展,扩大了互联互通合作,促进了双方贸易的畅通。"一带一路"初始沿线国家包括65个国家和地区,地域面积和人口规模总量巨大。"一带一路"65个沿线国家按区域划分如表1-1所示。

表1-1　　"一带一路"65个沿线国家区域划分

区域	国家
东亚(2国)	中国、蒙古国
东南亚(11国)	新加坡、泰国、越南、马来西亚、印度尼西亚、菲律宾、缅甸、柬埔寨、文莱、老挝、东帝汶
南亚(8国)	印度、阿富汗、马尔代夫、孟加拉国、巴基斯坦、斯里兰卡、尼泊尔、不丹
中亚(5国)	哈萨克斯坦、塔吉克斯坦、吉尔吉斯斯坦、乌兹别克斯坦、土库曼斯坦
西亚北非(19国)	阿联酋、阿塞拜疆、黎巴嫩、格鲁吉亚、沙特阿拉伯、土耳其、以色列、卡特尔、埃及、约旦、也门、亚美尼亚、叙利亚、巴勒斯坦、科威特、伊朗、伊拉克、塞浦路斯
中东欧(20国)	俄罗斯、摩尔多瓦、黑山、波兰、捷克、匈牙利、斯洛伐克、爱沙尼亚、拉脱维亚、塞尔维亚、罗马尼亚、乌克兰、斯洛文尼亚、立陶宛、白俄罗斯、保加利亚、波黑、克罗地亚、马其顿、阿尔巴尼亚

很多经济欠发达的地区都加入到"一带一路"的建设中来,2016—2021年上半年中国对"一带一路"沿线国家进行非金融类直接投资累计869.4亿美元。从投资流量和投资存量上看,东南亚地区的投资都占较大比重。近几年,中国将对外减贫工作纳入国家对外经济援助扶贫工作的重点范畴,深化与东盟的对外减贫国际合作,通过在多个扶贫领域内与东盟西方国家政府开展扶贫合作,提供各种经济、技术等对外援助,减小东盟内部的扶贫发展水平差距,平衡区域发展,同时"一带一路"也大力推进了五通发展。

一、推进政策沟通

自"一带一路"倡议提出以来,越来越多的国家积极响应。实践表明，共建"一带一路"顺应了时代潮流和发展方向，国际认同日益增强，合作伙伴越来越多，影响力持续扩大。作为"一带一路"建设的"五通"之首，政策沟通是开展各方面务实合作的基础，也是共建"一带一路"的重要保障。

颁布以来，中国与"一带一路"相关国家之间政策沟通不断深化，政治互信不断加强，取得了丰硕成果。我国同有关国家协调政策，包括俄罗斯提出的"欧亚经济联盟"、东盟提出的"互联互通总体规划"、哈萨克斯坦提出的"光明之路"、土耳其提出的"中间走廊"、蒙古国提出的"发展之路"、越南提出的"两廊一圈"、英国提出的"英格兰北方经济中心"、波兰提出的"琥珀之路"等。同时，中国与老挝、柬埔寨、缅甸、匈牙利等国家的规划对接工作也全面展开，"一带一路"建设任重而道远。截至2022年7月底，中国先后同149个国家和32个国际组织代表形成统一意见，签署了200多份有关中国共建"一带一路"国际合作的倡议书；与日本、意大利等14国签署了第三方市场合作文件；有关合作理念和主张写入联合国、20国集团、亚太经合组织、上海合作组织等重要国际机制的成果文件。"一带一路"的国际影响力、合作吸引力不断释放，"朋友圈"越来越大，合作质量越来越高，发展前景越来越好。随着政策文件不断完善，减少了国家之间的政治摩擦，达成了协同联动合作。

在2020年8月，我国率先召开了首届中韩经贸合作联委会第24次联席会议，这也是自2020年初新冠疫情持续发生以来中国与韩国外方政府首次在线下合作召开的两国政府间中韩经贸合作联动机制交流会议。随着疫情得到持续有效的控制，我国与韩国率先合作开通了重要电子商务等行业人员交流往来"快捷通道"，为中韩贸易投资交流合作创造了有利的市场条件。这一举措对部分地区乃至全球经贸合作恢复与发展开辟了一条新的道路。

在深入推进经贸政策研究沟通合作方面，面对新形势，中国政府将一如既往地坚持"共商、共建、共享"原则，坚持市场经济规律和国际通行规则，以合作共赢为目标，高质量、高标准地推进"一带一路"建设，积极地协同探索与世界有关发达国家制定加强恢复经贸合作交流的具体可行性研究方案，进一步深化"一带一路"伙伴关系。坚持同各方开展政策对接，推动各国发展规划相互衔接，形成联动发展、开放发展的合力，实现互利共赢的目标，为促进全球经济共同进步健康发展提供更大可能性。

二、推进设施联通

自2013年首次提出共建经济带后，一大批重点合作项目全面推进，使得人们的愿景变为现实。百年变局和世纪疫情相互叠加，世界进入新的动荡变革期。为此，世界各国要坚持真正的多边主义，坚持拆墙而不筑墙、开放而不隔绝、融合而不脱钩，推动构建开放型世界经济。"一带一路"倡议顺应了上述要求，成为助益中华民族实现伟大复兴的抓手，成为联通中国与世界实现共同发展的平台，成为践行真正多边主义的标志性项目。截至2022年8月底，中欧班列累计开行6万列，货值累计近3000亿美元，共铺画了82条运输路线，通达欧洲24个国家200个城市。同时，"丝路海运"命名的航线94条，通达31个国家的108座港口，"丝路海运"联盟成员单位超250家。随着进入新发展阶段、贯彻新发展理念、构建新发展格局，我国也大力为合作伙伴提供更多的发展机遇。我国提出高质打造"一带一路"，"硬联通"和"软联通"同时抓起，抓住基础设施和规则标准，它们是设施联通的基石和保障。中央企业做好打响"一带一路"的第一枪，在做好疫情防控的同时，也要承担起积极开展复工复产任务的重任，推动海外项目进行，积极投入到"一带一路"建设中去。

基础设施互联互通是"一带一路"建设的优先领域。2021年，中老铁路、以色列海法新港等重大项目顺利竣工，中巴经济走廊、比雷埃夫斯港、雅万高铁、匈塞铁路等建设运营稳步开展。中欧班列开行量和货运量再创历史新高，为各国经济复苏提供了强劲动力。2021年4月巴基斯坦正面临严峻的考验，巴方对"一带一路"建设予以重视，巴基斯坦表示全力支持中巴经济走廊，并对我国表达出诚恳友好的态度，巴方代表表示愿意积极对存在国际地区问题进行沟通。同年6月，中国土木工程集团有限公司在西非地区建成首条拉伊铁路。公告显示，中国能源建设股份有限公司达成了2020年上半年签订合同3054.91亿元的金额，完成年度计划过半达

57.69%，其中国际新签约合同金额为973.67亿人民币，占新签订合同总额的31.87%。未来，中欧班列将同境外各类园区联动发展，与跨境电商、海外仓等新业态融合发展。2021年，我国跨境电商进出口额为1.98万亿元，增长15%，其中出口1.44万亿元，增长24.5%。截至2021年12月，中国海外仓的数量已经超过2000个，总面积超过了1600万平方米，业务范围辐射全球。

由商品、要素流动型开放转变为规则、制度型开放是"软联通"的关键。《区域全面经济伙伴关系协定》（RCEP）已于2022年1月1日正式生效，中国将同合作伙伴一起构建全球最大规模的自贸区。中国还积极申请加入《全面与进步跨太平洋伙伴关系协定》（CPTPP）和《数字经济伙伴关系协定》（DEPA），通过高水平开放带动高质量发展。此外，中国已与法国、日本、意大利、英国、瑞士、奥地利、加拿大等14个国家签署第三方市场合作文件，建立第三方市场合作机制，彰显出"一带一路"不仅重视市场份额的开拓，更重视技术合作、经验交流和人才培养。

2021年11月，在第四届中国国际进口博览会举办期间，虹桥国际经济论坛发布《世界开放报告2021》，这是中国首次发布"世界开放指数"。报告描述了世界主要经济体开放水平及其动态趋势，呼吁国际社会扩大开放共识、提高开放动能和增强开放共享。报告指出，中国积极作为，成为促进世界共同开放、合作发展的正能量。中国开放指数从2008年的0.6768升至2019年的0.7420，从排行第62位上升至第40位；指数增幅达9.6%，位列增幅榜第八位。"一带一路"倡议成为中国扩大对外开放以及带动全球共同开放的顶层设计，粤港澳大湾区、西部陆海新通道、海南自由贸易港、国际进口博览会等均成为"一带一路"的重要支撑。

三、推进贸易畅通

十年来，共建"一带一路"倡议结出累累硕果，基础设施互联互通按下快进键，双边贸易合作不断深化。自2013年至2022年6月底，我国与"一带一路"沿线国家货物贸易额累计达12万亿美元。从2013年到2020年，我国与"一带一路"沿线国家货物贸易额占我国对外贸易总额的比重提高了4.1个百分点。对沿线国家非金融类直接投资超过1400亿美元，辐射"一带一路"贸易区网络加快建设，已经与13个共建国家签署7个自贸协定。物流畅通推动贸易畅通，我国与"一带一路"沿线国家贸易合作不断迈上新台阶，"一带一路"沿线国家已成为我国贸易往来的重要伙伴。随着贸易新业态新模式的加速发展，特别是跨境电商、市场采购贸易、海外仓等快速发展，为更多中小外贸企业拓展"一带一路"沿线国家市场提供了新的可能，降低了贸易门槛，激活了外贸高质量发展的澎湃动能。自2017年5月中国发起《推进"一带一路"贸易畅通合作倡议》以来，已有140多个国家和国际组织积极参与，该倡议旨在通过推进贸易便利化、发展新业态、促进服务贸易合作，推动和扩大贸易往来。中国国际进口博览会的开设为扩大与"一带一路"国家的经贸合作提供了新平台。"一带一路"海关检验检疫合作不断深化，截至2022年底，中国海关已与32个"一带一路"沿线国家签订了世界海关组织《全球贸易安全与便利标准框架》（AEO）互认协议，签署涉及沿线国家检验检疫合作文件89份，其中基于《共同推进"智慧海关、智能边境、智享联通"建设与合作的倡议》的"三智"合作加快了海关信息交换共享平台、国际贸易"单一窗口"的建设。各地各部门积极探索促进共同发展的新路子，实现了同共建"一带一路"国家的互利共赢。

我国与沿线各国贸易合作快速发展，逐渐显现出新时代性，体现了中国的诚信合作理念，从而达到共同发展的目标。在双边进出口贸易方面，中国与东南亚两个国家的2023年双边出口贸易额稳中有进，其中与相对经济欠发达的非洲国家双边贸易额同比增速最快，这不仅带动了东南亚地区的发展，还将东南亚的市场联通起来，更好地服务于本国的经济发展。

四、推进资金融通

自2013年以来，"一带一路"投融资体系逐渐完善、资金支持力度不断加大。一是"一带一路"新型融资合作平台多元化。亚洲基础设施投资银行（以下简称亚投行）、金砖新开发银行、丝路基金、多边开发融资合作中心基金等成为"一带一路"资金融通的重要平台。截至2022年7月初，亚投行成员达到105个，累计批准项目181个，融资额达357亿美元，惠及33个亚洲域内及域外成员。此外，丝路基金与欧洲投资基金于2018年共同设立中欧共同投资基金。2022年7月，中欧共同投资基金已在近20个国家开展投资，涉及80多家中小企业。"一带一路"银行间常态化合作机制已有55个国家和地区、89家金融机构参与、承诺金额达到430亿美元。中资银行在24个国家设立分支机构102家，人民币跨境支付系统覆盖40个合作国家165家银行。二是融资能力与金融服务水平不断提升。截至2019年9月末，国家开发银行在沿线国家支持基础设施互联互通、产能合作、社会民生等业务余额超过1600亿美元。中国进出口银行贷款执行中包括蒙内铁路、中老铁路、瓜达尔港等在内的项目超过1800个，贷款余额超过1万亿元人民币。2013—2019年，中国出口信用保险公司对沿线国家出口和投资累计支持约8133亿美元。中资商业银行也积极拓展"一带一路"市场，如2015—2018年中国银行在沿线国家实现各类授信支持逾1300亿美元。三是第三方联合融资合作不断深化。中国推动形成的《"一带一路"融资指导原则》已有29个核准方，中国—中东欧银联体推动"16+1合作"框架下的多边金融合作。中国人民银行继续加强与泛美开发银行、非洲开发银行、欧洲复兴开发银行等多边开发机构开展联合融资，已投资近200个项目超过30亿美元。四是金融产品和业务模式不断创新。银行间债券市场对外开放深化，截至2020年6月11日，银行间市场和交易所市场累计发行熊猫债已超过4000亿元，亚投行在中国银行间债券市场成功发行首笔30亿元人民币熊猫债。中国金融机构面向全球投资者发行了"债券通"绿色金融债券以及联合发布"一带一路"绿色金融指数。在沿线50多个参与国开通银联卡受理业务，累计发卡超过2500万张。

2021年一季度中人民币占全球外汇储备达2.5%，较2016年人民币刚加入特别提款权时上升1.4个百分点。例如，当年中国银行达成重大项目跟进600余个，机构办理人民币清算超过4万亿元。除此之外，其他外资银行也大力跟进合作项目，积极促进资金交融互通。资金融通促进境内债券市场以及人民币市场共同发展，实现长期资金投入到"一带一路"建设中来。

五、推进民心相通

"一带一路"沿线各国间在文化、教育、艺术、旅游、智库、科技、环保、抗疫合作等领域开展了多种交流合作,为共建"一带一路"奠定了坚实的民意基础。中国政府"丝绸之路"奖学金项目每年资助1万名沿线国家新生来华学习或研修,且与24个"一带一路"国家和地区签订了学历学位互认协议。"一带一路"沿线国家在华留学生从2004年的2.49万人增加到2017年的31.72万人,占总人数的64.85%,增幅达11.58%,高于各国平均增速。成立丝绸之路各类艺术联盟并开展各种文化艺术交流活动。在"一带一路"国家设立了17个国家文化中心、173所孔子学院和184个孔子课堂,开展各类文化活动近8000场,受众高达270万人。

"一带一路"的建设不仅对经济产生重要的意义,而且对中国与沿线国家之间科教文卫交流合作的层次大大提升领域也有所扩宽,对文化传播产生了深远影响。例如,匈牙利孔子学院就极大地促进了中匈两国友好交流;中国建筑在柬埔寨承建的国家体育场就是中柬民心相通的最好见证;中拉科技创新论坛、青年政治家论坛以及中拉民间友好论坛等增进了中国和拉美国家各方的友谊。截至2021年6月底,我国对拉美供给的中国疫苗已占拉美国家的大部分,在墨西哥和巴西,中国疫苗签约量约占1/4。"丝路一家亲"行动已在共建国家开展民生合作项目300多个,推动中外社会组织建立600对合作伙伴关系;丝绸之路国际剧院、博物馆、艺术节、图书馆、美术馆联盟成员单位达到539家。

目前,中巴经济走廊处在重要阶段,白沙瓦—卡拉奇高速公路苏库尔至木尔坦段正式通车,此次项目建成后正式成为巴基斯坦中部南北交通桥梁,使交通更加便捷,新冠疫情期间保证了物资能够运输。中巴经济走廊框架有效地保障了中巴两国有关大型再生能源联合发电建设项目正常开工投产运转,为此次新冠疫情暴发过程提供了重要能源电力安全技术保障。截至2023年4月,中国与菲律宾合作的重点项目卡利瓦大坝启动施工。2020年7月中巴两国双方再次达成合作,成功拿下两个大型水电站项目,中巴经济贸易走廊不仅促进了中巴双方的共同发展,而且也见证了中巴两国的深厚友情。

第二节 促进我国和沿线国家贸易转型

一、我国贸易转型效果显著

"一带一路"共建在惠及全球的同时，也给我国的发展带来了重大经济机遇，一是构建复合型对外经济的新机遇，提供复合型对外经济发展的巨大空间；二是产业发展与转型升级的新机遇，扩大国内产业的需求规模，推动国内产业的转型升级；三是人民币国际化进程加快的新机遇，显著推动人民币国际化。

中国通过直接对外投资的方式参与融入覆盖全球的产业价值链中，突破全球价值链的中低端，利用企业技术重心转移、产业结构不断优化改造，使得产业向更有助于社会发展的方向发展，打造高质量制造业、旅游业和现代服务业等第三产业。随着国家创新驱动试点项目在国家和地区政策支持带动下，2020年服务进出口总额达7162.1亿美元，实现全国服务进出口总额年均同比增长1.9%。2020年前5个重要交易日当月，我国主要区域知识密集型产业领域以及服务出口产业领域进出口商品贸易总额已高达1153.1亿美元，实现同比年均增长4.7%，当年全国区域服务出口产业领域进出口商品贸易总额的年均增长比重进一步快速增长并很快达到43.3%。随着经济高速增长和大力发展，更多高附加值的产业我国区域服务产业出口商品贸易新兴服务业态快速发展和新模式快速发展成长，以及促进产业转型升级。

近年来，"一带一路"倡议推动了贸易区域结构的重大转型，我国对新兴市场出口占比持续提升，目前东盟成为我国第一大贸易伙伴和新的外贸增长极；随着科技创新、制度创新、模式和业态创新不断强化，新业态新模式日益成为外贸增长新动能。在当前国际形势下，由于"一带一路"使得各个国家贸易畅通，并取得了良好的效果，促进了经济发展，节省了成本费用。截至2022年7月底，中国与20多个共建国家建立了双边本币互换安排，在10多个共建国家建立了人民币清算安排。人民币跨境支付系统（CIPS）业务量、影响力稳步提升。

二、推动沿线国家共同繁荣

前瞻性分析表明,"一带一路"倡议不同程度地促进了沿线国家的经济水平,在国内生产总值增长率、进出口总额、社会福利等方面均有体现。中国与合作国家的大规模基础设施建设以及产能与经贸合作,极大地释放了合作国家间的经济增长潜能。世界银行（以下简称世行）认为,"一带一路"建设是深化区域合作、促进跨大陆互联互通的宏伟举措,将有效改善交通基础设施、提升地区经济环境水平,从而大幅降低贸易成本,产生积极溢出效应,促进跨境贸易和投资,显著推动沿线国家和地区乃至全球经济的增长,如位于中巴经济走廊的中巴农业合作园区为巴基斯坦每年创造120亿美元出口收益。因参与了"一带一路"建设,到2030年巴基斯坦实际收入将增加10.5%、吉尔吉斯斯坦实际收入将增加10.4%。中白工业园区、柬埔寨西哈努克经济特区等随着入园企业的增多,就业、产出以及提供的税收等不断增长,逐渐成为拉动当地经济的新增长点。2019年6月,穆迪（Moody's Analytics）证实,东南亚经济体越是拥抱"一带一路"带来的机会,则增长率越快。这些进一步推动了中国与该地区的"命运共同体"建设。

传统贸易升级换代,实现从出口到出口技术的升级转变,不仅有助于与沿线国家开展投资贸易谈判,还会增加双方的贸易区建设。"一带一路"促进了出口贸易转型升级,使得生产率提升、价值链地位提升,也使得中国贸易走出了国门。而且以对外直接投资为基础导向,实现出口贸易转型升级新模式,改善了供给不足的问题,促进了双方经济发展,为当前的世界经济注入了动力,对中国和"一带一路"沿线国家的贸易转型发挥着重要作用。

第三节 提升能源合作国际化水平

我国作为全球第一大能源进口国,在国际合作中占重要的地位。相关统计数据显示，2021年我国共进口煤炭3.2亿吨，2021年上半年原油产量增长2.4%，天然气产量增长10.9%。我国在参与"一带一路"沿线国家能源合作中，可以扩大油气渠道，使油气运输渠道多样化，降低对马六甲海峡油气通道的依赖。加强国际合作还可以促进油气投资环境健康发展并"走出去"。油气资源"走出去"的战略，虽有成效，但也受到各国发行的政策限制，可获得资源较少。我国由于改变战略布局，向国际欧亚能源布局学习，使得我国投入到油气生产国的机会增多。

能源合作是"一带一路"建设的先行产业和重要引擎，是沿线国家共赢之举。"一带一路"倡议为深化中国与沿线相关国家之间能源合作创造了历史性机遇。多年来，"一带一路"能源合作持续深入推进，中国先后与有关国家签署了100多份合作协议，发布了《推动"一带一路"能源合作愿景与行动》和《共建"一带一路"能源合作伙伴关系部长联合宣言》；与沿线10多个国家和地区开展了能源合作规划；与阿盟、东盟、非洲和中东欧国家合作建立了四大区域能源合作中心。

跨境油气通道投入运营，提高了中国与周边国家能源基础设施互联互通的水平，能源投资、技术、装备和服务合作水平不断提高。在项目的建设运营过程中，中国高度重视环保问题，积极推进清洁能源开发利用，助力有关国家能源行业绿色低碳转型。"一带一路"能源合作不断走深走实，取得了良好的经济、社会和环境效益，不断提升了能源合作国际化水平。

2018年9月，为进一步加强中国和非洲区域组织及国家间的能源合作，中国国家能源局和非洲联盟委员会于中非合作论坛北京峰会期间签署了《关于加强能源领域合作的谅解备忘录》。2021年10月，双方签署了《中华人民共和国国家能源局和非洲联盟关于中国—非盟能源伙伴关系的谅解备忘录》。根据谅解备忘录，同意建立中非盟能源伙伴关系。2021年10月30日，会议还通过了《中非合作论坛—达喀尔行动计划（2022—2024）》。计划提到，中方将同非方在中国—非盟能源伙伴关系框架下加强能源领域务实合作，共同提高非洲电气化水平，增加清洁能源比重，逐步解决能源可及性问题，推动双方实现能源可持续发展。中方宣布将大力支持包括非洲在内的发展中国家能源绿色低碳发展，鼓励中国企业在清洁能源、可再生能源领域与非洲国家开展合作。积极开展能源领域能力建设合作。中国—非盟能源伙伴关系是中非政府在能源领域共同搭建的重要开放合作平台。

首先,在"一带一路"倡议下,我国大力支持走出国门,促进合作,使我国进入资源国油气上游市场更加顺利。其次,我国作出的长远发展规划将扩大我国石油企业的海外投资规模,有利于提升合作水平。最后,由于近几年油价市场不景气,随之出现的并购、资产剥离、出售等现象促使我国加快了并购的步伐。

第四节 促进沿线国家卫生医学的进步

沿线国家的医学技术水平相对落后会导致"一带一路"发展滞后,"一带一路"沿线地区卫生风险会制约"一带一路"相关方面的合作项目。卫生合作与卫生治理转型也为卫生安全提供重要的保障。

中非两国医疗服务合作在开展国际医疗合作中始终起到重要典范展示作用,充分表达了中国人民对非洲人民的真心实意,过去 60 年里,中国一直在持续不断地帮助非洲人民医疗卫生服务事业使其取得稳步发展。据统计,截至 2022 年 10 月,在非洲 54 个国家中,有 45 个非洲国家留下了中国医疗队的身影,前后共计 2 万多名中国医务人员远赴非洲参加援外医疗工作,共医治了超过 2.2 亿名非洲患者。当年为有效帮助非洲顺利度过新冠疫情,中国建立了 30 个中非对口医疗合作机制及非洲疾控中心总部,助力非洲提升疾病防控能力,促进了中非卫生健康合作加速迈入新时代。

通过中非健康卫生共同抗击流感可以极大地体现出我国想要维持与非洲友好共处的决心,使中非民心相通。中国既是"一带一路"沿线国家卫生的供给者,又是引导者和整合者。凝聚"一带一路"沿线在经济发展与卫生发展领域具有比较优势的国家,激发其存在的责任意识。促进沿线国家在医学科研领域的合作,建立合作化的"一带一路"卫生科研机构、"一带一路"医学高校和医院联盟,促进卫生知识和技术有效转化为可以提高"一带一路"沿线国家人民健康福祉的物质产品。中国理念在国际社会的推出为中国推进世界卫生治理的体制变革和制度创新提供宝贵经验,也有助于推动中国理念在国际社会获得更大的认可。

第五节 促进农业协同发展

世界银行研究报告显示，随着"一带一路"的不断推进，中国农业也在不断发展进步，使得沿线各国760万人从贫困中走出来，3200万人脱离中度贫困。例如，中国与乌兹别克斯坦的合作，改善了经济水平，提高了当地人民的生活水平，实现了走出去的步伐。农业协同有效发展增加了农产品国际定价权，一定程度上解决了国内资源不均的问题，推进农业供给侧结构性改革。与此同时，农业发展仍存问题，对外需要先进技术，对外投资力度不大以及海外投资不确定的问题，我国农业应提高核心竞争力，加强国际合作和交流，建立农业投资信息服务平台。

"一带一路"沿线国大多是发展中国家，各个国家在发展中存在各自的优势，于是中国农业相互之间的协同发展也呈现较大互补性，农业发展具有广阔的发展前景。自"一带一路"倡议提出以来，我国农业方面呈现稳步上升的局面，目前已在外投入850多个项目，其中在"一带一路"参与国中达到657个，民营企业占比89%，投资存量达94.4亿美元，相比5年前增长70%。由此可见，"一带一路"建设不仅为中国全球农业战略提供支撑，与沿线各国的发展合作更是促进了当地的农业发展和进步。其中，农业对外投资额呈现明显上升趋势，意味着我国应积极投入海外投资建设发展中去，扩大海外农业投资规模，建立全球农业生产供应链。

一、减轻我国资源压力

我国人口众多，虽然土地广袤但是人均土地与农业生产资源不够充足，随着当前阶段我国农业国民经济不断快速发展以及国民对农产品土地资源保护需求的不断增加，都将促使农业水资源和农业饮用水土地资源的综合利用保护问题日益复杂变得紧张，农业生产不仅需要大量水资源，还会由于不当使用化学药品造成水污染。不过，"一带一路"中一些沿线国家仍然具有得天独厚的优势，例如，中亚地区土地资源丰富，人少地多，农业以种植业、畜牧业为主，其中吉尔吉斯斯坦和哈萨克斯坦雨水覆盖面积广阔而且日照充足，农业生产资源丰富，但其农业生产投入较低，农业技术较为落后，与我国农业具有很强的互补性，彼此合作潜力很大。2022年初，习近平总书记在中国同中亚五国建交30周年视频峰会上明确表示，中国愿向中亚国家开放超大规模市场，将进口更多中亚国家优质商品和农产品。目前，我国与世界86个国家签署了相关农业合作协议，并建立了长期稳定的友好合作关系，大大地推动了世界各国的农业发展建设。

二、促进我国和沿线国家农业经济发展

我国的农业外交是一种古老的外交方式，在古代就已经进行合作，如与古丝绸之路沿线国家的交往联系，通过把本国优秀的农产品和技术传到国外，促进国内外双方合作友好进行。20世纪50年代，中国积极推进发展与苏联等不同社会主义市场国家的农业经济外交，不断推广引入苏联等国家的优质作物栽培良种及优质农机具等农业设施，同时不断输出优良的农作物及优质农产品，加深了与不同社会主义市场国家的农业友谊。进入21世纪以来，中国不断加快了沿线农业技术走向输出去的发展步伐与沿线农业经济外交的发展力度，"一带一路"农业建设被认为是中国与沿线主要参与国家的农业经济外交的新发展契机——为我国加快中国沿线农业的发展国际化对外经营及沿线农业经济外交建设注入了内在的动力，沿线参与国家对于积极发展农业对外开放农业经济合作的强烈市场需求也为中国的沿线农业经济外交建设提供了外推力。

农业外交为世界共同发展作出了巨大贡献，保障了我国农业粮食安全，提升了经济水平，使国民关注的民生问题得到了良好的解决，粮食安全所占据的地位也成为国家粮食安全的头等大事。我国通过开展一系列举措来促进新型粮食安全保障体系的形成。例如，寻找可靠有效的农业投资进口源头，推广宣传粮食进出口以及粮食安全问题等。农业技术外交解决了国内产能过剩问题，并且提出农业投资以及产品输出新渠道，解决了一系列问题，促进了农业发展的进步。据统计，截至2020年3月，我国对中东地区农产品进口总额增加了12.9%，对阿拉伯国家的贸易需求比重大，

其中当地特色产品深受中国消费者喜爱，需求增长。同样，截至2020年，中国累计出口红莲型杂交水稻种子30万吨以上，并将其带到马来西亚进行试验，增产效果显著；另外，还成立了"中巴红莲型杂交水稻联合研究中心"，累计在巴基斯坦建设试验示范基地100余亩。

中国通过有力的现代农业外交关系推进对象国的现代农业发展，解决了沿线贫困对象国家的农业生存环境问题，极大地改善了当地贫困人民的基本生产生活，增强了沿线对象国家各族人民及地方政府对中国的信任度，加深了中国与沿线对象国的战略友好关系。例如，通过对亚非拉落后的发展中国家进行现代农业技术援助，带动了当地的农业技术进步，促进了经济发展，避免了当地出现更多贫困现象，为世界减轻贫困、救助灾情作出了更多贡献。中国和阿拉伯国家合作优势互补，随着"一带一路"项目建设的国际合作不断加深，共同努力推进欧中双方农业合作互利共赢，合作发展模式从单一直接走向多元，完善了一条全球特色农业的安全生产链和供应链，推动了"一带一路"沿线各国集中国内的粮食、棉花、畜牧等主要农产品的深加工出口产业的协同发展，在共同推动两国农业产业融合发展、促进当地城镇就业、农民增收等多个方面也都具有重要战略意义。2016年，中国与苏丹正式合作成立了苏丹农业经济合作贸易开发区，此后该开发区正式发展成为中苏两国农业商贸合作社的综合性贸易平台，棉花市场亩产量已经实现了量的飞跃，从50千克到70千克再上升至200千克最后到300千克。在埃及计划实施的第一个分阶段"百万费丹"（1费丹约合4200平方米）农村土地改良工程计划中，自动化农业灌溉系统建成，水和农用化肥的综合使用管理效率大幅提高，为当地农民创造了至少7.5万个劳动就业机会，提高了当地人民的经济收入，大大改善了当地的生活水平。

第六节 促进基础设施建设与合作

设施联通占重要地位，而基础设施建设更是重中之重，发挥着先导作用。基础设施建设合作可以有效解决资源配置错配，实现储蓄和投资达到合理配置，不仅有利于补齐基础配套设施项目建设中的短板，更有助于加快促进边境地区和跨省地区经贸协同发展。

一、推动我国产业转移和升级

中国与沿线发达国家企业为主要代表的经济体之间进行基础设施合作具有重要国际意义。一方面，在目前国际经济合作中，促进基础设施合作必然会促进整个国际社会共同进步，完善基础设施也为国际合作提供坚实的基础，并为国际友好交流打下坚实基础；另一方面，由于我国具有最全面的工业体系，可以为国际上缺乏基础设施的国家提供高质量的技术产品。中国一直以来都为推动社会发展作出了巨大贡献。这一国际合作模式有利于中国推动经济社会实现合理拉动产业结构转移和促进产业转型升级，为中国促进经济社会发展注入强大力量。

二、加强沿线国家基础设施建设

由于我国合作的"一带一路"沿线国家大多处于落后阶段，但我国更看重各国的发展潜力，如一些国家能源基础设施水平虽然较差但却存在大量尚未开发的能源储备，一些国家地理位置虽然优越但交通基础设施却较差等，促进各国基础设施建设是必要的，这些设施水平能极大地提高整个国家的经济发展水平，促进社会发展进步。高质量、高密度的基础设施对"一带一路"沿线国家经济发展具有重要的促进作用，也是促进中国与沿线国家经贸关系进一步发展的硬件支撑。我国具备强大的基础设施技术水平和能力，所以对沿线国家给予了较大程度上的帮助。我国通过合作建设经济走廊、建设重大信息工程，促进了基础设施建设网络化，一系列举动保证了本国的经济发展，以及节约了大量资源，改善本国的长期经济发展结构，避免了走入封闭经济或者严重依赖资源出口的传统经济模式而导致无法有效实现长期经济可持续发展。中国在未来将积极参与"一带一路"沿线各国的基础设施建设，促进各国基础设施发展战略的协同，全方面提升"一带一路"沿线各国的基础设施水平。

第二章　我国油气行业对外投资现状

2022年，我国石油海外油气权益产量当量突破1.8亿吨，连续4年突破亿吨大关。随着国内和面向国际石油市场的天然油气资源合作关系发展的不断深入，两者渐渐融合形成了密不可分的天然有机体，并且全球供需循环体系也初步显露出来。为有效利用能源保障国家安全稳定，持续发展清洁能源，国内上游地质石油勘探油气资源项目开发探明项目累计投资仍然继续稳居我国历史同期高位，地质石油资源探明储量和地质天然气资源探明储量可能分别继续保持10亿吨和7000亿立方米以上。我国的油气行业国际贸易综合运营技术业务已经从信息传播海外市场推广渠道拓展遍及80多个发展中国家和发达经济地区，建立了一系列油气国际贸易战略投资合作体系布局，从五大天然气和油气行业国际贸易合作区、四大天然气和油气行业国际贸易战略投资合作发展通道，到三大天然油气行业国际大型天然油气国际贸易综合运营技术服务中心，我国油气运输业务网络遍布覆盖全球35个国家和地区，运营93个国际合作项目，物资运输装备和农产品出口业务遍布78个国家和偏远地区，工程技术人员服务队和作业技术队伍1200多支，工程建设和工程技术服务支持了69个国家的工程。

截至2021年底，我国有30多家企业在全球50多个国家参与了200多个项目的投资，其中土库曼斯坦巴格德雷B区东部气田二期项目以及阿穆尔天然气处理厂第二列装置顺利投产；伊拉克西古尔纳项目获得高产；尼日尔项目二期工程全面启动；哈萨克斯坦西北原油管道反输改造工程成功收尾，最终实现了600万吨/年反输能力的工程建设目标。

本章从我国油气行业对外投资主力及合作方式、我国油气行业对外投资特点和趋势介绍我国油气行业对外投资现状，并对我国海外油气行业投资存在的问题进行分析。

第一节 我国油气对外投资主力及合作方式

一、油气行业对外投资主力

我国对外油气开采行业也在海外投资中，94%的对外石油投资权益的产量主要来自我国三大国有对外石油投资公司。从图2–1中可以看出中石油、中石化及中国海油是主要的对外国有投资企业。

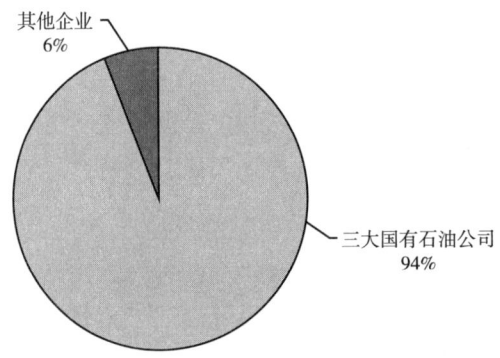

图2–1 我国油气企业对外投资比重图

（一）中国石油对外投资合作

中国石油"走出去"的步伐是1993年从秘鲁百年老油田塔拉拉开始，实施跨国经营。始终坚持"互利共赢，合作发展"的理念，积极参与国际油气合作与开发，经过多年努力，海外业务规模和实力不断增强，在全球油气市场发挥着重要的作用。从图2–2中可看出，油气业务在中亚—俄罗斯、中东、非洲、拉美和亚太五大国家合作中互相促进并且提升了全球运营管理创新能力。新项目开发重点区域再获新突破，油气勘探取得多处新发现，资源基础得到进一步夯实，公司2022年全年油气产量当量突破2.2亿吨，创下历史最高纪录，国内油气产量当量1.9亿吨，一批重大产能建设项目建成投运，多项经营业绩指标创下历史新高。中石油油气投资项目扩大规模,在全球广泛分布。截至2021年底,共在32个国家和地区开展油气业务。

国际油气业务发展布局

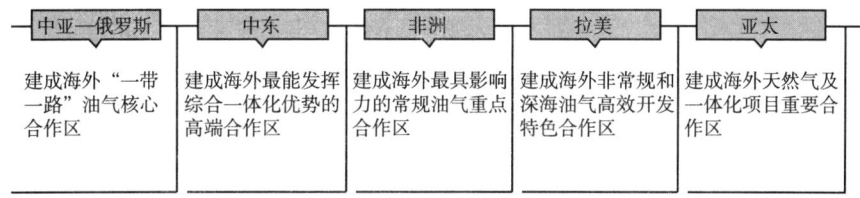

图2-2 国际油气发展布局示意图

1. 境外油气勘探

中国石油天然气股份有限公司始终致力于扩大自主勘探规模、拓宽领域,并取得了多项进展。巴西阿拉姆深水勘探区块首口勘探取得新成果,乍得多西欧和邦戈盆地勘探获得突破,尼日尔毕玛区块T斜坡带揭示资源潜力,哈萨克斯坦滨里海中区块东部成藏带有望成为重要资源接替区,厄瓜多尔安第斯、哈萨克斯坦PK、阿克纠宾等成熟区滚动勘探取得新进展。2021年海外原油权益产量7639万吨,海外天然气权益产量298亿立方米。2022年中国石油海外油气权益产量当量同比稳中有升,并连续第4年保持亿吨效益产量线上运行。

2. 境外油气开发

中国石油海外油气开发加强统筹协调,强化开发方案全周期管理,保障油气产量稳中有升。2021年,全年实现油气权益产量当量10139万吨,其中原油7633万吨,天然气315亿立方米,国内对外合作项目油气产量当量达到1194万吨,再创历史新高,其中原油产量285万吨,天然气产量114亿立方米。截至2021年底,公司正在执行的国内对外合作勘探开发合同29个。

3. 境外管道建设和运营

2020年,中石油全面投入海外管道业务,大力强化了生产运行管理,加强统筹协调和隐患排查,使得中亚、中缅、中哈等长输油气管道项目保持平稳运营,全年输送原油达到2688万吨,天然气达到448亿立方米。目前，公司海外油气管道运行整体安全平稳，西北、西南战略通道全年完成输送原油 2087 万吨、天然气 514.4 亿立方米。在建管道工程稳步推进。尼日尔—贝宁原油管道建设运营协议全面生效，管道建设全面启动。哈萨克斯坦西北原油管道反输改造二期工程完成投产验收。中亚天然气管道 D 线塔吉克斯坦段 1 号隧道工程竣工验收。

4. 境外炼油与化工

公司进行全方位产品运行优化，产品结构优化，2021 年中石油海外位于哈萨克斯坦、尼日尔、新加坡、英国、法国等国的海外炼厂全年加工原油数量达到 3407 万吨。经过前期设备现代化升级以及安装改造的哈萨克斯坦奇姆肯特炼厂完成低负荷优化生产，适时调整产品结构，提升炼厂经济效益。非洲地区炼厂积极开拓市场，乍得恩贾梅纳炼厂实现向中非、喀麦隆出口成品油，尼日尔津德尔炼厂在布基纳法索、马里等市场取得良好进展。

5. 境外新项目合作与发展

中石油积极稳妥深入推进全产业链项目合资开发合作，与各国企业合作资源共享，促进新项目合作。截至 2021 年，中石油完成巴西阿拉姆勘探项目签约交割，哈萨克斯坦阿克纠宾勘探合同；布兹奥斯项目签署产品分成合同和 PK 项目开发合同签署延期协议。

6. 国际贸易

中石油采取一系列措施提升市场配置能力。例如，统筹优化油气进口、扩大成品油出口和高端市场，强化海外份额，不断完善贸易网络，保持原油、成品油、天然气、化工产品等国际贸易业务保持稳步发展，大力开拓市场，贸易范围拓展到 80 多个国家和地区。亚欧美三大油气运营中心运营管理进一步完善，跨区域交易能力不断增强。2021 年，公司全年实现贸易量 4.9 亿吨，贸易额 2304 亿美元。

（二）中国石化对外投资合作

中石化是中国三大油气产品生产商之一，2021 年在进出口贸易方面，全年实现石化化工产品、设备和原材料等产品国际贸易额 16.54 亿美元；全年实现液化天然气进口 1747 万吨，增加 29.8 亿立方米。化工产品的年销售总额完成34.2亿美元,年进出口总量723.6万吨,其中出口180万吨、增幅30.2%。催化剂产品出口结构更趋合理,多品种、多区域开花结果,在海外销量与2020年基本持平的情况下,收入和盈利能力均有明显提高。燃料油国际化业务发展迈上新台阶,全年实现经营量2837万吨。润滑油业务聚焦重点项目高端合作;积极推进"一带一路"沿线市场开发,截至2021年底,累计发展并建立长期合作海外经销商279家。

表2-1　　　　　　　　中石化海外油气权益产量

	2022年	2021年	2020年	2019年	2018年	2017年
海外权益原油（万吨）	3536.353	2829.00	2838.76	3379.41	3339.32	3431.56
海外权益天然气（亿立方米）	335.53	99.55	102.09	106.75	111.20	114.54

数据来源：中国石化官网。

1. 境外油气勘探开发

中石化通过科学统筹优化规划部署,狠抓项目投资与运营成本管控,持续优化作业结构运行,勘探资产开发取得了多项丰硕成果,其中开发生产超出预期,资产创效利用能力显著超出预期,总体上保有平稳且持续向上的发展势头。截至2021年底,在全球23个国家投资46个油气勘探开发项目,已初步形成油气并举、海陆兼顾、常规非常规多样化的总体境外油气战略布局。2021年完成三维地震采集1799平方千米、探井和评价井28口,在安哥拉、埃及和俄罗斯获1项勘探突破、8项勘探新发现和1项勘探新进展。围绕深海、非常规等重点产能建设阵地,加强综合地质研究,推动储量优快动用,完成权益产能建设292万吨,超出计划目标。深挖老区效益开发潜力,对31个油田持续开展油藏精细描述,编制加密、注采调整方案,加大工程技术创新应用,有效降低老区自然递减率。新项目开发和低效无效资产处置取得突破。中标伊拉克曼苏里亚气田项目,完成安哥拉28勘探区块签约,成功拿下俄罗斯UDM公司丘德尔油田扩边资产,重点运营项目获实质性进展,持续推进资产结构优化。

2. 境外石油工程服务

截至2021年底,中国石油化工集团在35个国家执行合作项目339个,签订合同成交总额169.7亿美元。2021年全年新签合同金额总计20.2亿美元，完成签约合同金额总计14.4亿美元。

3. 境外炼化合资合作

中石化境外炼化合作项目前景广阔，俄罗斯阿穆尔天然气化工项目完成交割，新加坡润滑油脂及配套码头、俄罗斯西布尔公司参股项目、克拉斯诺亚尔斯克丁腈橡胶合资项目、沙特延布炼厂合资项目等项目运行正常。通过炼化合资合作，积极开拓"一带一路"沿线，带动了周边区域市场经济快速发展。在全球5个国家参与投资8个炼化、仓储项目，总投资约117.71亿美元。拥有境外炼油能力750万吨/年、仓储能力136万立方米、润滑油脂生产能力8万吨/年、丁腈橡胶生产能力1.05万吨/年。

4. 境外炼化工程服务

境外市场开发成效显著，项目执行稳步推进。截至2021年底，在15个国家执行炼化工程项目57个（共计105个承包合同），执行合同总额59.90亿美元。2021年全年完成合同额6.84亿美元，新签合同额15.45亿美元（含税）。进一步巩固了公司在沙特阿拉伯、科威特等传统市场的份额，完工项目包括哈萨克斯坦FCC石油深加工项目、沙特吉赞炼油项目和常减压项目等。

5. 境内国际合资合作

中国石化与英力士签署战略合作备忘录，推进境内炼化资产引入战略投资者等一揽子合作项目。进一步扩大与现有合资公司的合作，与利安德巴赛尔合作设立第2套环氧丙烷/苯乙烯合资公司，并于2021年底实现装置一次投料开车成功；批复同意扬巴公司开展2.8期扩建项目，在国内首次引进丙烯酸叔丁酯产品，推动石化产业向高端化、差异化发展；收购中信港口投资有限公司所持江阴恒阳化工储运有限公司49%股权，发挥江阴恒阳资产与公司沿江企业的协同效应，推动化工销售公司实现仓储物流网络设施布局的战略目标。

（三）中国海洋石油对外投资

中国海油企业遍及世界各地，海外资产占公司总资产约55%。中国海油积极参与众多世界级油气开发项目，成为全球领先的行业参与者。目前，中国海油主要在印度尼西亚、澳大利亚、尼日利亚、伊拉克、乌干达、阿根廷、美国、加拿大、英国、巴西、圭亚那等国进行国际投资合作。2022年，中国海油证实储量达6239百万桶油当量，净产量达623.8百万桶油当量，9个新项目顺利投产，为产量增长提供了有力支撑，同时新建产能建设得到进一步推进，全年超40个项目在建，使得将来可持续发展有了坚实的基础。中国海油坚持价值勘探理念，在探井工作方面取得了新进展。2022年中国海油在境外勘探面积见表2-2。

表2-2   2022中国海油境外勘探面积

区域	主要勘探区净面积（平方公里）
亚洲（不含中国）	—
非洲	17899
大洋洲	179
北美洲	2992
南美洲	8189
欧洲	100
总计	29359

数据来源：中国海洋石油官网。

从1982年开始，中国海油施行了一系列举措促进发展，例如，实施改革重组、资本市场运营、海外投资并购、上下游业务一体化，逐步实现成为一家业务特色鲜明、产业链结构完整的国际型能源公司。2001年，中国海油在美国纽约和中国香港相继上市，正式开拓了海外市场。2002年，中国海油花费12亿美元完成对澳大利亚和印度尼西亚三块油气田的收购。该项举动标志着我国三大国有石油公司都相继走上了海外寻油并发展之路，中国海油凭借着先进的海上石油勘探技术和坚持不懈不畏险阻的精神，在东南亚、非洲、南北美洲、澳洲等多个国家和地区积极参与海外石油资源的开发项目。与此同时，也逐步扩大了在哈萨克斯坦、沙特阿拉伯、菲律宾等国家和地区的石油服务项目。2011年中国海油成功收购3个海外大型油气项目，投资总额达48亿美元，迅速增加了海外权益产量。2013年2月26日，中国海油花费51亿美元，完成了对加拿大尼克森公司的收购。中国海油逐渐成为后起之秀，在中国油气对外投资过程中作出了巨大贡献，为我国海外石油之路的发展添砖加瓦。截至2022年4月，中国海油已与21个国家和地区的81家公司签订了230个石油合同和协议，实现了油气开发的合作共赢。

（四）其他油气企业对外投资

除三大国有石油公司是境外投资的主力军外，其他初具规模的公司和民企也积极加入对外投资合作的浪潮中来。

中化集团石油勘探资源开发项目具有悠久的发展历史，历经十多年的发展，已成功完成在巴西、哥伦比亚、美国等多个国家的合作，初步形成石油上游业务海外战略布局的统筹规划。中化的石油勘探业务涵盖类型多样，产品种类包括轻质油、重油和天然气等，并取得产品权益当量10亿余桶、美国二叠盆地净面积8.73万英亩页岩油油气开发权，具有丰富的资源储量以及抗风险能力。

中国航油主营国际业务，主要从事与航油相关的实业投资项目中的对外投资，是中国航油集团境外航油供应的主要出口贸易渠道。2019年4月，中航油在柬埔寨的代表处开始运营，这是"一带一路"倡议下第一个海外全价值链战略合作项目。

另外，民营企业也积极主动加入了对外战略投资的探索行列。2019年2月，浙江石化与沙特阿美签署了三份谅解备忘录，并建立长期合作关系面向国际石油市场。中国华信能源有限公司在默默耕耘若干年之后，在欧洲多个国家收购石油公司建立油气终端，成功进行了能源领域的全产业链战略布局，增强了在黑海、地中海区域十余个国家的油气终端话语权。同时以捷克、格鲁吉亚为战略支点，开展国际投行业务，推动国际产能合作和境内外资源的有效对接，助力中国经济转型升级。还有很多民营石油企业在"一带一路"的油气对外投资领域作出了杰出的贡献。

二、油气对外投资合作方式

（一）油气投资方式

我国在"一带一路"沿线国家油气投资合作的主要模式大体分为两大

类：股权投资模式和非股权投资模式。其中，绿地投资和跨国并购属于股权投资方式，租让制和合同制属于非股权投资。

1. 绿地投资

绿地投资是传统的国际投资方式，主要是指外来国际投资企业按照东道国的政策在东道国进行投资，建立新的企业。绿地投资虽然可以促进经济互相融合发展，但不利之处在于投资回收期较长，收回利润不佳，企业创建过程中可能遇到的风险完全由自身承担，面临很大的不确定性等。前期的绿地投资主要是通过区块招标获取项目，东道国在固定的区域公开招标，其他国际企业可以投标竞争。东道国选取的大面积招标地主要在开发程度较低的地区，这样有利于带动周边发展。各国石油企业承诺工作量或定金高的可顺利中标。

2. 跨国并购

跨国并购实质上就是一种对海外资本进行输出，是指收购东道国企业中的股权来达到扩大规模的目的，获得企业实际控制权的资本投资输出方式。海外跨国并购可以实现在海外扩大企业规模。相比创办新企业这一投资方式的耗时长、投资成本回收慢，而跨国海外并购可以实现最快打入资源国市场，也可以迅速成功打开新能源市场。其中，马来西亚国家石油公司、巴西国家石油公司、印度国家石油公司等，大多都采用收购和参股的形式扩大海外市场规模。

3. 租让制

租让制也称许可证制，是被投资国政府通过招标方式把需要开发的能源区块租让给投资国的公司，是最早被涉外石油合作采用的一种合作方式，使其在约定时期内可以进行油气勘探、开发、生产、运输和销售等各种作业。被投资国政府通常将一个或多个能源生产区域划分成若干区块，然后通过招标方式寻找开发方，颁发行政许可。

4. 合同制

合同制是指被投资国政府在持有油气资源所有权的前提下，依照本国法律订立油气勘探、开发、生产和销售方面的合同，并按合同规定获得油气产量或销售收入分成的投资模式。

（二）重点合作领域

我国在"一带一路"沿线国家油气投资合作的主要领域包括：油气勘探开发、石油工程服务、管道建设运营、炼油与化工、国际油气贸易和油气工程技术装备等。

1. 境外油气勘探开发

油气资源仍然是我国重要的非石油资源，同时我国也已经是一个石油利用和天然能源最大消耗量的能源大国，油气安全已经成为我国能源安全的核心。而处于增长趋势的油气对外依存度，使得加大境外投资油气勘探与开发成为必然。加大境外投资油气勘探与开发，不仅对我国可持续发展具有重要意义，也对我国油气资源渠道多元化有战略意义，同时加大境外油气勘探与开发，利于我国以及合作国经济建设，对提高世界油气产量有巨大帮助。近年来，我国油气勘探进程取得了较大进展，美洲、非洲、亚太、中东、中亚、俄罗斯都获得进展，运营的油气项目超过200个，在世界范围内影响重大，为油气生产发展作出重大贡献。

2. 境外石油工程服务

我国在境外石油工程中对油气企业大力进行改革重组举措，通过优化顶层设计、改善业务流程、创新服务模式等措施，各项工作迈上新台阶。国际格局不断调整变动，我国石油企业在变动中顶住多重压力，不断寻找可能的发展路径，在不断变化的大环境中积极发展，在激烈的竞争中抢占先机。2018年底，中石油已基本建成油气工程技术管理服务咨询队伍8176支，与全球53个国家基地开展多个油气田技术服务，包括地球物理勘探、钻井、测井、录井、井下作业等环节。截至2021年底，中石油为近80个国家和地区提供了石油工程技术和工程建设服务。

3. 境外管道建设运营

境外管道建设运营有利于推动国家经济发展。中石油、中石化、中国海油在天然气管道输送中占据跨国出口产品市场的主要地位。从1997年至今，中国石油企业从开始接触海外管道建设业务已经20多年，海外油气管道的建设随着油气业务拓展不断发展，油气管道投资建设遍布中亚—俄罗斯、非洲、美洲和东南亚等地区。截至2020年底，中国石油企业在海外已建成运营的油气管道总里程超过 16000 千米。2022 年，我国首条跨国出口石油天然输气管道——对外已完成全年累计向国内多个地区对外输送 432 亿立方米，从中亚输送到国内的天然气，约占我国地区同期消费总量的 15% 以上。

4. 境外炼油与化工

投资境外炼油化工是利于解决项目所在地成品油市场过度依赖进口的重要工程。境外炼油与化工工程建设投资较大，工程建设实物量较大；工程施工管理流程复杂，建设场地环境简陋偏僻，施工及经营管理工作难度大。与国际巨头（如壳牌、bp 等企业）相比，我国炼化企业的国际化水平还相对较低。目前，多家民营企业也在海外拥有炼厂，如恒逸石化、恒源石化。其中，恒逸石化的 PMB 项目给企业带来了非常可观的收益，恒源石化在马来西亚的炼厂也成功建成投产，目前该项目平稳运行。

5. 国际油气贸易

国际政治经济的变动和油价波动等因素对于全球油气投资与贸易有着深刻的影响。油气国际贸易利于进一步提升当前全球油气资源市场配置能力，有利于完善网络资源布局，原油、成品油、天然气、化工产品和海运等国际贸易领域保持稳定健康有序发展。中国积极参与全球投资和贸易，对外进行国际贸易遍及 80 多个地区。亚欧美三大主要国际油气运营管理得到优化，国际影响力不断提升。

6. 油气工程技术装备

在油气装备合作中，中石油和中石化在全球上百个国家中发挥着重要作用。截至 2021 年底，仅中石油生产制造的石油装备产品已出口至全球 80 多个国家和地区。根据相关数据统计调查发现，中石油、中石化目前已经发展成为阿尔及利亚石油公司最大的国际地球物理承包商，也成为沙特阿拉伯、科威特和厄瓜多尔等国家石油公司最大的陆地承包商。除了在工程技术方面的合作之外，装备领域也积极投入大量国际合作。不仅中石油、中石化投入合作中，民营企业也投入其中，如山东杰瑞、科瑞等，也将高端钻机、压裂设备出口到俄罗斯、南美、中东等国家。合作方式打破了单一化的模式，变成了成套出口，以及装备服务一体化，进而不断深化延伸产业价值链，培养新经济增长点，形成新的动力。

第二节 我国油气对外投资的特点和趋势

一、对外投资的特点

中国石油企业的对外直接投资,是一种加入海外国际竞争的尝试,为石油进口渠道的多样性提供保证的同时,也保证了石油供给渠道的安全稳定。无论从国家安全,还是从工业建设的角度来分析,中国石油企业对外投资都是具有重要意义的举措。我国石油企业在国外石油投资项目的发展,有效缓解了国内石油资源的供需矛盾,为保护本国石油储藏和企业商业储备的价值提供了保障。

随着党中央第一次提出"走出去"的发展战略,以及针对开发海外区块建设的战略,1993年3月我国中石油首次中标泰国邦亚海外区块项目,这是我国油气对外投资的第一步。我国油气投资的进一步发展是在20世纪90年代中期,取得对苏丹南部油田的开发权。我国在1995年中标苏丹格德盆地6区块油田,并且相继完成拉美地区以及中亚地区开发权。进入21世纪,我国中国海油和中石油化工集团也加入到海外油田开发的行列。如2004年中石化竞标伊朗16个新油田、2005年中石油收购哈萨克斯坦油田公司(简称PK公司)以及2006年中国海油收购南大西洋石油有限公司,从近10年的发展情况可看出,中国海外石油开发正在不断完善,由点到面,有着越来越广阔的发展前景。回顾我国对外油气投资历史以及目前发展情况,我国对外投资有以下几个特点:

(一)以国家战略导向型投资为主

能源关乎国计民生和国家安全,能源不仅是现代社会文明的物质基础,还是维护社会经济稳定发展的前提。能源安全与国家经济社会发展的全局性、战略性等问题密切相关。我国能源领域的海外投资主要是在政府推动下进行的,油气资源占有重要的部分,尤其重视油气行业对外投资,对外投资代表着国家的宏观利益,也是为国家经济发展和能源安全而必须进行的投资。因此，决定了我国"一带一路"油气投资主体是以国有油气企业为主，以合资企业和民营企业等类型为辅。

（二）以跨国收购或参股为主要形式

我国海外石油开发主要是海外合作资源开采、产量收益分成的投资形式，进入21世纪后，我国转换了合作投资方式，以跨国收购和参股投资形式合作为主，我国实现了跨国并购金额累计1000亿元。当然，随着海外并购合作项目的增加必然也会带来投资风险的增加。

（三）战略性区域投资为主要布局

2021年，全球主要油气田的分布及占比情况为：美洲30.2%、亚太18.78%、欧洲17.87%、中亚—俄罗斯16.57%、非洲地区11.83%。截至2021年底，全球油气田数量有16328个，其中油田9395个，占比57.54%；气田6933个，占比42.46%。

我国海外油气集中投资的三大战略发展区域有中亚—俄罗斯、中东、北非及南美。中亚主要的重点区域有哈萨克斯坦、俄罗斯、吉尔吉斯斯坦和阿塞拜疆等，其中核心地带为哈萨克斯坦和俄罗斯。北非主要的战略投资区域有苏丹、阿尔及利亚和尼日利亚等国家；南美主要的战略投资区域有秘鲁、委内瑞拉，并逐渐呈现分散局势。由于投资地区多，投资环境复杂，不可避免会导致投资风险升高。例如，中东目前是世界石油探明储量最多的地方，同时，由于所在地理位置的原因，该处战争频发，战争不仅给人类生活带来巨大灾难，也直接影响了该地区的海外投资发展环境，我国由于投资不当也造成了一定程度的经济损失。

（四）海外资源以陆上常规油气资源为主

常规原油和天然气是由常规油气田出产的天然气和石油，而非常规油气主要包括页岩油气、致密油气和煤层气。2021年美洲地区的非常规油气储量占全球的80%以上；中东地区非常规油气储量排在第二位，占比为13.35%。而陆上常规油气技术剩余可采储量国家分布为：俄罗斯以油气当量541.79亿吨排名第一位，沙特阿拉伯排名第二位，其储量占比为

12.03%，之后是伊拉克，储量占比为11.01%，其他国家的储量占比都小于10%。2021年，中东地区的海域常规油气技术剩余可采储量在全球海域常规油气技术剩余可采储量中占比为57.43%；美洲、非洲、中亚—俄罗斯和亚太地区依次位列第二位至第五位，分别占比10.29%、10.07%、9.11%、8.79%。

我国海外投资主要以常规油气资源为主，占全部资源的80%，石油在海外拥有量中占比为78%，天然气为22%，很明显油大于气。常规油气、非常规油气资源分布较集中，主要在澳大利亚、委内瑞拉和加拿大等区域。陆上资源重点分布在中东、中亚和非洲等区域，海上区域投资可选择在西非、澳大利亚和巴西等区域。

（五）海外油气作业产量和权益产量持续增加

历经20多年发展，中国石油在海外勘探已经逐步走出一条更加适合中国发展的道路，那就是利用油气开发和自主勘探相互结合，海外油气2/3通过国内已有海外油田勘探开发取得，1/3是在海外自主石油勘探开发过程中重新发现。海外油气作业量在过去3年里超过2亿吨，油气权益产量当量每年均呈现增长趋势，为国内的油气供应提供了有力保障。

二、对外投资趋势

截至2021年末，我国在"一带一路"沿线国家设立了超过1.1万家境外企业。2013—2021年，我国对"一带一路"沿线国家累计直接投资1613亿美元，积极推进东道国经济发展的同时，扩大了我国对外投资在能源领域的投资规模，且优化了能源领域的投资结构。

（一）投资规模不断扩大

我国政府正大力推进"一带一路"政策，并且企业也积极参与其中，我国国际合作局面渐渐打开。截至2021年，已有140多个国家参与其中，为打造市场"开放包容互利共赢"做好准备。作为"一带一路"建设的重点领域，能源合作取得了显著成果，油气合作上中下游全产业链呈现同步发展的趋势。数据显示，我国与沿线国家已达成能源合作机制24项，占总双边合作的近一半。还签署了相关能源技术领域合作文件100多份，与俄罗斯、蒙古国、巴基斯坦等国家开展能源领域合作研究，积极增多合作机会。

（二）海外权益产量快速增长

2021年，我国海外权益产量已高达1.61亿吨，这是在2020年后又一次突破1亿吨大关，表明我国经受住了疫情的考验。伴随着"一带一路"项目建设及工程技术服务"走出去"这两大重要国家发展战略的交融与汇合，我国油气行业面临着严峻挑战。2017年民营石油企业也纷纷投入到海外并购，并且权益产量也达到大幅度的增长。其中，恒力集团有限公司2019年全年实现营业收入3717亿元，已成为唯一入围中国民营企业10强的民营石油类工程相关服务企业。恒力集团筹集创办的项目"恒力2000万吨/年炼化一体化项目"被国务院列为第一个重大民营炼化项目，对公司全产业链的发展起到全方位的促进作用。据统计，2020年有8家上市公司，如正和股份、风范股份、金叶珠宝、亚星化学、广汇能源、海默科技等宣布涉足海外油气业务。

（三）海外自主勘探不断加强

中国油气海外勘探一向保持着"深化东部、发展西部、拓展海上、油气并重、立足常规、加强非常规"的自主原则，在国内勘探活动始终坚持开展企业内部矿权流转改革，激活勘探市场。通过加强海外资助勘探技术装备水平，可以有效实现产量增长，对于海外非常规能源，可以通过资源与有效发展联系在一起，运用滚动评价方法，实现资源优化发展战略。

2020年，油气勘探业务取得5项重大战略突破和15项重大发现。之后，2021年，油气勘探业务取得1项勘探突破、8项勘探新发现和1项勘探新进展。2022年，中石油提升了在国际中的油气业务。中石油公司坚持海外油气勘探，坚持拓宽勘探的深度和广度，取得多项油气进展。其中，公司国内全年新增探明石油地质储量87253万吨，新增探明天然气地质储量6483亿立方米。2019年海外已建成的油气运输管道总建设里程达到

16500千米。其中，原油输气管道占8597千米，天然气输油管道占7903千米。

（四）与沿线国家的天然气合作日益紧密

国际能源署（IEA）在上海正式发布《天然气市场报告2018》，报告称，在2017—2023年，我国将贡献天然气消费平均增长37%，将成为世界最大天然气进口国，天然气进口量在2023年后将达到1710亿立方米。随着"一带一路"进程的不断推进，我国也应将天然气作为能源供应的一部分。另外，中国油气企业和英国BP公司基于中国的现实情况和英国的油气战略双重促进，中英的天然气合作将会出现新高潮。此外，"中国—中亚"天然气管道ABC项目被评为能源国际合作最佳实践案例，自投产以来，已向我国输送4000亿立方米的天然气，实现了中国与中亚多国的能源互通、互补，以及国家之间的战略共赢和利益共享，是各国合作共赢的典范。

第三节　我国海外油气行业投资存在问题分析

根据美国企业研究所和传统基金会发布的中国全球投资跟踪数据，2005年至2022年6月我国能源行业投资案例达462个，位居榜首。近10年来，我国在海外油气投资过程中取得了大体满意的结果，扩大了投资规模，增加了整体收入，总体投资发展形势也在不断转变，并且正在实现由单一向跨国并购投资的大跨越。虽然我国整个石油企业发展大体满意，但是在海外投资发展过程中还仍然存在不少实际问题。这些问题不仅会导致风险发生的概率提高使得盈利情况偏离预期，还会发生应对风险带来的成本损失。因此，我国应在海外油气投资初始阶段分析潜在的风险，这对风险控制具有重要的指导意义。目前，我国的油气海外投资面临的问题突出表现为：

一、投资政策和制度不完善

我国海外石油投资的重点区域仍是高风险地区，这些地区连续多年发生国内战乱、国有化或连续实行国内外汇管制等的不利于社会经济发展事件，给我国石油化工企业未来发展造成巨大经济风险。我国对外投资相关政策与制度不断进行调整与优化，使得我国企业在海外经济的合作与发展更好，但是目前政府对资源能源类海外投资支持政策与国外相比仍显不足，这体现在海外投资保险制度不完善，缺少用于勘探开发专项基金扶持和不完备的资源收储制度等，而且政府对海外投资的支持政策也没有上升到立法的高度。海外投资立法的滞后严重影响了石油企业实施对外投资的进展。

二、资金不足与投资成本过高

石油勘探行业需要投入高成本、面临高风险，尤其是在海外勘探，没有足够的资金支持，根本无法承担探井作业中的风险，而我国石油企业与国际企业的根本差距主要体现在资金存有量方面，没有足够且稳定可靠的资金支持。当与其他国家进行合作经营时，由于我国资金参与份额小，因此就会获得较小的投资回报率；企业缺少固定资金，使得融资困难，企业投资就会迫不得已选择放弃一些投资收益好的项目；而且，由于企业缺少流动资金，投资成本又高，所以就会使得项目不得不终止从而面临大量损失。近年来，也有投资失败的案例，如中石油高价收购哈萨克斯坦油田。

三、缺乏油气高端技术竞争力

由于我国缺乏市场创新积极性，申请专利的人数少，在石油勘探上更是少之又少，基础薄弱，关键技术自给率低，缺乏核心技术竞争力，当前科技创新效率还不能适应勘探开发和工程技术发展的需要，如果不提高技术方面的竞争力，则需要花费高价购买国外技术，给石油项目的顺利进行带来困难。此外，我国石油工程技术所需基础材料、关键元器件等环节还存在许多技术无法满足的地方，工程技术满足不了勘探开发降本增效和绿色低碳的需求。国外技术垄断日趋严重，高新技术、装备工具获取日益困难。

同时，人力资源也是进行海外投资竞争中不可缺少的一项资源。目前，中国项目缺乏一批综合性优秀人才，缺少在石油专业管理技术知识方面及其在管理跨国石油经营项目方面能够兼具国际能力的优秀人才。优秀人才的缺少使得许多项目不能发展到最优，这一问题已经成为导致我国难以做好拓展海外投资工作的一大障碍，人才培养以及招揽须加快进程。

四、海外投资项目管理不够成熟

由于投资项目受环境因素影响，投资者更易受到外界复杂因素的影响。例如，我国个别石油企业因为在投资过程中项目管理缺乏对各个环节的严格把控，使得油气投资项目在实施过程中受到外界环境不利因素的干扰，并且在发生突发情况中未能及时作出有效应对；在人力资源管理方面，我国企业也应当提升项目负责人的综合素质能力。顶层设计不充分、不系统，研发资源碎片化，研发方向分散，效率不高，传统落后的管理体制方式必然遭到淘汰。因此，严重阻碍了我国石油企业面对海外投资对风险能力的预测、石油企业投资海外项目活动有效进行、投资收益的有效提升和我国海外投资项目的整体发展。这也让我们认识到，要提高石油企业应对海外投资风险的能力需要重视并努力解决好这几大问题。

五、合同模式复杂多样且投资风险大

中国石油国际油气勘探开发投资项目在合同上面临着复杂多样的市场变化，合同服务多样化，产品分成合同形式占36%，矿税制合同形式占51%，服务合同形式占13%，每种合同规定不同，投资者的具体情况也不同，海外油气投资分为产品分成合同（PSA）、服务合同、回购合同、技术服务合同、油气销售合同、贸易合同、技术合作合同等多种形式，投资者需要根据不同合同模式下影响效益的具体因素来调整不同的投资经营策略，以寻求利益最大化。因此，在这种多元化的合作投资模式和企业经营管理模式下，致使我国海外油气勘探资源投资风险巨大。例如，曾爆发的南北苏丹民族分裂政权战争，使得我国投资出现困难，在被投资国家出现的一系列不能生产、投资项目不能再回收等问题；其中，叙利亚内战就是这个情形，使中国石油项目处于全面停产状态。除此之外，有些资源国的税款政策、汇率的波动幅度变化也对我国石油海外进口油气资源投资项目造成了一定的影响，使得油气投资的项目存在很大风险。

第三章 "一带一路"沿线国家油气投资环境分析

2021年12月统计数据显示,世界探明石油储量2444亿吨,天然气储量188万亿立方米。油气集散分布带的东北部即为"一带一路",其拥有世界75%的石油剩余探明储量1338亿吨,世界78%的天然气剩余探明储量155万亿立方米,可见"一带一路"的油气资源在世界上具有举足轻重的地位。其中,69%的石油储量主要集中在沙特阿拉伯、伊朗、伊拉克和俄罗斯,70%的天然气储量主要集中在伊朗、俄罗斯、卡塔尔和土库曼斯坦。本章将分区域来分析"一带一路"沿线主要国家油气的投资环境,以便准确地分析和判断投资风险。

第一节 中亚国家油气投资环境分析

1843年中亚的概念首次诞生,当今中亚国家包括土库曼斯坦、吉尔吉斯斯坦、乌兹别克斯坦、塔吉克斯坦、哈萨克斯坦五国(还有阿富汗,但前五者是油气合作的重点)。中亚地区在"一带一路"中处于特殊优先位置,而且中亚与中国战略关系紧密,中国政府才选择在此宣布"一带一路"构想,这也是由中亚特殊的地缘政治特点决定的,因此,中亚成为"丝绸之路经济带"的战略支点和合作重点。中亚地区具有显赫的地缘政治意义,其战略位置在国际战略格局中不容小觑,在地理上与俄罗斯和中国接壤,是连接欧亚大陆的纽带,也是连接南亚、中东和东欧的战略通道,中亚具有世界"心脏"的特殊地位。

中亚国家与中国毗邻,有着良好的经济政治合作关系,其中哈萨克斯坦、乌兹别克斯坦和土库曼斯坦是中国重要油气能源进口地区,中国已将其确认为战略伙伴。另外,中亚作为欧亚大陆的中心点,能够在过境运输中扮演重要的角色,推动中国与其他国家的贸易业务。

从整体来看,中亚油气储量庞大,在世界名列前茅,油气资源十分丰富,投资价值巨大。据统计,2020 年中亚地区的权益油气产量当量为 4200 万吨左右,虽然相比中东地区的油气资源有一定差距,但由于中亚国家规模有限,能源需求总量较小,随着里海地区油气资源的不断勘探,中亚地区国家的油气对外输送量不断增加,中亚地区在能源领域的地位也将会不断上升。在苏联解体后,中亚各国独立并凭借着苏联时期的经济基础仍然能够保持一定的发展势头且发展潜力巨大,从长远来说更被专家看好。虽然中亚地区的油气资源丰富,但分布却不均衡,主要有两个特点:首先从方位来看,中亚地区北部多油少气,南部地区多气少油,中亚北部地区的石油与南部地区的天然气资源分别占到了地区总量的 70% 与 95%。

中亚最大产油国哈萨克斯坦,其在里海地区的资源排名也仅落后于俄罗斯和伊朗,位列第三名。中亚国家具有丰富的油气资源(见表 3-1),截至 2019 年,中亚拥有世界 1.8% 的石油,已探明储量约为 41×10^8 吨,其中哈萨克斯坦储量为 39×10^8 吨,土库曼斯坦、乌兹别克斯坦储量 1×10^8 吨;拥有世界 10.7% 的天然气,已探明储量为 201000×10^8 立方米,其中土库曼斯坦储量为 175000×10^8 立方米,哈萨克斯坦储量为 15000×10^8 立方米,乌兹别克斯坦储量为 11000×10^8 立方米。中亚的油气资源既是中亚与中国经济合作的重中之重,也是促进双方更广泛的贸易合作的纽带和桥梁,中国与中亚的能源合作及油气管道的建设能够给中亚带来经济增长的动力。

表 3-1　　　　　　　　中亚国家油气储量及产量情况表

国家	剩余探明储量		2019 年油气产量		2020 标准情景产量		2020 增产情景产量	
	石油 (10^8 吨)	天然气 (10^8 立方米)	石油 (10^4 吨)	天然气 (10^8 立方米)	石油 (10^4 吨)	天然气 (10^8 立方米)	石油 (10^4 吨)	天然气 (10^8 立方米)
哈萨克斯坦	39.3	15000	9050	463	9900	270	10200	330
土库曼斯坦	1	195000	1150	750	1100	1000	1100	1340
乌兹别克斯坦	0.8	11000	69.86	594.6	230	590	350	620
塔吉克斯坦	0	0	3	0	3	0	3	0
吉尔吉斯斯坦	0.1	0	8	0	8	0	8	0

数据来源:中石油集团经济技术研究院,BP 能源统计。

据统计，哈萨克斯坦、土库曼斯坦和乌兹别克斯坦的油气资源储量庞大，且出口量大，所以在油气领域的投资具有重要意义，下面重点分析这三个国家的投资环境。

一、哈萨克斯坦油气投资环境分析

哈萨克斯坦位处中亚，邻国众多，拥有272.49万平方公里的领土面积，在中亚排名第一位，是世界最大的内陆国。哈萨克斯坦常住人口为1581.5万，涵盖131个民族，如哈萨克族（58.6%）、俄罗斯族（26.1%）、鞑靼族等。哈萨克斯坦把哈萨克语作为国语，俄语也通用。

（一）油气资源

哈萨克斯坦油气资源富足，拥有石油探明储量为48亿—59亿吨，天然气为24100×10^8立方米，其开采潜力最大的卡沙干油田石油可采储量达10×10^8吨，天然气可采储量达10000×10^8立方米；"第二个中东"濒里海盆地拥有世界7.2%的石油总储量和世界7.5%的天然气储量。哈萨克斯坦若能完成与里海五国（哈萨克斯坦、阿塞拜疆、土库曼斯坦、俄罗斯、伊朗）的权益划分，其属里海水域面积将远远大于其余四国，油气储量也能更上一个台阶。资料显示，哈萨克斯坦在里海石油总储量占里海的半壁江山，约1010亿—1096亿桶，天然气总储量则为里海的1/3，约1533000×10^8立方米。

在油气供需方面，作为排名世界前15位的油气资源国、中亚最大石油生产国，近年来哈萨克斯坦石油生产量在8000万吨的水平，消费量在1300万吨水平，总体较为稳定；哈萨克斯坦天然气生产量持续增长，消费量小幅波动。由于天然气供需不稳定的影响，以往中哈的能源合作主要以石油行业为重中之重，近几年哈萨克斯坦天然气供需情况改善，中哈也将一部分合作重点转向了天然气行业，形成油气合作双管齐下的形势。

（二）政治环境

1. 宪法与国家元首

哈萨克斯坦共和国宪法具有最高法律效力，是哈萨克斯坦国家法律体系及立法进一步发展的核心和基础。哈萨克斯坦宪法在 1995 年 8 月 30 日经全民投票批准成立，宣布哈萨克斯坦为总统制单一制共和国并确认总统的最高权力。哈萨克斯坦首任总统纳扎尔巴耶夫 2017 年 3 月 10 日签署修改国家宪法的法令。根据修改后的宪法，总统将部分权力移交政府和议会，政府和议会权力得到加强。2022 年 6 月 5 日，哈萨克斯坦通过修宪全民公投。

2. 会议

国家最高立法机构。由上下两院组成，其中上院又称"参议院"，下院又称"马日利斯"，上院 49 个席位，下院 98 个席位。上院任期 6 年，每 3 年改选一半议员，下院任期 5 年。上院议长是毛乌林·阿希姆巴耶夫，2020 年 5 月就任。下院议长是叶尔兰·科沙诺夫，2022 年 2 月就任。

3. 政府

哈萨克斯坦政府是国家最高行政机关，行使哈萨克斯坦共和国的行政权，其活动对总统负责。本届政府于 2022 年 1 月组成，阿里汉·斯迈洛夫任总理。

4. 司法机构

包括最高司法委员会、最高法院和地方法院等。法律规定，哈萨克斯坦法官独立，依照宪法和法律行使职能。最高司法委员会现任主席为塔·多纳科夫，此外，还包括宪法委员会主席、最高法院院长、司法部长、上院议员等。

（三）经济形势

哈萨克斯坦经济主要发展油气工业、采掘业、农牧业，相比之下，工业基础有一定差距，对进口依赖性较强。经济改革后，哈萨克斯坦经济逐渐向私有化转型，近几年哈萨克斯坦 GDP 表现明显向好，在中亚位于榜首。目前，哈萨克斯坦油气工业最为发达，拥有占 GDP 30% 的油气出口，这也是其外汇收入的主要来源，其主要采油作业区分散在哈萨克斯坦西南五州。哈萨克斯坦石油行业巨头为哈萨克斯坦国家石油天然气股份公司（КазМунайГаз），公司近几年效益良好，为哈萨克斯坦国民经济向好发展贡献了力量，近几年为哈萨克斯坦提供了 32.5% 的石油开采量。此外，哈萨克斯坦油气工业也吸引了包括中国"三桶油"在内的很多大型油气企业来哈萨克斯坦投资。例如，2017年美国"田吉兹—雪弗龙"公司在哈萨克斯坦开采了哈萨克斯坦全年总量39%的原油，同比增长4.1%，可见，哈萨克斯坦油气工业在其市场经济发展中扮演着重要的角色。

哈萨克斯坦将石油工业列为国家优先发展目标，为促进油气产业的发展采取了许多保障措施，例如，在阿特劳州设立了关于石化行业的经济特区以吸引外资，从而能够让外国的油气企业享受到免除企业所得税的优惠政策，而且哈萨克斯坦的外汇管制较为宽松，能够让外国的油气企业自由汇出利润。

（四）油气投资法律政策

在油气投资政策方面，2003年哈萨克斯坦颁布的《哈萨克斯坦共和国投资法》对投资管理程序加以明确，强调了国内外投资者在投资过程中的平等权利。此外，为吸引投资者，哈萨克斯坦推出了多种优惠政策：针对所得税和财产税，有最长5年的税务优惠期；针对进口设备的关税，有最长5年的免关税期；针对投资总规模30%的部分，国家将赠予土地使用权等。2005年，哈萨克斯坦将赠予土地使用权修改为临时使用权。另外，投资争议可采取协商、仲裁、诉讼等方式解决，对于投资的国有化损失将由政府进行赔偿。哈萨克斯坦在外汇管制方面享有高度的自由和开放，允许货币自由兑换，而且所有外商投资收入在缴纳30%的海外所得税后即可收回。近几年，哈萨克斯坦政府把重心放在制造业上，将航天工业等创新领域设为可获得投资优惠的优先发展项目。

对于中哈投资关系，哈萨克斯坦政府也推出了多种保护政策。1992年，中哈签署了双边投资保护协定；2001年，中哈签署了避免双重征税协定；2011年，中方提交了新版投资保护协定；2014年起至今，中哈双方已针对新协定内容进行了三轮商讨。

（五）基础设施状况

哈萨克斯坦交通系统中公路、铁路、管道运输较为发达。哈萨克斯坦公路网总里程9.74×10^4千米，国道2.35×10^4千米，州（区）道7.39×10^4千米，在独联体地区仅次于俄罗斯。哈萨克斯坦铁路网总里程1.51×10^4千米，密度与大部分独联体国家相比仍有一定差距。2017年哈萨克斯坦货运总量为39.16亿吨，其中公路运输为33亿吨，铁路运输为3.79亿吨，管道运输为2.33亿吨，航空运输为2.24万吨。此外，哈萨克斯坦全国客运量为227.2亿人次/公里，同比增长1.7%。哈萨克斯坦拥有21个大型机场，其中12个支持国际航空运输，如阿拉木图机场、阿斯塔纳机场等。此外，哈萨克斯坦深居内陆，其水路运输主要用于哈萨克斯坦西部的里海区域；2017年哈萨克斯坦水路运输量占全国0.05%，达210.3万吨。

对于移动通信业，哈萨克斯坦国内有2大固话运营商和4大移动运营商。2019年哈萨克斯坦固话用户为321万，其中居民用户为283.99万，移动用户为2570万，互联网用户为258.02万，普及率达84.2%。

此外，哈萨克斯坦共有电站102个，装机总容量为20844.2兆瓦，其中，火电站为17363兆瓦，水电站为2480.4兆瓦，燃气涡轮发电站为1000兆瓦。2019年哈萨克斯坦发电量为1060亿千瓦时，但存在电力分配不均的情况，其中绝大多数电量用于哈萨克斯坦北部，只有少部分送往哈萨克斯坦西部与哈萨克斯坦南部。为改善本国现状，哈萨克斯坦与中亚共同电网增加了电力进口贸易，为大多数来哈萨克斯坦投资的企业解决了电力短缺问题，更易吸引外资。

综上所述，哈萨克斯坦油气资源富足、政局稳定、经济形势良好、基础设施完备，同时，哈萨克斯坦政府还在油气投资领域出台了很多优惠政策。在此良好的投资背景下，哈萨克斯坦未来必定会吸引更多油气外资企业来哈萨克斯坦投资，而这也会成为其他行业领域的资金来源，最终促进国民经济向好发展，实现共赢。

二、土库曼斯坦油气投资环境分析

土库曼斯坦位于哈萨克斯坦东南方，地处内陆，邻国众多，地缘政治位置十分重要，拥有49.12平方公里的领土面积，在中亚排名第二位。土库曼斯坦气候干旱，但油气工业发达，资源富足。土库曼斯坦常住人口为562万（2019年1月），涵盖120多个民族，如土库曼族、俄罗斯族、亚美尼亚、阿塞拜疆等，大多信仰伊斯兰教、东正教。土库曼斯坦把土库曼语作为国语，俄语也通用。

（一）油气资源

土库曼斯坦的油气资源开发较早，而且由于其油气资源丰富被誉为"中亚的科威特"，但自独立以来油气勘探进展缓慢，所以还有着很大的增长空间。土库曼斯坦大部分领土油气、矿产资源富足，但土库曼斯坦只拥有世界不到0.05%的石油探明储量1×10^8吨，储采比仅为6.9年，然而据土库曼斯坦的油气勘探结果，其油气储量可能达到2000×10^8吨甚至2500×10^8吨。可见，土库曼斯坦的油气开采拥有较大不确定性，但仍具有上升潜力。根据《2030年前土库曼斯坦油气工业发展纲要》指出，土库曼斯坦在2030年前天然气年产量将会达到2300亿立方米。

（二）政治环境

1992年5月18日通过的第一部宪法，规定土库曼斯坦为民主、法制和世俗的国家，实行三权分立的总统共和制。总统为国家元首和最高行政首脑，由全民直接选举产生。人民委员会为国家最高权力代表机关。立法权和司法权分属国民议会和法院。

1. 总统

总统为国家元首、内阁主席、武装部队最高统帅，由全民直接选举产生，每届任期7年，可连任。现任总统为库尔班古力·别尔德穆哈梅多夫。

2. 议会

议会又称国民会议，是国家立法机构，由各选区差额选举产生的125名议员组成，任期5年。其主要职能是通过宪法、法律并对其进行修改和补充，监督法律的执行，确定总统、议会的选举，通过内阁活动纲领，批准国家预算以及土库曼斯坦参与的国际条约等。

3. 政府

政府又称内阁，为国家权力执行机关，由总统直接领导。

4. 司法机构

司法机构设最高法院和检察院。最高法院为最高司法审判机关，对下属法院的审判实行监督。大法官是最高执法者，由总统任命，任期5年。

5. 政党

2012年，土库曼斯坦颁布政党法，允许公民自由结社建党。目前土库曼斯坦主要政党有民主党、工业家和企业家党、农业党。

(三) 经济形势

2009—2014年，土库曼斯坦经济保持持续快速增长。由于世界油气价格持续下跌和低位徘徊，2016年，土库曼斯坦宏观经济增速放缓。2018年土库曼斯坦国内生产总值增速为6.2%。2019年1—9月，土库曼斯坦国内生产总值同比增长6.3%。油气行业是土库曼斯坦的经济支柱，油气及其附带产业占本国GDP的50%。天然气储量位于俄罗斯、伊朗、卡塔尔之后，居世界第四。土库曼斯坦的官方流通货币为土库曼斯坦马纳特（以下简称马纳特），2015年至今官方汇率为1美元兑3.5马纳特。

(四) 油气法律政策

土库曼斯坦独立后，为吸引外资发展本国经济，在油气领域出台了一系列法律政策，例如，《石油法》《油气资源法》等，使油气勘探开发拥有了法律基础。此外，土库曼斯坦制定了一系列拉动油气外资的优惠政策，为投资者提供了保障。根据有关法律规定：投资者可在法律范围内自由选择投资方向与项目，同时，应缴纳相关税费；外资不得国有化；如遇新旧法律更替，投资者拥有10年的旧版法律适用期；外国投资者有权因各种政府机构的非法行为而遭受的重大损失获得赔偿。

总之，土库曼斯坦对外优惠政策力度较大，但在执行阶段存在问题，且相关政策法规调整较为频繁，存在不稳定性，因此，土库曼斯坦在油气法律政策方面存在一定风险。

(五) 基础设施建设

土库曼斯坦邻国较多，适宜发展过境运输，其铁路总里程约为5198公里，其中运营铁路里程为3060公里，车站75个，但由于修建时间久远内部设施、维护水平较为落后。土库曼斯坦总体经济向好发展，近年来过境货物逐渐增多，2020年土库曼斯坦铁路客运量也首次达到600万人次。此外，土库曼斯坦在管道运输方面稍有欠缺。土库曼斯坦目前经营的国内国际客运航线50多条，其中国际航线占60%。土库曼斯坦境内主要机场有：阿什哈巴德市国际机场、土库曼纳巴特市国际机场、土库曼巴什市国际机场、巴尔坎纳巴特市机场、马雷市机场、达绍古兹市机场。

土库曼斯坦是内陆国家，无出海口，但濒临里海。水运系指经里海（内陆湖）和阿姆河（内河）的客、货运输。土库曼巴什港是里海东岸最大港口，土库曼斯坦西部的对外门户，可停靠7000吨货轮，是土库曼斯坦原油、成品油、聚丙烯等商品的主要出口通道。

目前，土库曼斯坦共有电站12个，总装机容量为6511.2兆瓦，其中500千伏的输电线总长度749公里、220千伏2000公里、110千伏7600公里。全国现有程控交换设备总容量约100万线，其中数字交换机81万线，首都固网基本实现数字化，全国范围的数字化率则达到80%以上，固话网现可覆盖土库曼斯坦全国所有的固定居民点。

土库曼斯坦自2000年起开通国际互联网业务，截至2018年底，土库曼斯坦全国国际出口总带宽50Gb左右，网络用户总计16万个左右，多为国家机关、企事业单位、外交机构等团体用户，以及首都家庭用户。

土库曼斯坦是万国邮政联盟成员，邮政行业总体发展较慢。目前，土库曼斯坦邮政服务已覆盖全境，邮件可送达世界190个国家。"土库曼邮政"是土库曼斯坦国家邮政服务机构，在境内设有约150个分支机构。

综上所述，土库曼斯坦政治环境稳定、经济形势向好，油气投资环境良好。然而，土库曼斯坦油气储量富足，但存在勘探风险；其管道运输不足，会对油气出口产生影响。为应对这一问题，土库曼斯坦计划修建运输管道，但这势必会打破政治、经济、生态领域的平衡，因此迫切需要解决。

三、乌兹别克斯坦油气投资环境分析

乌兹别克斯坦位于中亚中部，邻国众多，是世界上两个双重内陆国之一，同时连接着东西方和南北方，地理位置优越。截至2020年4月初，乌兹别克斯坦人口总数为3403.68万人，主要集中在中部、东部和南部，西部和北部沙漠地区人烟稀少。华人数量7000—8000人，经商情况良好，社会及经济地位中等偏上。此外，乌兹别克斯坦黄金、矿产等资源储量富足，天然气储量尤为丰富，其国土的60%拥有油气开采与生产前景。

（一）油气资源

乌兹别克斯坦油气资源富足，储量与产量均位于中亚前列。乌兹别克斯坦的油气资源储量虽然相比于哈萨克斯坦与土库曼斯坦有一定差距，但自国家独立以来，在油气产业方面也取得了快速发展。1999年乌兹别克斯坦的石油产量达到了812万吨，但随着油田设备老化以及技术和资金的影响，油气产量开始下降，据统计，石油年开采量达到720多万吨，占世界总开采量的0.1%，天然气年开采量为580亿立方米，占世界总开采量的2.2%，排行世界第八位。乌兹别克斯坦石油探明储量为1×10^8吨，供应全国；探明天然气储量为3.4000×10^8立方米，供应全国的同时也对外出口。近年来，乌兹别克斯坦着重开采，其天然气未来能够加大出口。2020年，乌兹别克斯坦石油开采量为78×10^4吨，天然气开采量为497×10^8立方米；2021年上半年，石油开采量为35×10^4吨，天然气开采量为263.08×10^8立方米。

（二）政治环境

1. 国家元首

乌兹别克斯坦国家政权体制以三权分立为基础。总统为国家元首、武装部队最高统帅，每届任期7年，连任不得超过两届。现任总统为沙夫卡特·米罗莫诺维奇·米尔济约耶夫，于2016年9月8日起担任代总统，同年12月4日赢得总统大选，成为乌兹别克斯坦独立以来的第二任总统。

2. 政府

又称内阁。内阁由乌兹别克斯坦总理、副总理、各部部长及各国家委员会主席组成。本届政府成立于2020年1月22日，由4名副总理、22名部长和10名国家委员会主席组成。

3. 宪法

乌兹别克斯坦司法权由法院和检察机关执行。宪法规定各级法院和检察机关只服从宪法和法律，独立行使职责，不受其他任何人干扰。司法人员不能参加政党活动，不能从事经营活动，不得担任其他有酬职务。

4. 主要党派

乌兹别克斯坦登记的政党有 5 个：人民民主党、自由民主党、"民族复兴"民主党、"公正"社会民主党和生态党。其中乌兹别克斯坦生态党于 2019 年 1 月 8 日在首都塔什干宣布成立，成立大会一致通过了该党章程和纲领。乌兹别克斯坦最高会议立法院（议会下院）副议长阿里汗诺夫当选该党中央委员会执委会主席。

（三）经济形势

乌兹别克斯坦近 5 年经济形势向好。2020 年，乌兹别克斯坦 GDP 为 577.07×10^8 美元，人均 GDP 为 1685.76 美元。乌兹别克斯坦 2019 年农业产值 143.8 万亿苏姆（162.7 亿美元），占比 28.1%。农业生产以种植和养殖业为主，分别占农业产值的 48.3% 和 48%。但由于资金缺乏、技术落后，乌兹别克斯坦农产品普遍存在加工程度及附加值低的特点。工业在乌兹别克斯坦国家经济中所占的比重逐年提高。近年来，乌兹别克斯坦政府在稳定农业生产的同时，着力加快工业发展速度，正在从传统的农业国向工农业并重的国家转变。在稳定农业生产的同时，乌兹别克斯坦政府也为加快工业发展作出了巨大努力，2020 年乌兹别克斯坦工业产值为 GDP 的 32.78%。此外，乌兹别克斯坦负债比例在 GDP 占比较少，相比于大部分国家债务较轻。

（四）油气法律政策

乌兹别克斯坦主管投资及外国投资的机构主要为投资与外贸部、经济工业部和财政部。其主要职责如下：

投资与外贸部负责执行统一的投资政策，协调吸引外资，与国际主要金融机构、外国政府金融组织合作，制定并协调执行统一的国家在外贸和国际经济合作领域的政策；经济工业部负责参与制定有利于改善乌兹别克斯坦投资环境的计划措施；财政部负责对外国投资者在乌兹别克斯坦境内的投资活动进行金融及税务调节，研究建立良好金融环境来吸引外资注入本国经济。

自 2020 年 1 月 27 日起,《投资和投资活动法》正式施行。该法律是由过去在外商领域施行 20 多年的三法《外国投资法》《外国投资人权利保障和保护措施法》《投资活动法》合成的。《投资和投资活动法》共计 12 章、69 条,全面规定了投资行为、投资保护、投资管理、投资促进、投资优惠政策、外商投资、对外投资等基本制度,在保留原三法优惠措施外,新增投资税收贷款、投资补贴两项优惠措施。2016 年起,乌兹别克斯坦政府又出台了多项吸引油气外资的政策,包括化工公司进出口业务、外汇政策自由化等方面。

在税负方面,2018 年乌兹别克斯坦政府对企业所得税进行了优惠调整,将其与社会发展税(15.5%)统一归为大型组织所得税,税率 14%。同年,乌兹别克斯坦政府对税收制度进行改革,计划降低增值税税率、删除部分强制缴费科目以降低税负、吸引外资。

(五)基础设施建设

目前,乌兹别克斯坦铁路总里程为 6950 公里,电气化铁路为 1000 公里,铁路货运量为 9480 万吨,货运周转量为 229 亿吨公里,客运量为 2260 万人次,客运周转量为 43 亿人公里。乌兹别克斯坦公路总里程为 184000 公里,高速公路为 2755 公里,路况欠佳,亟待改造。乌兹别克斯坦深居内陆,水路运输较为落后。乌兹别克斯坦境内机场有 12 个,可直达中国、美国、俄罗斯等 40 余个国家。

对于移动通信业,乌兹别克斯坦有固话用户 340 万;移动用户 2280 万,普及率为 70%;网络用户 2200 多万,普及率为 64.7%。乌兹别克斯坦电站以火电为主,电力总装机容量 1.2 万兆瓦,供应全国。

综上所述,乌兹别克斯坦基础设施建设不够完善。近几年随着经济逐渐向好,乌兹别克斯坦增加了对基础设施建设的关注,例如,公路改造、铁路改造、电站改造等。

截至目前,中乌已在油气勘探、开发等领域展开了能源合作。然而,仍在某些环节存在风险,也是在今后合作中需要考虑的:第一,外汇管制严格,货币兑换困难,近年来有趋严态势。乌兹别克斯坦强制企业将 50% 外汇收入结汇,这会对现金流产生影响,导致原材料、生产设备等进口困难。第二,相关政策法规调整较为频繁,存在不稳定性,给中乌进一步扩大能源合作造成困难。

第二节 俄罗斯油气投资环境分析

俄罗斯横跨亚欧两洲,拥有世界最大的领土面积1709.82万平方公里,与多个国家接壤,海岸线也非常长,邻国众多。截至2018年1月1日,俄罗斯人口为1.47亿,其中城市人口为1.09亿(74%),农村人口为0.38亿(26%),民族180余个。俄罗斯地大物博,拥有世界22%—28%的自然资源,具备资源大量出口的条件。

一、油气资源

俄罗斯有26个含油气盆地,油气资源主要集中在西伯利亚地区,汇聚了全球15.6%的油气资源量,2020年油气可采资源总量为2708亿吨(油当量)。2020年,俄罗斯常规油气可采资源量为1742亿吨,占全球15.9%;剩余可采油气储量为542亿吨,占全球12%,其中石油191亿吨,占35.3%,天然气389万亿立方米,占61%,另外是凝析油。

俄罗斯拥有世界5%的石油探明储量252亿吨,拥有世界21%的天然气探明储量480000×10^8立方米,其主要原油区集中在东部与北部。目前,俄罗斯拥有商业性油气田近2800个,近几年新油气田年发现量为10—30个,石油储量年增长量为4亿—5亿吨,非常具有勘探潜力。2020年,俄罗斯石油(包括凝析油)开采量为5.24亿吨,原油加工量为2.9亿吨,出口石油为2.6亿吨。2020年,俄罗斯天然气开采量为6385亿立方米,出口量为2381亿立方米。

在生产方面,据国际能源署2022年1月报道,2021年12月,俄罗斯的石油(油气)产量为每天1125万桶,占世界石油总产量的11.41%,排名世界第二位;2021年,俄罗斯石油产量为5.34亿吨左右,排名世界第二位;俄罗斯的天然气产量为7610亿立方米,仅排在美国之后,位居世界第二位，占全球天然气总产量的18.46%。

俄罗斯人口只有1亿多人，人均天然气消费居全球第一，油气出口量排在全球第二位。俄罗斯油气资源如此丰富，其石油的自用率约为56%，天然气的自用率约为72%。因此，俄罗斯在世界油气市场的影响力，主要集中体现在出口市场上。根据2022年1月俄罗斯海关统计数据，2021年俄罗斯出口石油2.3亿吨，仅次于沙特阿拉伯，位居世界第二位；俄罗斯生产天然气7610亿立方米，出口2035亿立方米，世界排名第一位。

二、政治环境

1. 国家元首及宪法

俄罗斯联邦总统是国家元首，根据俄罗斯联邦宪法和联邦法律决定国家对内对外政策，任命联邦政府总理、副总理和各部部长，主持联邦政府会议。总统是国家武装力量最高统帅并领导国家安全会议，有权解散议会，议会只有指控总统犯有叛国罪或其他十分严重罪行并经最高法院确认后才能弹劾总统。俄罗斯联邦现任总统弗拉基米尔·弗拉基米罗维奇·普京于2018年3月23日第四次当选，5月7日宣誓就职，其总统任期到2024年5月初。

2. 议会

俄罗斯联邦议会由联邦委员会（上院）和国家杜马（下院）两院组成，行使立法和监督职能。联邦委员会由每个联邦主体的代表权力机关和执行权力机关各一名代表组成。主要职能是批准联邦法律、联邦主体边界变更、总统关于战争状态和紧急状态的命令，决定境外驻军、总统选举及弹劾、中央同地方的关系问题等。

3. 政府

俄罗斯联邦政府是最高国家执行权力机关。行政权力被俄罗斯总统和俄罗斯总理所分享，组织结构实行联邦部、局、署三级管理模式。俄罗斯联邦各部划分为归总统直接领导和政府领导两类，俄罗斯联邦局和联邦署划分为归总统直接领导、政府领导和联邦部管辖三类。俄罗斯联邦税务局隶属于联邦财政部，由政府总理领导。联邦政府经济部门主要有俄罗斯联邦经济发展部，主管宏观经济规划、预测、调控和经济改革。

4. 司法机构

俄罗斯联邦司法机构主要有联邦宪法法院、联邦最高法院、联邦最高仲裁法院及联邦总检察院。俄罗斯联邦境内的审判权由法院行使。俄罗斯联邦宪法法院根据总统、联邦议会、政府和其他最高司法机构的要求，对有关案件进行裁决。俄罗斯联邦最高法院是民事、刑事、行政以及其他案件的最高司法机构。俄罗斯最高仲裁法院是解决经济争议和仲裁审理的其他案件的最高司法机构。

三、经济形势

近年来，俄罗斯经济形势改善，增长速度逐渐加快。2020年俄罗斯GDP约1.47万亿美元，缩减3.1%，人均GDP约10100美元。其中，第一产业产值占GDP的3.7%，第二产业产值占36%，第三产业产值占60.3%。其中，油气工业一直为俄罗斯经济发展作出了重要贡献。俄罗斯主要油气企业包括：

1. 天然气工业股份公司

天然气工业股份公司是世界最大的天然气企业于1993年成立，主营天然气勘探、开采、生产与销售。2019年开采天然气5003×10^8立方米，实现营业收入1119.83亿美元，实现利润1.2万亿卢布，2020年位于财富世界排行榜第55位。

2. 卢克石油公司

卢克石油公司是俄罗斯最大私有石油企业，于1991年成立。2019年开采石油8240万吨、天然气288×10^8立方米，实现营业收入7.84万亿卢布，实现利润6420亿卢布，2020年位于财富世界排行榜第57位。

3. 俄罗斯石油公司

俄罗斯石油公司是俄罗斯最大国有石油企业，于1993年成立。2019年开采石油2.18亿吨，实现营业收入8.68万亿卢布，实现利润7080亿卢布，2020年位于财富世界排行榜第76位。

俄罗斯大力发展液化天然气（LNG）行业。2021年3月，俄罗斯政府通过了一项提高LNG产量的长期计划。根据该计划，2035年俄罗斯LNG产量将增加至1.4×10^8吨，与《2035年前俄罗斯能源战略》目标一致。2020年，俄罗斯LNG产量3050×10^4吨，同比增加100×10^4吨，增幅3.2%。俄罗斯扩大LNG生产的关键措施是进一步放开LNG出口，同时建立管控和避免管道气与LNG在国际市场上竞争的机制。因此，在规划LNG生产项目时，力求避免与"北溪-1"号、"北溪-2"号、"西伯利亚力量"（中俄东线）、"西伯利亚力量-2"号（中俄西线）、阿尔泰线等向统一供气系统（UGSS系统）供气的天然气管道项目形成气源竞争。

为完成国家战略目标，俄罗斯政府拟引入外资0.7万亿美元。目前，许多行业迫切需要投资，油气成为俄罗斯与其他国家交流的重要工具。因此，俄罗斯在油气合作领域的国际政策不会长久不变，将继续顺应吸引外资的趋势发展，这是中俄在油气领域合作的主要优势之一。此外，俄罗斯未来会逐渐转向中下游油气合作，以摆脱出口依赖度较高的问题。

四、油气法律政策

俄罗斯投资法律较为完善，出台了较为详细的法律法规，例如，《外国投资法》《证券市场法》等。近年来，俄罗斯政府继续完善法律政策，其现行的贸易方面的法律法规包括《对外贸易活动国家调节法》《海关税则法》《外汇调节与监督法》等，以及《产品分成协议法》。按协议条款分配产品取代有关税费。在协议有效期内，投资者免交除企业所得税、矿产资源开采税、俄籍雇员的社会医疗保险费和俄罗斯居民国家就业基金费以外的其他各种税费。俄罗斯政府鼓励外商直接投资石油、天然气、煤炭、木材加工、建材、建筑、交通和通信设备、食品加工、纺织、汽车制造等行业。

俄罗斯出口产品基本实现零关税，仅对少量的商品如动物皮张、原木、一些钢铁废碎料、铝废碎料、铅锌废碎料等征收出口关税，油气与油气制品则依法按照特定方式计算税率。2015年，除东西伯利亚、里海等部分地区外，俄罗斯提高了油气资源开采税，下调了石油出口关税。

俄罗斯税收体系包括俄联邦税（增值税、关税、矿产资源开采税等），俄罗斯联邦主体税（企业所得税、运输税等），俄罗斯地方税（土地税、广告税等）。其中，矿产资源开采税与油气行业密切相关，其税率因矿产资源不同而设定了不同的税率，税率为3.8%—16.5%。

五、基础设施建设

俄罗斯地大物博，地理情况复杂，铁路、航空和水路运输较为常见，公路运输稍逊，且较为古老。据权威数据统计，俄罗斯铁路、水路、航空运输基础设施水平分别在世界上的排名为第33位、82位、87位，俄罗斯政府也在努力完善基础设施建设。

俄罗斯铁路总里程为8.66×10^4公里，电气化铁路为4.4×10^4公里，占比51.2%，其中有国际铁路11条，与众多邻国相通。为改善铁路运营速度和效率问题，俄罗斯铁路公司拟修建连接国内主要城市的高速铁路网。2018年普京连任总统后，计划将俄罗斯建成欧亚大陆集装箱过境运输领域的领先国家之一，6年内使贝阿铁路、西伯利亚大铁路过货能力提高50%。俄罗斯公路网集中在欧洲，总里程为152.94×10^4公里，其中25条与欧洲国家相通，少数与亚洲国家相通。俄罗斯现有机场232个，国际机场71个；现有航空公司46家，大型航空公司11家。目前，俄罗斯已拥有众多国际航线。

俄罗斯境内水路总里程为10.2×10^4公里，欧洲区域以伏尔加河为主，远东区域以阿穆尔河（黑龙江）为主。2019年，俄罗斯港口运输量达到12亿吨。俄罗斯计划未来6年内进一步提升亚速海、黑海水域港口和铁路对接的能力，将其提升50%至1.8亿吨。

俄罗斯移动用户2.6亿人，移动通信普及率达178%；俄罗斯主要移动运营商有MTS、MegaFon、VimpelCom和Tele2，其中净接入率最多的是Tele2公司，为87%。互联网用户达8770万人，在俄罗斯使用移动数据上网资费比美国便宜约九成，比德国便宜约六成。

俄罗斯电力生产较强，总装机容量为2.36亿千瓦，发电为1.1万亿千瓦时，其中出口200.5亿千瓦时。俄罗斯电网与众多邻国相连，促进了电力进出口贸易。

综上所述，俄罗斯幅员辽阔，南北气候差异较大。俄罗斯各联邦主体以及经济特区等对外资企业的税收优惠政策不同。因此，投资企业在俄罗斯注册企业或投资项目应充分考虑企业税费、产品生产条件、销售市场、交通运输、人文、气候和民族风俗等各种因素。并且必须严格遵守俄罗斯的相关法律，获得合法的身份，缴纳税费；要加强与所在地政府部门、执法机关的沟通，最后还要融入当地社会，建立平等互利的合作伙伴关系；建立安全责任体系和应急机制等，尤其在俄乌冲突期间，投资企业一定要做好充分评估，谨慎投资。

第三节　中东地区油气投资环境分析

中东地区位于欧亚非三洲乃至东半球大陆的中心，是世界交通枢纽，其商业与战略地位尤为显著。中东油气资源富足，拥有超过世界半数的石油储量，其能源供应全球。根据BP能源统计，2020年中东拥有世界48.3%的石油探明储量1132×10^8吨，世界40.3%的天然气探明储量758000×10^8立方米。未来中东出口能力将继续增加，2030年将达到11.95×10^8吨，占世界出口能力的45%；2030年天然气出口将达到2300×10^8立方米，占全球出口能力的18%。

中东地区包括沙特阿拉伯、伊朗、伊拉克、科威特、阿联酋、阿曼、卡塔尔、也门、约旦、叙利亚、巴林、黎巴嫩和以色列。中国已经与部分中东国家建立了能源合作。以下将对中东的重要油气合作国家的投资环境进行详细的分析。

一、伊朗油气投资环境分析

伊朗（1935年前称为波斯）地处西亚的心脏地带，邻国众多，拥有165万平方公里的领土面积，人口数量为8202.1万人。伊朗油气资源富足,其石油生产量与出口量均位于世界前列,另有铜、煤、铅、锌、重晶石、锰、硼砂等矿产资源,再加上地理位置的优越性,使其具有较大的发展潜力,是"一带一路"的重点发展国家。

(一) 油气资源

伊朗的天然气储量居世界第二位,也是 OPEC 第二大石油出口国。根据 OPEC 2022 统计公报(ASB) 2021 年伊朗石油探明储量为 2086 亿桶,居世界第三位,位于委内瑞拉和沙特阿拉伯之后,占世界石油储量的 13.5%。拥有世界 17.1% 的探明天然气储量 $321000 \times 10^8 m^3$,居世界第二位。伊朗的石油储量约 70% 位于陆地,其中大部分集中在胡齐斯坦盆地(约占陆地石油储量的 86%),海上储量主要位于波斯湾。伊朗在显海拥有约 0.68 亿吨的石油储量,但对显海的勘探活动有限。截至 2022 年,伊朗约有 40 个油田,其中最大的陆上油田是 Ahwaz – Asmari、Marun 和 Gachsaran 油田,最大的海上油田是 Abuzar 油田,有 18 个油田的储量超过 1.4 亿吨。伊朗经济对本国油气工业具有高依赖度,其大半外汇收入均来源于此。

(二) 政治环境

1. 政治制度

伊朗实行政教合一制度,神权统治高于一切,宗教领袖拥有至高无上的权力,凌驾于所有权力机构之上。在宗教领袖领导下,实行行政、立法、司法三权分立制度,国家权力机构由彼此独立的政府、议会、司法部门组成。

伊朗实行总统内阁制,总统作为国家元首和政府首脑,名义上是仅次于领袖的国家领导人,由公民投票直接选举产生,任期 4 年,可连任一届。现任总统哈桑·鲁哈尼于 2017 年 5 月以较大优势连任第 12 届总统。因实行政教合一体制,伊朗迄今无执政党。

2. 法律体系

伊朗宪法规定伊朗实行政教合一制度,神权统治高于一切,强调伊斯兰信仰、体制、教规、共和制及最高领袖的绝对权力不容更改。国内法方面,伊朗在外贸、投资、税收、劳工、海关、金融、公司注册、商会、知识产权保护等方面都有对应的法律法规。

国际法方面，伊朗是《承认和执行外国仲裁裁决公约》（1958年纽约公约）的缔约国，因此国际仲裁裁决在伊朗具有法律执行效力。

（三）经济形势

2007年前，伊朗经济整体发展较快；2008年经济危机、2012年金融制裁使伊朗外资骤减，经济形势明显下滑；2016年解除制裁，伊朗加大了对原油的生产，经济恢复增长。2017年原油生产量维持在380万桶/天，全年出口原油7.77亿桶。2020年GDP增长率为1.5%，GDP总量达到6357亿美元，其中农业、工业和服务业占比分别为12.81%、30.55%和56.64%。

伊朗较为重视石化产业，其石化产品出口占全国比重的30%；2020年伊朗炼化加工日产量为218.2万桶，日出口量为88.9万桶。石油工业方面，伊朗政府继续以提升原油产量、稳定原油出口为经济政策主线。

近年来伊朗货币大幅贬值加剧了伊朗宏观经济面的恶化。2018年5月8日美国宣布退出伊核协议后，开始对伊实施经济制裁。目前，伊朗内外交困，面临前所未有的压力，国内经济前景黯淡。

（四）油气法律政策

伊朗油气主管部门有石油部、能源部、工矿贸易部等。此外，伊朗财经部下设投资与经济技术支持组织（OIETAI），为外资企业提供投资许可、项目选择、资本撤出等服务。

伊朗与油气相关的法律主要有《石油法》《矿山法》等。伊朗对进出口贸易也出台了一些政策以吸引外资，如2015年的《鼓励和保护外国投资法》《新版石油合同》等。此外，还有针对油气行业的优惠政策，如设立石化工业经济特区并赋予审批与税收等优惠、企业在部分自由贸易区享有20年免税期等。税收方面，伊朗遵循《直接税收法》，对房地产、未开发的土地等获得的总收入征税，包括财产税、所得税等内容构成。

（五）基础设施建设

伊朗铁路总里程为11061千米，铁路网以德黑兰为中心向周边放射，连接主要城市。伊朗铁路轨距主要为1.435米,靠近巴基斯坦边境的94千米铁路为1.676米宽轨。目前,伊朗有在建铁路7500千米,2025年伊朗铁路总长将达到25000千米,以达成其未来发展规划。

伊朗公路总里程为3.8×10^4千米,其中高速公路为2260千米,相对滞后。目前,伊朗已启动了多个高速公路项目,使伊朗与邻国形成完整连接,公路运输更加便捷。印度在阿富汗境内建设迪拉纳姆—扎兰吉公路,未来将连接至伊朗恰巴哈尔港。

伊朗共有机场54个,其中国际机场13个,年客运量3570万人,国内货运量1.23万吨,国际货运量6.3万吨。因伊朗核制裁的影响,伊朗难以购买西方科技,伊朗有客机309架,其运营客机老旧,平均机龄23年。近两年伊朗一直在推动购买空客、波音客机,但在美国宣布退出伊核协议后,美国称将吊销波音、空客对其的销售许可证。

伊朗港口众多,主要港口有阿巴斯港、霍梅尼港、布什尔港和阿赛卢耶港等,阿巴斯港吞吐量7624万吨位列第一,霍梅尼港吞吐量4293万吨位列第二,两个港口约占伊朗港口吞吐总量的85%。伊朗在里海的主要港口为安扎里港,在波斯湾外新建了恰巴哈尔港。

截至2018年,伊朗网络总容量6968千兆比特每秒,较2017年增长2.47%;移动用户5324万,普及率110%;出售SIM卡1.69亿张,其中活跃用户为8800万。2018年,伊朗固定用户为3094.4万;固网运营商为TCI,移动运营商有MTNI、MCCI、RighTel,国家骨干网运营商为TIC。

伊朗总装机容量为81.21GW,年发电量达3080×10^8千瓦时,其中火电、核电、水电和非水电可再生能源发电量分别占84.3%、1.1%、13.3%和1.3%。伊朗用电结构为民用34%、商用7%、公用12%、工业32%、农业10%、街道照明1%。目前,伊朗电力供应部分邻国,年电力输出量为110亿千瓦时,年获利10亿美元。中国企业在伊朗投资设厂不需自备发电设备,部分铝厂出于经济考虑,需建设配套的燃气蒸汽联合循环电站。

伊朗是中东地区大型工程项目最多的国家之一,油气、石化、交通、电力、通信、建材、冶金等领域的众多项目为中国公司的进入提供了机会,开展各项合作潜力巨大。目前美国等西方国家对伊朗金融制裁始终未解除,加上伊朗的法律法规与国际不接轨,导致伊朗开发项目前期准备工作时间较长。办理项目人员居住和工作许可的条件相对苛刻，承包商需随时应对伊方出台的各种税费等种种原因，导致外资进入伊朗目前仍然不够通畅。

二、伊拉克油气投资环境分析

伊拉克早在公元前4700年就出现了城邦，公元前2000年先后出现了巴比伦王国、亚述帝国、后巴比伦王国，被后人列入"四大文明古国"。伊拉克位于亚洲西南，拥有43.8万平方公里的领土面积，邻国众多。常住人口3812.4万，其中78%为阿拉伯人，15%—20%为库尔德人，其余为土耳其人、亚述人、伊朗人等，官方语言为阿拉伯语。伊拉克经济对石油工业具有高度依赖性，拥有世界排名第四位的原油储量。

（一）油气资源

伊拉克油气资源富足，拥有世界8.4%的石油探明储量1450亿桶，排名世界第5位；拥有世界1.9%的天然气探明储量为35000×10^8立方米，排名世界第12位。2020年石油日生产量为411.4万桶，日出口量为358.3万桶；天然气年生产量为105×10^8立方米，其中一半供给国内。伊拉克经济对石油工业具有高度依赖性，分别占GDP的56%、财政收入的90%和外汇收入的80%。

1973年伊拉克石油工业归为国有。海湾战争前，伊拉克原油日生产量为350万桶；海湾战争后开采设备毁损，日生产量降为30万桶，1996年恢复了石油生产。近年来，伊拉克石油产量、出口量逐渐恢复，2020年伊拉克原油产量为404.9万桶/天，出口量为358.3万桶/天，主要通过巴士拉港口、土耳其石油管道出口。伊拉克天然气有70%属于伴生气，主要集中于伊拉克北部和南部，天然气日处理量为0.29×10^8立方米，在液化处理站液化后出口。

（二）政治环境

1. 元首与宪法

2018年5月，伊拉克举行第四届国民议会选举。10月2日，巴尔哈姆·

萨利赫当选总统，国民议会选举逊尼派人士穆罕默德·哈勒布希任议长。本届议会共有329名议员，任期4年。

2005年8月底出台永久宪法草案，并在10月举行的全民公决中获得通过，规定伊拉克实行联邦制，石油资源归全体人民所有，但各派在国家生活中的地位、资源分配等问题上尚存争议。伊拉克设总统、总理府（部长内阁）和议会（329位议员），实际行政权力掌握在以总理为首的部长内阁手中。联邦的行政权力由共和国总统和内阁共同承担。总统由议会2/3多数选举产生，任期4年。总统指派在议会中享有多数席位的党团领导人组建政府。内阁成员由总理推荐，总理担任武装部队总司令职务。伊拉克地区政府拥有行使立法、行政和司法的权力；地区政府可以按照需要的方式实行管理，并有权建立自己的"安全组织"，如警察部队、治安部队和卫队等。地区政府在不违反国家宪法的前提下，可以起草自己的法律，确立自己的行政权力机构以及行使这些权力的机制。宪法承认库尔德地区和其作为一个联邦地区现有的权力。伊斯兰教是伊拉克官方宗教，是伊拉克立法的主要依据之一。宪法保证宗教自由。

2. 政府

伊拉克本届政府于2018年10月24日成立，阿迪勒·阿卜杜勒马赫迪担任总理。

2019年12月，阿迪勒·阿卜杜勒马赫迪辞职。2020年5月7日，前国家情报局局长穆斯塔法·卡迪米组建新一届政府，本届政府主要包括总理穆斯塔法·卡迪米、副总理兼财政部长阿里·阿拉维、外交部长福阿德·侯赛因、内政部长奥斯曼·加尼米、国防部长朱玛·阿奈德、石油部长伊赫桑·阿卜杜勒贾巴尔。

3. 议会

伊拉克党派众多，目前约有200个政党和政治实体，组成多个政党联盟，主要包括胜利联盟、法治国家联盟、开拓联盟、民族主义联盟等。本届议会共有328名议员，任期4年。2018年5月12日，伊拉克举行新一届国民议会选举，新当选议员329人。9月确定由前安巴尔省省长、逊尼派穆罕默德·哈勒布希担任新议长。

(三）经济形势

2006年，为吸引外资改善投资环境，伊拉克政府首次通过了国家投资法，此后也努力与国际社会接轨。2014年，伊拉克因油价暴跌导致财政紧张，伊拉克方发现了石油高依赖度的危害，于是采取加大对外资企业利益的优惠政策，包括推动国企与外企合资、对土地矿产等有关活动给予优惠等。

伊拉克经济对石油工业具有高度依赖性，超过90%的财政收入来自石油。根据伊拉克国家投资委员会数据，2020年三大产业占GDP比重分别为：农业6.07%，工业（石油、矿业、电力、水利等）44.4%；服务业49.53%。伊拉克国家投资委员会2018年1月发布的《伊拉克重建与投资》提出石油项目11个，包括炼化厂5个、油罐区5个、海水供应项目1个。另外，化肥、水泥、化工化学、玻璃等行业项目30个。

（四）油气法律政策

伊拉克油气法律大部分沿用旧时条例，有较多法律存在缺陷，亟待完善，例如，《石油法》《国家石油公司法》等。由于法律不完善，油气活动只能参考政府文件，不具有约束性。伊拉克油气领域存在权力过度集中、部分油气公司定位模糊的问题。目前，伊拉克各党派忙于政治斗争，忽略了法律建设问题，因此，未来伊拉克《石油法》发展情况不明，必定会影响油气工业向好发展。

但与地区内的其他国家相比，伊拉克的法律体系相对更有利于对伊拉克进行投资或在伊拉克进行贸易的外国公司。除特定行业外，外国公司和个人一般可以全资拥有公司。在伊拉克，投资方式可以是独资、合资、合作和股份制等。外资并购有关事宜可咨询伊拉克投资委员会。伊拉克也对外资油气企业出台了优惠政策，包括成功中标后可获得75%的项目权益。

伊拉克税收系统包括税务总局、地方税务局等。伊拉克税种主要有公司所得税、个人所得税、房屋租赁税和土地租赁税。除个税外，其余几种税率分别为35%、10%、2%。

（五）基础设施建设

伊拉克铁路总里程为2272公里，大部分铁路为单线铁路，设计时速为

160—250公里/小时，但实际时速为100公里/小时。2018年1月，《伊拉克重建与投资》提出铁路、有轨电车、地铁项目12个。目前，伊拉克政府重点推进的有巴格达轻轨、巴士拉轻轨、纳杰夫至卡尔巴拉的"圣城铁路"等项目。

伊拉克国内大多选择公路运输，其公路网基本在1991年前修建，总里程为 5.96×10^4 公里。其公路受海湾战争的影响大多毁损，尽管进行了修复，但部分路况仍然较差。2018年1月，《伊拉克重建与投资》提出公路项目5个，其中4个是原有公路的修复。

伊拉克航空公司于2015年开通巴格达、巴士拉与广州、北京间的直航航线。根据美国中央情报局统计，截至2021年初，伊拉克共有102个机场。近几年，《伊拉克重建与投资》提出机场项目3个，主要是机场修复和物流项目。

伊拉克水路总里程5279公里，其中包括幼发拉底河2815公里、底格里斯河1899公里等；其港口主要包括祖拜尔港、巴士拉港等，但港口老旧，基础设施有待更新，从而影响了国内经济发展。近年来，伊拉克计划修建融合石油、散货、仓储等的多功能法奥港。该项目总预算在百亿美元左右，资金缺口巨大。2018年1月，《伊拉克重建与投资》提出港口项目2个。

伊拉克拥有固网用户72万，但近年来用户流失严重；拥有移动用户3480万，其运营商主要为ZAIN、KORAK等；网络用户不断增加，主要运营商为Earthlink，但存在网速慢、价格高的问题，亟待完善。

伊拉克电力严重缺乏，电网陈旧，公共电网日供电不足8小时。在夏季用电高峰，伊拉克用电需求约为2.1万兆瓦，装机容量1.4万兆瓦，供电能力仅为1万兆瓦，因此需要进口电力。2018年1月，《伊拉克重建与投资》提出电力项目12个，包括5个火电站和7个太阳能电站。

综上所述，中国企业在伊拉克开展投资合作，首要问题是保障项目正常运行和相关人员的安全。伊拉克市场蕴含着无限商机，但也充满了风险。一是伊拉克反恐形势虽稳中向好，但安全形势依旧严峻，安全风险依旧存在；二是交通不便，往来伊拉克的飞机航班少且经常取消或误点，陆路交通不畅；三是伊方信用证付款方式，中国国内银行出于疑虑不直接托收,需要中东或欧美著名银行进行担保,导致程序复杂和交易延误;四是伊拉克目前财政紧张,外汇挤兑压力大,美元转存取均有不确定性。

三、沙特阿拉伯油气投资环境分析

沙特阿拉伯被称为"石油王国",位于阿拉伯半岛,拥有225万平方公里领土面积,平均海拔665米,海岸线2437公里,邻国众多。常住人口约3255万(2017年),其中沙特籍人口约2041万,外籍人口约1214万,沙特籍人口占比约为63%。沙特处于阿拉伯地台东缘的含油气区内,拥有世界第一的石油储量与产量。

(一)油气资源

沙特拥有世界26%的石油可采储量363亿吨、世界4.1%的天然气可采储量82000×10^8立方米。沙特石油生产量为1201万桶/天,未来50年能够维持在该水平,并计划扩大产量。沙特天然气资源富足,产量排名世界第6位,其天然气不出口,仅供应国内。近年来,沙特天然气储量已增长至83000×10^8立方米;天然气产量1064×10^8立方米,同比增长4.0%。

沙特的国有石油公司为阿美石油公司,共有员工5.5万人,主营油气勘探开发、炼化、储运等。沙特基础公司是中东最大的石化公司、沙特最大的上市公司,拥有员工3.4万人,在2017年位于财富排行榜第299位,相比2016年第247位有所下降。未来,沙特将寻找外国石油公司共同开发红海和波斯湾的油气资源,海上勘探开发力度将不断加大。随着沙特天然气工业的发展和外资进入天然气上游领域,天然气勘探将更加活跃,将成为支撑沙特油气勘探领域的重要力量。

(二)政治环境

1. 政治制度

沙特是政教合一的君主制国家,禁止政党活动,无宪法。《古兰经》和穆罕默德的《圣训》是国家立法和执法的依据。

2. 法律体系

司法部和最高司法委员会负责司法事务的管理。2007年，阿卜杜拉国王颁布《司法制度及执行办法》和《申诉制度及执行办法》，建立新的司法体系。设立最高法院、上诉法院、普通法院三级法院，并建立刑事、民事、商业、劳工等法庭。最高法院院长由国王任命。申诉制度规定设立直属于国王的三级行政诉讼机构，即最高行政法庭、行政上诉法庭和行政法庭。

3. 政府机构

政府机构包括经济和发展委员会、商务部、投资部、经济与计划部、财政部、能源部、工业和矿业部、货币管理署和沙特国际战略伙伴中心等。

（三）经济形势

2013—2014年，沙特经济保持持续稳定增长。囿于自2014年下半年开始的石油价格暴跌，2015年至2017年沙特经济持续下降，2017年出现负增长。2018—2019年，受石油价格回升、改革政策落地等利好影响，沙特经济呈现复苏迹象，GDP呈现温和增长，2019年实际增长率0.33%。2020年，由于新冠疫情带来的负面影响，实际增长率为－4.1%。2020年按固定价格计算GDP为7001.18亿美元，农业、工业和服务业分别占比2.6%、41.36%和56.24%。沙特对石化工业具有高度依赖性，2020年出口1765亿美元（含石油炼品），占GDP的25.2%。近年来，沙特政府积极吸引外资发展非油气行业，对石油的依赖性逐渐下降。

（四）油气法律政策

作为世界上最大的石油资源国，他们设立专门的机构去管理石油，于是成立了石油和矿产资源部。

沙特阿拉伯的经济支柱产业、外汇发展以及外汇收入大都依靠石油和天然气。油气工业在政府出口收入、政府税收和政府GDP中占据很大比重。沙特阿拉伯的经济由于油价的持续高度增长以及石油产量的扩大不断发展。沙特阿美石油公司在1992年进行了重大的结构改革，本来公司有7

个生产系列体系，经过这次整改后组成了石油经营部、工业相关事业部、国际经营部和财务部四个部门。

在沙特注册的公司也是纳税人。该组织的企业无法和母公司一起缴纳自身税款。外国公司支付的工资、社会保险、养老保险，外国公司缴纳的代理费等可以在税前扣除。天然气投资税纳税义务人为从事天然气、液化天然气、气体冷凝物经营的自然人、法人。征税对象为从事天然气勘探开发、生产、炼化、液化、冷凝等经营活动的收入。

沙特油气对外合作相关法律主要是2010年生效的《外国投资法》。本国油气资源归国家所有，勘探、开发、加工、运输、销售由沙特阿美石油公司垄断经营。在石油领域，沙特阿美公司垄断石油勘探、开采，不允许外国公司投资和按投资比例获取份额油。但外国公司在通过沙特阿美公司的资格预审后，可以参加沙特阿美公司作为业主的石油勘探、设计和生产项目的投标，以服务合同的方式作业。在天然气领域，不同地区和阶段实行不同的开放政策。已经进行生产的区域继续由沙特阿美公司开采天然气，仅对外开放产出天然气的加工和销售领域；在已探明尚未进行开采的地区，开放天然气的开发和生产，以及生产后的各阶段；在尚未勘探的地区，对外开放勘探、开发和生产领域，包括生产后的天然气加工和利用。对于上述开放的领域，外国公司可以以不同形式参与投资额大或技术要求高的项目。中游和下游采用合资公司方式对外合作，炼厂、管道、LNG液化厂等均允许外资参股、控股。

（五）基础设施建设

在众多的运输方式中，沙特依靠的是公路交通运输，公路总长占国家道路总长的28%左右。由于"卡塔尔危机"影响，公路网暂不与卡塔尔联通。

2017年，利雅得至哈伊勒客运铁路开通，并计划延伸至约旦边境。沙特一共有27个机场。从中国去往沙特的航线有：沙特航空经营的利雅得—广州直航航线；中国国际航空公司或阿联酋航空经营的北京—迪拜航线转乘阿联酋航空、沙特航空、Flynas航空等运营的迪拜—利雅得或吉达航线。

沙特现有港口主要分布在红海沿岸和阿拉伯海湾沿岸，沙特邮政进行了一项重大变革，公布了新机构"沙特邮政公司"（SPC）。统计显示，沙特到 2021 年，4G 网络已经覆盖全国人口的 91%，并且成为 5G 平均下载速度最快的国家。沙特电力公司销售量日益增长，基本可以满足工农业生产、居民住宅、商业及其他用电的需求。

沙特政局长期保持稳定，但近期由于受到周边局势，以及东部什叶派抬头的影响，东部和南部等边境省份的安全隐患有所加大。沙特社会治安总体良好，但恐怖袭击、抢劫事件时有发生，中资机构或个人在沙特应保持高度警惕，加强工地和办公场所安全设施的建设。此外，虽然沙特投资业运作较为规范且法律严格，但沙特国内仲裁机构偏袒当地人的情况时有发生。

第四节　东南亚地区油气投资环境分析

在东南亚地区，印度尼西亚、马来西亚、越南、文莱、缅甸和泰国 6 个国家蕴藏着丰富的石油天然气资源，而菲律宾、柬埔寨和老挝这些国家的资源却非常匮乏，东南亚的局势在国别和区域层面就有了新的形势。

一、印度尼西亚油气投资环境分析

印度尼西亚（以下简称印尼）作为仅次于中国之外领土最广泛的国家，不仅是东盟国家中石油产量最高的国家，还是东南亚地区唯一的欧佩克成员国，但于 2008 年初宣布退出欧佩克。印尼有 2.6 亿人口，仅次于中国、印度和美国。

（一）油气资源

印尼国内地质构造复杂，拥有 66 个沉积盆地，其中 36 个盆地已经完成勘探活动，15 个盆地正在生产石油天然气。四大产油区分别是苏门答腊、爪哇海、东加里曼丹和纳土纳，三大产气区为东加里曼丹、南苏门答腊和纳土纳。印尼是东盟国家中石油产量最大的国家，同时也是最大的天然气生产国和世界第二大液化天然气出口国。

1988年，印尼石油天然气总探明储量达到253亿桶峰值，此后石油探明储量出现大幅度下跌，并直呈下降趋势。当前和今后一段时间内印尼石油产量将总体呈下降趋势，下降速度先快后缓；然而，随着消费的上升，增长的步伐不断加快，石油需求将会继续增长。预计到2025年，石油产量将仅有3300万吨，但是需求量将达到2倍以上，缺口达490日万吨。到2030年，石油产量更少，降到3200万吨；但石油需求还在不断上升将增加到8500万吨，这时需求缺口将达到5300万吨。到2035年，石油产量将再下降100万吨，而需求将增加300万吨，需求缺口为5700万吨。

（二）政治环境

印尼实行总统内阁制。国会行使立法权，立法权不包括起草和修改宪法、制定国家宪法和大政方针，立法权、司法权、行政权，互为依靠同时也互为制衡。总统是国家元首、最高行政首脑和武装部队最高统帅，直接领导内阁，内阁对总统负责。

印尼实行多党制。2019年4月17日，印尼举行总统和立法机构首次同步选举。经过一系列的投票民主斗争党获得第一，占总票数的19.33%，蝉联第一大党。印尼政治局势总体稳定，政府发展理念得以延续。需要注意的是，印尼社会长期存在的腐败现象虽有所改善但仍较为突出。

（三）经济形势

印尼是东盟最大的经济体，农业、工业和服务业均在国民经济中有着重要地位。印尼三大产业结构为第一产业占12.82%；第二产业占40.56%，第三产业占46.62%。印尼经济发展稳定，近5年国内生产总值（GDP）增长率保持在5%左右。印尼为世界第四人口大国，人口数量为2.62亿。印尼中央统计局数据显示，2020年2月，印尼劳动力人数为1.37亿，失业率为4.99%，印尼老龄化程度低，其人口红利将会在未来很长一段时间推动印尼经济发展。随着经济发展，印尼通货膨胀率得到了较好的控制，近5年通货膨胀率低于5%，缓解了利率上升压力，促使经济良性发展。印尼经济保持快速增长，国内消费已成为印尼经济发展的稳定动力，各项宏观经济指标保持积极，经济形势相对合理。印尼经济进一步增长的前景和独特的相对优势依然吸引外资，中国大陆已连续3年成为印尼第三大出口国的融资来源。印尼是东盟最大的经济体。

（四）油气法律政策

关于矿产资源，印度尼西亚宪法明确规定：关于矿产资源都是政府的。为了促进印度尼西亚的经济发展，政府采取了一系列的措施，如降低关税来鼓励外国投资。

由于印度尼西亚政府对深水区块的利润持有比例高于81%，居世界首位，再加上相应区块尚不确定是否具有商业价值，使得投资者不愿意投资印尼深水区块。如果印尼不改变这种投资政策，2019年印尼由于无法开发本国的油气资源而变为油气净进口国。因此，2016年印尼政府起草一份针对深海油气投资的特殊政策，生效后可以为投资者带来更高的回报率，从而吸引更多的投资者投资印尼深海油气勘探开发领域。

为了鼓励外商在印尼投资，提高效率，减轻政府负担，2017年印尼能源与矿产资源部颁发了8号令，将标准产品分成合同修改为总收入分成合同，新合同取消了产品分成合同中的成本回收机制，在新的财税条款中，政府与承包商根据油田位置、开发阶段等确定因素，对总收入进行分配，而不是利润。政府批准承包商的开发方案和工作计划，维持对承包商勘探开发活动的控制，取消了大量预算审查和成本复核工作。目前，印尼政府已对一些新的勘探区块与合同延期区块签署了新的油气勘探开发合同。

（五）基础设施建设

印度尼西亚拥有超过34万公里的高速公路，但道路质量较差，高速公路建设一直处于暂停状态。因此，印尼的基础设施建设落后于促进经济增长和改善投资的主要问题。

印尼铁路所有权为国家所有，由印尼国有资产管理公司经营，大规模运输任务都由铁路承担。印尼全国铁路总长6458公里，窄轨铁路长5961

公里,爪哇岛和苏门答腊岛铁路运输比较发达,其中爪哇岛铁路长4684公里,占全国铁路总长的72.5%。

印尼的航空运输与铁路相比,发挥着更大的作用。各省、市及偏远的地区均通航,全国有179个航空港,其中达到国际标准的有23个。开有国际航班、国内航班、朝觐航班、先锋航班等。

印尼不仅有公路、铁路和航空运输,同时水运航道也很优越。全国一共有水运航道21579公里,大小不同的港口约670个。

印尼电信发展潜力巨大,电信建设增长势头迅猛,跨国运营商和资本介入较多。Telkomsel为印尼国内最大的电信公司,Indosat则为最大外资电信公司。印尼3G网络正处于起步阶段并开始运营,印尼5家公司将加大在该基建方面的投入。印尼固定电话无线网络将进行频率转移,所有固定无电话线网络运营商的设备将进行网络调整和扩容以及更新终端用户设备。

印尼大部分地区都通互联网,但印尼的带宽较小,网速较慢。政府计划在印尼东区兴建全长1.2万公里的光导纤维网,使其拥有3个终端与其他国家连接。该3个终端包括可与菲律宾连接的印尼万鸦佬终端、可与澳洲连接的巴布亚终端,以及可与新加坡和马来西亚连接的加里曼丹终端。

印尼目前电力装机容量仅为约5000万千瓦,用电普及率不到75%,2017年印尼人均电力消费是1012千瓦时,仍有超过1/4的人口没用上电,电力需求年均增长10%—15%。即使首都雅加达偶尔也会因缺电实施轮流停电。

综上所述,从投资环境看,印尼的吸引力主要表现在以下方面:政局总体稳定,政府重视扩大外资投资;自然资源丰富;经济增长前景看好,市场潜力大;地理位置重要,控制着关键的国际海洋交通线;人口众多,有丰富、廉价的劳动力;市场化程度较高,金融市场较为开放。印尼作为东南亚最大的国家,外资快速增长,已成为东盟10国中最具吸引力的投资目的国之一。但印尼投资环境仍然存在不少问题,基础设施滞后是最大的瓶颈,物流成本高、通信条件普遍较差、电力供应难以满足基本需求等。基础工业较落后,产业链上下游配套不完备,影响部分制造业企业扩大再投资。部分领域如矿业行政管理混乱等,也在很大程度上影响了对外资的吸引力。

二、缅甸油气投资环境分析

缅甸位于东南亚最大的中南半岛西侧,占地 676600 平方英里,是东南亚陆地面积最大的国家。人口约 5458 万,共有 135 个民族。首都为内比都。缅甸属于热带季风气候,国土的大部分在北回归线以南,处于热带,小部分在北回归线以北,处于亚热带。缅甸生态环境良好,自然灾害较少。

(一) 油气资源

石油是缅甸重要的经济资源之一。但是并不是缅甸各地都有资源,主要集中在中部和沿海地区。根据缅甸电力与能源部数据,缅甸共有 104 个石油和天然气区块,其中,海上区块有 51 个,陆地区块有 53 个。2006 年,缅甸已探明陆地和海洋石油储量 31 亿桶,天然气储量 1.442 万亿立方米。2010 年,石油探明储量 682 万吨,天然气储量 2830 亿立方米,居世界第 39 位。2020 年,缅甸天然气产量增至 125 亿立方米左右,至 2030 年将增至 150 亿立方米左右。

(二) 政治环境

1. 宪法与国家元首

1974 年缅甸制定了《缅甸社会主义联邦宪法》。1988 年军政府接管政权后,宣布废除宪法,并于 1993 年起召开国民大会制定新宪法。2008 年 5 月,新宪法草案经全民公决通过,并于 2011 年 1 月 31 日正式生效。2008 年宪法规定,缅甸是一个总统制的联邦制国家,实行多党民主制度。2018 年 3 月 21 日,缅甸总统吴廷觉在任期临近届满 2 年时突然宣布辞职,同日,缅甸联邦议会人民院议长吴温敏也宣布辞职。2018 年 3 月 28 日,经过联邦议会选举,吴温敏当选缅甸新一任总统。

2. 议会

缅甸联邦议会由人民院和民族院组成,实行两院制。当前缅甸政治的基本特征是议会选举制度。2011 年缅甸联邦议会召开首次会议,确定改国名为"缅甸联邦共和国",并启用新的国旗和国徽,军政府同民选政府进行了权力交接。同年,缅甸举行全国选举,民盟赢得联邦议会人民院和民族院各半数以上席位,获得单独组阁权。

3. 法律体系

缅甸法院和检察院共分4级。设最高法院和最高检察院,下设省邦、县及镇区3级法院和检察院。最高法院为国家最高司法机关。最高检察院为国家最高检察机关。

(三) 经济形势

缅甸有两个经济政策,一个是以人民为核心,提升全体人民生活水平的可持续发展;另一个是为了支持民族和平发展经济,保护自然资源,制定一部适合所有省的经济发展纲领。

2016—2019年,缅甸GDP增长了2.98%,但到2020年却下降了9.99%,工业产量占比达到35.77%,农业占比22.82%。缅甸的工业种类繁多,涉及行业也众多。根据缅甸财政部统计可知,2016—2020年GDP占比最大的是服务业。

到2020年初,已经吸引了大型外国公司进入缅甸的石油和天然气行业,共计154个项目,投资额达224.1亿美元。根据统计可知,缅甸天然气出口总额大约占缅甸总出口额的25%。

(四) 油气法律政策

缅甸投资委员会是按照《外国投资法》规定,组建的负责管理缅甸外国投资事务的专门机构。缅甸投资委员会全权代表缅甸政府行使对外国投资的审核和管理权力,确保外国资金发挥作用。缅甸为了吸引外商来投资作出了很大的努力。为了加强投资者的信心,提升投资者的待遇水平,参考了外商投资法和本国的投资法,颁布了新的《缅甸投资法》,增加了所得税减免条款等。

缅甸采用对外开放的油气政策。之所以采用这种政策,是为了解决国内油气供需矛盾日益突出的问题。缅甸油气上游对外采用的合同模式是产量分成合同模式。

(五) 基础设施建设

到 2020 年初，缅甸公路总里程为 4.16 万公里，缅甸铁路全长为 6112 公里，多为窄轨，有 960 个站点。

缅甸有 14 个主要航空公司，机场大约有 70 个。因为机场在全国覆盖的范围大，在一定程度上为缅甸与其他国家建立联系提供了便利。2021 年数据显示，缅甸已和 63 个国家和地区建立了直达航线。

缅甸全国的邮局有 1381 个，电话交换台中 465 个为自动交换台，14 个为人工接线台。缅甸共有电话用户约 5530 万，其中约 52 万为座机用户，约 5478 万为移动电话用户。在我国普及的各种通信设备对于缅甸来说都是非常稀有的，他们目前能使用的只有中国移动和联通 GSM 电话。不过，通信设备的使用也在一步步普及。

缅甸全国用电由水电、天然气电、火电和柴油发电四部分组成。首先，水电是占比最大的，占总容量的 1/2 还要多；其次，天然气电，占比为 30.9%；火电再次之；柴油发电是用得最少的，柴油发电仅为 94 兆瓦，占 1.7%。为了更好地保障人民的生活水平，提升国家的经济能力，缅甸的用电需求也是在逐渐扩大。虽然国家的工业用电方面存在着很大的不足，但是在国家的支持下，完善了很多电站项目及输电线路。不仅如此，中缅孟三方正在商讨中缅以及中缅孟电网互联互通事宜。

综上所述，缅甸在吸引外来投资者的优势上还是有利的。缅甸拥有丰富的自然资源和众多的人口，这些对投资者来说都是有诱惑力的；缅甸自身地理位置的优越性也说明了其拥有较大的市场潜力；国家人民团结一致，没有动荡，政治局势比较稳定；除此之外，国家为了带动本国经济发展，提升人民生活水平，在很多方面对外来投资者给予最大限度的支持与优惠；缅甸经济获得快速发展并不是没有原因的，一方面是因为西方对缅甸经济的制裁解除；另一方面是海上天然气的发现以及开采，引起大量外资进入缅甸，使得缅甸的发展才如此迅速。

三、新加坡油气投资环境分析

新加坡位于马来半岛南端、马六甲海峡出入口，北隔柔佛海峡与马来西亚相邻，南隔新加坡海峡与印度尼西亚相望，由新加坡岛和附近的63个小岛组成。20世纪60年代，新加坡的土地面积为581.5平方公里，经过多年的开垦，面积增加了24%。新加坡人的构成并不单一，基本上有两个来源，主要是移民，其次是他们的后代。

据统计，到2021年6月，新加坡居民总人口为545万，其中本地居民为398万，非本地居民为147万。

（一）油气资源

新加坡不但面积小，资源缺失，而且还是一个缺乏石油的国家。然而，新加坡通过充分利用马六甲海峡海上石油通道枢纽的优势，抓住国际产业分工转移的机会，使其成功发展成为世界三大炼油中心之一、国际石油贸易中心之一、亚洲石油产品定价中心之一的国家。

2014年9月，新加坡建了裕廊岛地下储油库，该油库位于海床以下距离地表150米处，共有5个独立的储油空间。新加坡虽有强大的炼油能力，但需求少，炼出的油品主要销往国外。因此，新加坡成品油的出口量相当大，其中出口量最多的是轻柴油，其次是燃料油和车用汽油。

（二）政体政局

1. 宪法和国家元首

1963年9月，新加坡颁布州宪法。1965年12月，州宪法经修改后成为新加坡共和国宪法，并规定马来西亚宪法中的一些条文适用于新加坡。总统为国家元首，由全民选举产生，任期6年。总统委任议会多数党领袖为总理。总统和议会共同行使立法权。总统有权否决政府财政预算和公共部门职位的任命，可审查政府执行内部安全法令、宗教和谐法令的情况，有权调查贪污案件。总统在行使主要公务员任命等职权时，必须先征求总统顾问理事会的意见。2017年9月13日，新加坡前国会议长哈莉玛成为新加坡第八名总统。

2. 议会和国会

新加坡实行议会共和制。实行一院制，任期5年。国会可提前解散，大选须在国会解散后3个月内举行。年满21岁的新加坡公民都有投票权。

国会议员分为民选议员（任期5年）、非选区议员（任期5年）和官委议员（任期2年半）。本届国会在2020年7月10日由选举产生，共有93名民选议员以及2席非选区议员。其中，人民行动党83人，工人党10人，前进党2人（非选区议员）。

3. 内阁

总统委任总理，并根据总理推荐委任部长，组成内阁。内阁对国会负责，成员包括总理、副总理及各部部长。新加坡首任总理为李光耀，现任总理为李显龙，于2004年8月接替吴作栋出任总理。

4. 司法机关

设最高法院和总检察署。最高法院由高庭和上诉庭组成，上诉庭为终审法庭。1994年，废除上诉至英国枢密院的规定，确定最高法院上诉庭为终审法庭。最高法院大法官由总理推荐、总统委任。

（三）经济形势

2021年新加坡GDP增长7.2%，人均GDP为58900美元。自2009年起，新加坡的经济就处于持续快速增长的状态。新加坡吸收外资流量为620.06亿美元；到2021年，新加坡累计吸收外商投资不断增多，其中房地产行业最多，高达373亿美元。

目前，新加坡是全球第三大金融中心，2020年GDP为3401亿美元。数据显示，2017年底，包括157家银行、40家银行代表处、209家保险公司以及全球各主要基金公司、经纪公司等共1200多家金融机构在新加坡设立了分支机构，人民币累计清算额为189.76万亿元，上市公司750家，总市值1.1万亿新元。新加坡是世界第三大炼油中心和石油贸易枢纽之一，也是亚洲石油产品定价中心，日原油加工能力超过130万桶。2020年初，化工业产值为382.62亿新元，占制造业总产值的11.9%。成品油、石化产品及特殊化学品是主要产品，裕廊岛石化工业园区是企业聚集地。

（四）油气法律政策

经济发展局是新加坡负责投资的主管部门（EDB，简称"经发局"），成立于1961年。外国投资者在新加坡经营可以通过以下方式：（1）公司；

(2) 分公司；(3) 代表处；(4) 合伙；(5) 有限合伙；(6) 有限责任合伙；(7) 独资经营。新加坡没有特别的法律管制 BOT 和 PPP 的运作方式。新加坡征税采取属地原则，无论是公司还是个人，只要是在新加坡取得的收入都需要在新加坡纳税。新加坡对外资准入政策宽松，对在新加坡的外商投资无一般性要求或义务，但仍存在一些受管制的行业，包括银行和金融服务、保险、电信、广播、报纸、印刷、房地产、游戏等，对这些行业的投资须取得政府批准。电子、石油化工、生命科学、工程、物流等 9 个行业为奖励投资领域。

（五）基础设施建设

截至 2021 年，新加坡公路总里程数为 3356 公里，其中高速路为 163 公里。新加坡是亚洲地区重要的航空运输枢纽，樟宜机场为全球第六繁忙的机场。自 1981 年运营以来，樟宜机场共获得 560 多项"最佳机场"奖项，100 多家航空公司在此运营通往全球 400 多个城市、每周超过 7200 个班次的航空网络，平均每 84 秒即有一架飞机起降。截至 2019 年 5 月，18 家航空公司已开通新加坡直飞中国大陆 30 个城市的航线。新加坡拥有世界上最繁忙的港口，是亚洲主要转口枢纽之一，也是世界最大的燃油供应港。新加坡港已开通 200 多条航线，连接 123 个国家和地区的 600 多个港口，有 5 个集装箱码头，集装箱船舶位 54 个，为全球仅次于中国上海的第二大集装箱港口。

截至 2018 年初，新加坡电话用户总数为 1044.59 万户，其中固定用户占比约 19%，移动用户占比约 81%，其中 4G 用户占比 72%。宽带用户为 1307.29 万户，其中无线宽带用户为 1160.25 万户。在 2016 年，新加坡在世界经济论坛中全球信息技术报告国家排名第一位。新加坡发电以火电为主，天然气占 95.2%，石油和煤炭占 1.9%，太阳能占 2.9%。到 2020 年初，总装机容量为 13350 兆瓦。2017 年全年总发电量为 522.25 亿度，总用电量为 494.37 亿度，其中工业用电占 42.55%，商业用电占 36.54%，居民用电占 14.76%。

从上面的介绍可以看出，新加坡不仅在经济方面名列前茅，他们的国家政治局势也较为稳定，国家政府部门人员的品性和效率也值得人称赞。

更值得一提的是，新加坡没有反政府武装组织，犯罪率也很低，由此可见，新加坡的优势主要体现在七个方面：地理位置优越、基础设施完备、政治社会和谐、商业网络发达、融资渠道充足、法律体系完善、政府公正廉洁。

四、马来西亚油气投资环境分析

东南亚的中心位置就是马来西亚，由马六甲海峡连接海上东盟和陆上东盟，区位优势明显。据 2023 年统计数据显示，马来西亚总人口大约为 3300 万人。

（一）油气资源

马来西亚有着非常充裕的油气资源，据《BP 世界能源统计年鉴》记载，截至 2020 年初，马来西亚已探明的石油储备量达到了 5 亿吨，成功占据了亚洲第四位，位于世界 27 位。

预计 2021—2025 年，马来西亚共有 19 个天然气项目将开始运营。其中，Kasawari、Jerun 和 B14 是一些关键项目，预计 2025 年这些项目的总产量将占马来西亚天然气产量的 50% 左右。

（二）政治环境

1. 国会与最高元首

国会是马来西亚最高立法机构，由最高元首、上议院、下议院组成。马来西亚最高元首由九个州的世袭苏丹轮流担任，任期 5 年，不得连任。最高元首委任下议院多数党领袖为总理，并根据总理提名任命国家重要管理人员。最高元首在行使其各项权力时，也需要考虑内阁总理的建议和决定。2019 年 1 月，马来西亚彭亨州苏丹阿卜杜拉在吉隆坡国家王宫宣誓就任马来西亚第 16 任国家元首。

2. 内阁

内阁是马来西亚最高行政机构。内阁由总理领导，所有内阁成员必须是国会议员，最高元首根据总理建议委任内阁部长和副部长。内阁向国会负责。本届内阁产生于2018年5月,现任总理马哈蒂尔·穆罕默德。

3. 最高法院

马来西亚最高法院于1985年1月1日成立,1994年6月改名为联邦法院,设有马来西亚高级法院(负责西马)和婆罗州高级法院(负责东马)。高级法院分设知识产权庭、建筑庭、海事庭、网络庭等审理专门事务。各州设有地方法院和推事庭。另外还有特别军事法庭和伊斯兰教法庭(受伊斯兰教法令管制)。

4. 主要党派

马来西亚根据宪法实行多党制的政党制度,但实际实行的却并非典型的多党制,而是一种由几个政党联合组成政党联盟执政的制度。两大联盟分别为执政党"希望联盟"和反对党"国民阵线"。

(三)经济形势

马来西亚2020年国内生产总值(GDP)达到140699.97亿马币,受疫情影响下降5.6%。在GDP中农业占比7.8%、采矿业占比7.9%、制造业占比23.0%、建筑业占比4.5%和服务业占比55.5%。2020年,马来西亚日产55万桶原油,出口额达957亿马币;一般出口国家和地区有日本、中国的台湾以及韩国。马来西亚国家石油公司(PETRONAS)掌握着马来西亚的石油和天然气行业管理及开采,2020年该公司在《财富》杂志世界500强企业中排名186位,全年营业收入为946.92亿美元,同比下降35%;净亏损为55.61亿美元。

(四)油气法律政策

马来西亚在油气领域采取积极的对外开放政策,施行全产业链对外合作,其石油法律法规主要有《石油开发法》《石油规则》和《石油所得税法》。国家所有油气资源的所有权和开发权,主要由内阁能源委员会、能源执行协调委员会和Petronas三个管理层面组成马来西亚油气工业监管体系。在纳税方面,外国公司和外国人与马来西亚企业和公民同等。

1. 企业所得税税率为24%

对于马来西亚的中型居民企业(实收资本不高于250万马币),自

2016 纳税年度以来，该公司的所得税已从 18% 变为 24%。

2. 石油收入税

与马来西亚联合发展局签订合同的个人纳税人，包括与马来西亚石油工业签订合同的马来西亚国家石油公司，将获得 38% 的税率。

（五）基础设施建设

高速公路网络在马来西亚是比较发达的，政府和民营企业都会参与进来，共同建设高速公路。但从规划到建设是由国家大道局统一管理的，高速公路连接了很多重要地方，城中心、港口还有工业区都有它的踪迹。

马来西亚铁路，北面连接泰国铁路，南端可通到新加坡，马来西亚铁道公司（KTMB）负责该铁路的运营，具备运送多种货物的能力。2020 年受疫情影响乘客量只有 1.21568 亿人次，同比下降 10%。

马来西亚内河运输不发达，95% 的贸易通过海运完成，主要国际港口包括巴生港、槟城港、柔佛港、丹绒柏勒巴斯港、关丹港、甘马挽港以及民都鲁港等，其中巴生港靠近马六甲海峡，是马来西亚最大的一个港口，2020 年大约有 1324 万的集装箱进出此港口，是东南亚重要的海运枢纽中心，世界上承载量最大的船只都可以停靠在此港口的码头。

在通信方面，根据马来西亚通讯和多媒体委员会（MCMC）数据显示，截至 2020 年 3 月，有 648.08 万人使用固定电话，移动电话用户为 4374.4 万。此外，马来西亚电力供应充足。据马来西亚能源委员会发布的数据显示，截至 2018 年，马来西亚发电站总装机容量为 3399.05 万千瓦，总发电量为 2993.03 万千瓦，同比增长 2.4%。

近年来，马来西亚把重心放在了环境、法律、人文等方面，通过不断完善调整来招揽投资，实现了各行业的快速发展，而马来西亚的法律体系也已经达到了国际标准，加上天然的地理优势、完备的人力物力财力以及与各国友好相处、政治稳定等条件吸引了各国企业纷纷投资。中国与马来西亚贸易合作频繁，两国有着坚实的基础，在"一带一路"发展中，马来西亚参与度很高，是海上丝绸之路的主要国家之一。目前，马来西亚与我国深度合作，有望在各个工程项目方面互惠互利，共同发展。

五、文莱油气投资环境分析

文莱位于加里曼丹岛的西北部，它横跨南中国海，位于北部。西部与马来西亚的沙捞越州搭界，两国的陆路长 381 英里。文莱河、都东河、马来奕河和淡布隆河称为四大河流。文莱河和淡布隆河从这里流入文莱湾，流入南中国海。文莱是 8 时区国家的一部分，没有夏令一天的时间，所以与北京没有时差。

（一）油气资源

文莱是最早开发石油和天然气的东盟国家之一。1929 年，文莱打出了第一个石油钻井平台，并开始销售。2007 年发现的天然气和石油，预计能用到 2035 年。

文莱有七个油田，分别是冠军的头衔号、西南艾姆巴、费尔里、费尔里—巴拉姆（与马来西亚共管）、迈格帕、甘纳特、铁公爵，90% 的石油和商业油气都来自这七个油田。

文莱是东盟国家天然气工业发展国之一。自 1970 年以来，随着文莱天然气工业的蓬勃发展，文莱成为东南亚主要的天然气生产国和出口国。自 1990 年以来，文莱国内天然气生产和出口一直保持稳定，而且还有一点点增长。文莱近几年的天然气总产量大约是 110 亿立方米，对日本、韩国、马来西亚等国家的出口占 72.7%。文莱的国内消费增加，预计天然气出口将减少。文莱的天然气供应量在 2020 年达到每年 1 亿立方米，2035 年下降到每年 60 亿立方米。油气储量在全球总量中占比很少，除石油之外，其他矿藏的储量也在减少。

（二）政治环境

文莱自 1984 年 1 月 1 日独立之日起即正式宣布"马来伊斯兰君主制"（MIB）为国家纲领，即国家维护马来语言、文化和风俗的主体地位，在全国推行伊斯兰法律和价值观，王室地位至高无上。该纲领将伊斯兰教确认为文莱国教，反对政教分离。

1. 宪法

1959年9月29日文莱颁布第一部宪法，宪法规定，苏丹为国家元首和宗教领袖，拥有立法、行政和司法等全部国家权力；国家设有五个委员会，即宗教委员会、枢密委员会、行政委员会、立法委员会及王位继承委员会，协助苏丹理政。文莱曾于1971年、1984年和2004年三度修宪。2004年的第三次修宪最为重要，内容涉及政体、司法、宗教、民俗等多个方面，共13项，包括赋予苏丹无须经立法会同意而自行颁布紧急法令等法令的权利；制定选举法令，让人民参选从政；伊斯兰教为国教，但人民有宗教信仰自由；以马来语作为官方语言，英语可作为法庭办案语言等等。

2. 国家元首

文莱宪法规定，苏丹为国家元首，拥有最高行政权力和颁布法律的权力，同时也是宗教领袖。现任国家元首是二十九世苏丹哈吉·哈桑纳尔·博尔基亚·穆伊扎丁·瓦达乌拉，1946年7月出生，1967年10月5日继位。

3. 政府

文莱是一个君主立宪制国家。其政权机构由苏丹、内阁、枢密院、立法会议、宗教委员会、王位继承委员会、公共服务委员会、司法机构和各县区政府组成。苏丹是国家元首、内阁首相、军队统帅、枢密院与王位继承委员会主席。内阁是国家的最高行政机构。

4. 议会

1959年，文莱宪法规定设立立法委员会实施审议立法的权力，定期举行议会选举。1965年，二十八世苏丹取消立法会选举，由自己任命议员。1984年，苏丹宣布中止立法会，以圣训方式颁布法律。2004年，苏丹宣布恢复立法会，任命议长和包括自己在内的21名议员。2005年9月，苏丹解散前届立法会，重新任命议长和30名议员。2011年6月任命新一届立法会议员。2015年，苏丹任命拉赫曼为立法会新任议长。本届立法会议员于2017年1月由苏丹任命，包括苏丹、王储兼首相府高级部长比拉等内阁成员、各区县代表及社会贤达共38人，议长由拉赫曼连任。

5. 司法体系

文莱司法体系是以英国习惯法为基础建立，享有独立权。根据文莱与英国新的司法安排，从 2015 年 1 月 31 日起，文莱上诉庭取代英国枢密院成为刑事案件最终上诉庭，但民事案件仍可继续上诉到英国枢密院。文莱设有伊斯兰教法庭，专门审理穆斯林的宗教案件。一般刑事案件在推事庭或中级法院审理，较严重的案件由高级法院审理。最高法院由上诉法院和高级法院组成。文莱仍有死刑，但苏丹拥有赦免权。2014 年 5 月正式实施伊斯兰教刑法。根据文莱与中国香港特区政府的安排，苏丹可以任命香港法官以个人身份成为文莱司法专员，任期 3 年。

（三）经济形势

文莱 2020 年 GDP 总值为 165.8 亿文元，增长率为 1.2%。农林渔业下降了 1.6%，在 GDP 中占比为 0.82%；但工业较之前增长了 1.5%，在 GDP 中占比为 60.12%；服务业也相对增长了 1.1%，在 GDP 中占比为 37.88%。2020 年，文莱的经济大头依然是石油和天然气，文莱近一半 GDP 是由油气贡献出来的，建筑业、制造业、金融、地产、私人服务和政府服务等都属于非油气产业，2020 年非油气产业约贡献了 GDP 的 52.7%。

（四）油气法律政策

文莱经济以油气资源产业为支柱，其他产业尚不发达，因此，外国直接投资以绿地投资为主，外资并购案例极少，政府没有出台专门针对外资并购的法律法规。文莱政府于 1975 年颁布《投资促进法》，2001 年在该法基础上颁布新的《投资促进法令》，延长了对部分鼓励投资产业的税收优惠期。

文莱的税法系统较为简单，目前文莱税收法规主要有：印花税法案（第 34 号）、所得税法案（第 35 号）、所得税（石油）法案（第 119 号）、投资激励条例。1963 年修改后的所得税法为石油生产征税特别立法，这项法案遵循大多数中东产油国的一般模式征税。对扣除王室分成、政府分成及各项成本后的石油净收入按照 55% 征收石油税。2017 年 4 月 1 日颁布了《2017 年所得税（石油）法（修订）令》，该修订令主要增加了"署长可指明根据本法做出或发出的任何交还、申索、陈述或通知的格式"的内容，并对第二章的第 5 条"财政部长可以经苏丹陛下和拿督的批准，为执行本法的规定做出一般性的规定，包括本法所规定的形式的申报、索赔、声明和通知"进行了修改，删除了"包括本法所规定的形式的申报、索赔、声明和通知"，该条修订令并未涉及实质性内容的更改。

（五）基础设施建设

文莱的道路总长度为3404.8公里，交通状况良好。在正常情况下路况良好，但是首都斯里巴加湾部分地区在交通高峰时会出现轻微拥堵。此外，首都设有高速/快速公路网络，可以在2—3分钟内连接到城市每一个地点的高速公路。文莱和马来西亚相当，马来西亚是东南亚私人汽车拥有最高的国家。目前，文莱国内没有铺设铁路设施。

文莱机场是在1974年建立的，从它建成以来，每周都有很多航班飞往15个国家的城市和地区：东盟、澳大利亚、中东、欧洲和中国。除了这几个国家外，文莱还与其他国家签署了保密协议。仅2016年，载客量为1727000人，不仅载客量多，运送货物也高达22000吨。

水上运输对文莱是非常重要的交通通道。2015年，共有1194艘船进行注册，主要是渔船、客船、游艇和政府船只。文莱的船运商主要来自新加坡、中国香港、吉隆坡、马尼拉和其他港口。2015年，货运吨位为192万吨，包括18.66亿吨的到港运货量和54000吨的离港量。

文莱对国家固定电话网络的变革现已基本完成，使用的是华为公司研发的"下一代网络"，与160多个国家的交换服务也完成了变革。2016年有740万部电话，平均每100人中有17部，国内的移动电话也很多，高达每百人有52部。我国华为与文莱最大移动通信公司合作开发的4G网络也已正式启动。文莱的网络使用率在东南亚位居第一。

文莱的电普及量为99.9%。2016年发电量高达4.27亿度，用电量为85.48%。文莱现在有足够的电力供应工业和农业。

综上所述，文莱是21世纪海上丝绸之路的途经国家，其稳定的政治、经济和社会环境、美丽的自然环境、融洽的国际环境、众多的偏好政策和中印之间的友好关系，都吸引着越来越多的中国企业过来投资。文莱政府目前正在试图实施的战略之一是使本国经济多样化，寻找在不同部门进行合作的方式。文莱的税收很低，基础设施完善。辐射市场比较广泛。文莱政府为实现多样化发展提供了有利的税收环境。同时，随着石油链条的扩大，对政府管制的企业和公用事业进行私有化制度改革，推动创新性产业和中小企业的发展，并增加外国投资。未来在石油和天然气处理、高科技产业、生命科学和技术、农业和旅游业等领域将有很大的发展机会。

第五节 南亚地区油气投资环境分析

南亚地区的油气储量不高，石油储量不足50亿桶，南亚的石油进口主要来自中东，天然气储量为55亿立方英尺，占世界总量的1%左右，供需基本平衡。在总产量中，42%来自巴基斯坦，41%来自印度。

一、巴基斯坦油气投资环境分析

巴基斯坦海岸线长840公里，以中国为源头的印度河从北流入巴基斯坦境后，向南蜿蜒2300公里，流进阿拉伯海。巴基斯坦共计四个省，最大的城市和商业中心是卡拉奇，其总人口约为2.08亿。

（一）油气资源

巴基斯坦的油气资源比较丰富，近几年不管是天然气还是石油储备量都有很大的增长。巴基斯坦油气储备大约为：天然气6056亿立方米、石油1.84亿桶。2019/2020财年，巴基斯坦生产原油2808.7万桶，天然气约131.7万百万立方英尺。油气资源位居世界第五位。

（二）政体政局

巴基斯坦的制度是最高的行政机关联邦内阁，由总理、部长和政治家组成。由于政治、经济和种族等多种因素的影响，邦联与省的关系非常复杂。2013年5月，谢里夫赢得选举，6月初成为巴基斯坦的第三位总理。2012年2月，巴基斯坦议会通过了第20修正案。临时人民首领的任命权被取消，改成由总理和反对派领袖协商确认，这一修改包括延长选举委员会的任期等其他内容。

议会是巴基斯坦的立法机构。2015年3月，参议院由公职人员选举产生，执政的穆阿迈尔锡克教党赢得了48个席位中的18个，人民党主席拉巴尼成为参议院主席。巴基斯坦采用多党制，现有200多个政党，主要政党有伊斯兰联盟、人民党、正义运动党和促进伊斯兰宗教游说协会等。

巴基斯坦奉行独立的外交政策，注重发展同伊斯兰和中国的关系。致力于维护南亚地区和平与稳定，在加强同发展中国家团结合作的同时，发展同西方国家的关系。此外，呼吁建立公正合理的国际政治经济新秩序，重视经济外交。要求发达国家采取切实措施，缩小南北差距。

（三）经济形势

因为结构性问题的长期存在，巴基斯坦面对巨大的经济挑战，尤其是能源领域方面问题突出，涉及安全的问题、投资环境困难问题以及财政持续不平衡问题，阻碍了巴基斯坦的经济增长。2020年，巴基斯坦国内生产总值为2636.87亿美元，同比增长0.53%，其中农业增加值为598.41亿美元，占GDP比重为22.69%；工业增加值为466.46亿美元，占GDP比重为17.69%。

（四）油气法律政策

2016年5月，巴基斯坦联邦政府出台了《公私合营（PPP）模式管理法案》，为PPP投资模式制定了较为清晰的法律框架和管理体制，梳理了政府、企业、消费者之间的权益和义务，形成了较为规范的PPP管理模式。

近年来，巴基斯坦修订了1961年颁布的《石油产品（石油）征收条例》，并采取了强有力的措施，促进了石油和天然气行业的发展，并采取了一系列令人鼓舞的措施。

（五）基础设施建设

巴基斯坦经济社会发展的关键还是公路建设。据其财政部门统计，截至2018年4月，巴基斯坦公路总里程共计26.89万公里，包括高等级公路19.75万公里和低等级公路7.15万公里。

巴基斯坦铁路为 11658 公里，运营里程 7791 公里。此外，巴基斯坦拥有 9 个国际机场和 27 个国内机场，开辟了 30 多条国际航线，年旅客运输量大约为 1500 万人次，邮运输量约 31.8 万吨。

目前，巴基斯坦有 3 个主要港口，分别是卡拉奇港、卡西姆港和瓜达尔港。其中，卡拉奇港是巴基斯坦主要的集装箱港，提供多种货物处理服务，处理着巴基斯坦大约 95% 的对外贸易；卡西姆港是巴基斯坦液化天然气进口港，具备现代化的设施和深水码头，能够容纳大型船只。它适合处理大型项目货物、重型机械设备、散装货物和油品等；瓜达尔港是中国巴基斯坦经济走廊的重要组成部分，是一个新兴深水港口，占据着优越的地理位置。预计到 2055 年，瓜达尔港将成为巴基斯坦最大的港口。

从 2000 年起，巴基斯坦开始对外开放电信行业，用户总量为 1.5 亿户，宽带用户达 5700 万户，3G 和 4G 用户达 5500 万户，电话用户约达 300 万户。

综上所述，政治稳定是经济发展的前提，境外投资首先要考虑的是政治环境因素。中巴有着全天候的传统友谊和全方位的合作关系，政治大环境对中国企业在巴基斯坦的投资十分有利，然而由于巴基斯坦国内政局的动荡及其在国际政治环境中的特殊地位，使得中国企业在巴基斯坦的投资面临一定的政治风险。另外，中国企业在巴基斯坦的投资主要集中于基础设施领域，如铁路建设、公路建设、能源建设等，在经济方面可能会面临债务违约风险和国有化和被征收的风险。

二、印度油气投资环境分析

印度是南亚次大陆上最大的国家，东北部与孟加拉国接壤，西北部与巴基斯坦接壤，北部与中国、尼泊尔、不丹接壤，东部与缅甸接壤。印度东南面与斯里兰卡隔海相望，西南面与马尔代夫隔海相望。印度是除了中国以外人口最多的国家，约为 12.15 亿人。

（一）油气资源

印度有 26 个沉积盆地，面积为 313.5 万平方公里。资源开发主要集中于成熟的东北部阿萨姆—若开盆地和西部的孟买海盆。近期发现了位于东南部克里希纳戈达瓦里海盆地、考维利盆地、西北部拉贾斯坦邦盆地和坎贝盆地。但由于本国开采能力有限等多种原因,未勘探开发地区较多,印度油气资源对外依存度较高。根据数据统计,2017 年印度的原油经过勘测正式可采储量为 45 亿桶。天然气可采储量为 1.2 万亿立方米。由于印度开采油气资源的能力不足,以至于对外依赖性较强。

(二) 政体政局

印度是一个资本主义联邦制共和国,总统是国家元首,但职责只是象征性的,真正的权力属于总理。该国总统和副总统任期 5 年,由特设选举机构间接选举产生。宪法规定印度为联邦制国家,是一个主权的、世俗的、社会主义的民主共和国,实行英国式的议会民主。法律对待任何一位公民都是平等的,规定总统担任国家元首和武装部队总司令,由联邦和州议会选举团选举产生,任期 5 年。自 2017 年 7 月 20 日到现在,拉姆纳特科温德一直任印度总统。

印度的主要政党有印度国民大会党、印度人民党、印度共产党、泰卢固之乡党等。冷战时期结束后,印度从不结盟政策中解放出来,实施全方位的外交政策,在对外交往方面,取得了一定成效。

(三) 经济形势

近年来,经济持续快速发展,GDP 年均增长率保持在 7% 以上,成为全球经济增长速度最快的经济体之一。2020 年印度的 GDP 约为 27088 亿美元。印度作为一个农业大国,农村人口所占比例较大,可耕地面积约为 1.6 亿公顷。在各行业发展迅速的同时,服务业也在与时俱进,以最快的速度发展为印度经济的重要支柱。对粮食产国来说,印度的制造业发展和农业发展是印度发展的重要行业。印度在石油消耗方面,已经成为世界第三大石油消费国,消耗量达到了 2.45 亿吨,根据目前发展的局势,未来一段时间将持续快速增长。

(四) 油气法律政策

印度油气资源较为丰富,对外开放程度较高,表面上外国公司可以参与石油工业的各个领域，但实际上印度政府从法律和政策上设置了种种限制和规定。为解决能源安全问题，莫迪新政府上任之后，在能源行业开展了一系列改革措施，推出多项优惠政策，同时鼓励开发非常规油气资源，增加国内油气产量，减少对进口油气的依赖。

为减轻对进口能源的依赖，印度在能源领域实施对外开放政策，支持有序的竞争，为吸引外国企业加入、加快境内油气区块勘探开发等，采取了多元化政策。2016年进行全面改革，引资250多亿美元，解锁400亿美元的碳氢化合物的生产。但随着印度油气资源改革的不断推进，未来印度油气行业自主生产能力将有所提高。

油气工业部是印度石油工业的主管部门，主要负责印度油气工业的规划、管理、监督和服务，它也是勘探和开发许可证的颁发机构。尽管印度实施了开放的石油政策，但在一些政策和法规上仍有许多限制。例如，在炼油和化工行业，政府允许设立全资炼油厂，但外资在国有炼油厂的持股比例最多只有26%；在销售方面，外资在公司的持股比例最多只能达到74%。石油价格受到印度政府的管制，印度政府对柴油、液化石油气（LPG）、煤油和其他石油产品进行了大量补贴。在印度，通过油气勘探和全国沉积盆地油气资源的阶段性评价，已探明的油气储量有所增加。在勘探和生产领域，我们首先要考虑技术的发展，包括节能和清洁技术。在天然气领域，政府强调通过政策和程序积极引进管道天然气和液化石油气。

（五）基础设施建设

铁路是印度最大的政府部门和主要的运输工具，全长62015千米，在亚洲排名第二位，是次于中国位居第五位的国家。

在水运方面，有12个主要港口，包括孟买、加尔各答、金奈、科钦、果阿等，这些港口承载3/4的货物量。孟买是最大的港口，1/5的海洋和1/2的集装箱运输通过这个港口。海运能力居世界第18位。

在航空运输方面，有14家公司经营不定期航班，飞机201架。有5个国际机场通往世界各地主要城市，92个国内机场。

印度是主要的电力生产国，装机容量为3.15亿千瓦，发电量在世界上排名第五位。前四位分别是美国、中国、日本和俄罗斯。但印度长期以来的电力短缺问题依然严重,能源行业的增长也没有得到充分遏制。2012年,美国EIA的一份报告发现,印度25%的居民缺乏最基本的能源供应。

印度天然气管网严重不足,而且分布不合理,加上缺乏统一的管网系统等多种因素,制约了国内的天然气供应。印度的跨国油气管道仍为空白,未来或有所改变。印度尚无跨国油气管道,多条规划的管道也因地缘政治、安全形势、技术挑战、资金问题等原因久拖不决。总的来说,印度油气管网等基础设施不足,未来发展空间大。

中印两国在海外能源投资领域特别是油气资源投资自然存在着竞争关系。过去相当长的时间内,两国在国际能源投资招标中已经展开了激烈的竞争。随着两国经济和贸易的不断发展以及双方能源外交的不断加深,中印两国在竞争的同时,能源合作的空间也逐渐扩大。中印两国企业已在油气开采和资产收购等领域展开了合作,如2005年两国企业联合收购叙利亚阿富拉特油田,2006年中国石油天然气管道局与印度瑞莱斯公司签订了印度"东气西输"天然气管道工程建设合作协议。近年来,两国的能源合作不断加深,不再局限于油气领域的海外合作竞购。建议中国油气及化工相关企业重点关注印度油气市场发展,通过建立合资企业、资源利用型园区平台等方式进入印度油气行业或相关领域。

三、阿富汗油气投资环境分析

阿富汗是位于中亚和西亚交界处的一个国家。该国南部和东部与巴基斯坦接壤,西部与伊朗接壤,北部与土库曼斯坦、乌兹别克斯坦、塔吉克斯坦接壤,东北部与中国接壤。阿富汗国土面积为647500平方英里,分为368个区域和34个省。以美元计算的矿产财富价值估计超过3万亿美元(约合3万亿美元)。

(一)油气资源

根据2011年美国地质学家调查阿富汗能源未来产量报告显示,阿富汗目前未来可用于技术研究的原油储备约为1982亿桶。但是英国石油公司估计，阿富汗的天然气储量高达 1.67 亿立方英尺。近几年，阿富汗政府不断推出大型矿产和石油天然气资源类项目，招标速度明显加快。2008 年，中国中冶—江铜联合体获得埃纳克铜矿项目开发权。这是阿富汗第一个大型外资矿产项目，也是中国在阿富汗的最大投资项目。

（二）经济形势

2017—2018 年阿富汗国内生产总值（GDP）大概有 202 亿美元，人均 GDP 为 679 美元。2018—2019 年阿富汗经济增长率分别为 3.4% 和 3.1%。在阿富汗 GDP 组成中，占比最大的是服务业，其次是工业，最后是农牧业。多年的战乱使得阿富汗工业发展止步不前，没有了完整的工业体系，工业发展受到限制，无法为国家经济提供动力。由于战乱，阿富汗矿产业当前只有小规模"个体"式开发活动，还没有形成产业，对其 GDP 的贡献率很小。

（三）政体政局

1. 宪法与国家元首

2004 年 1 月 26 日，阿富汗颁布新宪法，将其命名为阿富汗伊斯兰共和国。

总统为国家元首，是国家最高行政执行者。总统在行政、立法和司法领域具有特权。总统由全民选举产生，任期 5 年。各部部长由总统提名，议会任命。2014 年 9 月，阿富汗新一轮大选中，前财长阿什拉夫·加尼获胜，任期 5 年。2018 年 10 月，阿富汗进行新一轮议会选举。2019 年 9 月 28 日，阿富汗举行总统大选，选举过程中暴力事件频发，选民投票率不高。2020 年 2 月 18 日，阿富汗独立选举委员会宣布现任总统加尼获胜，阿卜杜拉拒绝承认选举结果。5 月 18 日，加尼和阿卜杜拉签署分权协议，阿卜杜拉担任阿民族和解高级委员会主席，并成立包容性政府。

2. 政权

2001 年 12 月，联合国与阿富汗北方联盟、前国王查希尔、普什图族反塔利班组织等阿富汗各派代表签署《波恩协议》，确定了阿富汗"三权分立"的政治重建基本框架。阿富汗行政、立法、司法机构已基本成型。

3. 议会

阿富汗宪法规定，国民议会是国家最高立法机关，由人民院（下院）和长老院（上院）组成。

（四）油气法律政策

阿富汗政府制定了《石油法》，并于 2009 年颁布《石油法规》对《石油法》作了具体补充。有关石油法律法规要点如下：

1. 主管部门

新颁布的《石油法》，确定了石油领域的管理机构：矿产部（MoM）和部长间会议（IMC）。矿产部主管石油领域法规的制定、组织招标、签订合同、监管作业等；IMC 则是石油合同招标、签署和生效的中间审查和审批机构，有权否决 MoM 建议的石油合同。IMC 由矿产部、财政部、外交部、经济部、商务部、环保署等部（署）的部（署）长组成。关于石油合同的最终流程要经内阁会议作最后定夺，会议由总统主持。石油合同修订和转让亦需要经过此程序。

2. 作业用地和进入权

石油法确定了对于政府所有地，合同者有权使用，支付地租；对于私有地，合同者可以向矿产部提出要求，矿产部可协助获得该地，由合同者承担费用。对于进场道路，政府可以协助，由合同者承担费用。

3. 石油合同的类型

石油合同分为四种类型，分别为：勘探和产品分成合同、服务和产品分成合同、服务合同和管道作业合同。石油合同的授予均需要通过招标程序。对于勘探和产品分成合同，勘探期不得超过 10 年，开发生产不得超过 25 年。

4. 矿产部下设环保机构

根据《石油法》，除了阿富汗国家环保局外，矿产部下设环境署，与环保局共同监督石油作业。

5. 征收

《石油法》规定，在公共需要和有法律规定的情况下，国家可以征收合同者的财产及石油份额，但应支付公允对价。

6. 其他特别要求

《石油法》中对合同者的一些其他要求如下：(1) 石油合同下的所有分包合同均需在矿产部备案；(2) 地质资料应交政府所有；(3) 对石油作业要求按照国际标准和最好行业习惯；(4) 在发现文物、遗址的情况下，合同者应及时报告且不得开展相关作业；(5) 在国家需求时，合同者的石油有义务以公允市场价格卖给政府；(6) 合同者在一定条件下应有优先买本地物资的义务；(7) 项目会计记账适用国际会计准则；(8) 合同期结束时，合同者有清除义务和复垦义务。

与交易有关的法律主要有《海关法》《合同法》《保险法》《仲裁法》《调解法》《大阿富汗银行法》《货币和商业银行法》等。阿富汗投资部门是投资高级委员会、阿富汗商工部，阿富汗政府不限制外商投资方式，可以是独资，也可以采用与当地或外籍自然人或法人实体合资的方式。阿富汗对外国投资企业总体上实行国民待遇，对外资开展 BOT 暂无具体规定，外国企业在本地较少开展 BOT、PPP 项目。阿富汗主要有 9 种税，个人所得税税率为 20%，公司所得税税率为 20%，资本损益税税率为 20%，目前没有增值税。

（五）基础设施建设

在公路方面，目前，阿富汗修建公路最大的挑战在于安全局势不稳以及民众拒绝为修路提供土地。2017 年 1 月，中国路桥公司中标连接阿富汗中部亚阔郎地区和北部达拉苏夫地区的 178 公里长的公路建设项目。项目投资 2.05 亿美元，资金主要由亚洲开发银行（ADB）提供。目前，该条公路建设已顺利完工，其对促进阿富汗本国经济发展以及巴基斯坦之间的商贸往来具有重要作用。在铁路方面，阿富汗铁路历史上第一条铁路已于 2011 年底通车。该段铁路长 75 公里，轨距 1524 毫米（宽轨），由乌兹别克斯坦运营，目前仅是货运，年运输能力仅 12 万吨。江苏海门—阿富汗海拉顿的中阿货运班列在 2016 年中下旬通车。

阿富汗共有国际航线 16 条。2019/2020 财年，阿富汗国内航空公司共有飞机 17 架，运输乘客 117.5 万人次，运输货物 3573 吨。

阿富汗移动网络比较发达，互联网较为普及，但传真使用较少。手机使用十分普遍，阿富汗大约有 60% 的人口使用移动电话，许多人有 2—3 部手机。与中国等国联系便利，资费较便宜。数据显示，阿富汗有 463 个国营邮局，可以用来办理邮政业务。包括 TNT、DHL、FedEx 在内的跨国公司均已在阿富汗开展业务。

阿富汗电力供应短缺，全国将近 4/5 靠进口补充。2019/2020 财年，阿富汗国内发电量为 12.86 亿千瓦时，进口电量约为 49.32 亿千瓦时。目前，阿富汗国内有约 2500 家工厂正在运营，但其中绝大多数由于无法获得稳定的电力而不得不减产。有些工业园甚至因为缺电而不得不占用居民用电。

综上所述，2021 年 8 月，美国从阿富汗撤离后，阿富汗环境急剧恶化，存在重大危机，此时任何国家任何机构都不可能在阿富汗进行投资。阿富汗的投资吸引力不在当前，而在未来，即安全局势好转后的市场机会。与此同时，阿富汗在地理上位于西亚、南亚和中亚的交会处，使其成为南北的过境路线，在连接东南和西北的运输走廊方面具有独特的地理优势。

第六节　西亚地区油气投资环境分析

西亚是石油储藏量和产量及输出最丰富的地区。能源是中国和西亚国家之间的根本联系。西亚国家生产的石油 90% 用于出口，主要出口到西欧、美国和日本。西亚石油财富主要分布在波斯湾和近海地区。波斯湾是霍尔木兹海峡唯一的出口。其他最大的石油生产国是沙特阿拉伯、伊朗、科威特和伊拉克。

一、卡塔尔油气投资环境分析

卡塔尔位于阿拉伯湾西海岸的中部，其他三个方向都环海，有 563000 英里的海岸。据卡塔尔开发部和规划部的最新数据显示，2020 年，卡塔尔居民总居住人数超过了 280 万人。总的来说，良好的社会保障、快速的经济发展、可靠的有关外国投资的法律以及丰富的石油和天然气资源都有利于投资环境。

(一) 油气资源

卡塔尔盛产石油和天然气，根据《BP 世界能源统计年鉴（2021版）》，卡塔尔目前已探明的原油储量约 252 亿桶，占世界已探明原油储量的 1.5%。卡塔尔天然气储量约合 24.7 万亿立方米，约占世界已探明天然气总量的 13.1%，紧随俄罗斯和伊朗，居世界第三位。

(二) 政体政局

1. 政治体系

卡塔尔系君主立宪制酋长国。埃米尔为国家元首兼武装部队最高统帅，由阿勒萨尼家族世袭。卡塔尔宪法规定，内阁是国家最高行政机构，其分管所有对内对外事务，制定和实施国家总体的政策。首相为内阁长官，政府首脑由埃米尔任命；内阁各部委的组成由首相提出，埃米尔批准；内阁成员也是由埃米尔根据首相的推荐任命。

2. 宪法

1970 年颁布第一部宪法并规定：卡塔尔是独立的主权国家；伊斯兰教为国教；埃米尔在内阁和协商会议的协助下行使权力。宪法承认法官的独立性。1972 年对临时宪法进行修改。2003 年 4 月，卡塔尔举行全民公决，以 96.6% 的赞成票通过《国家永久宪法草案》，2004 年 6 月 8 日《卡塔尔国宪法》正式生效。

3. 埃米尔

塔米姆·本·哈马德·阿勒萨尼是卡塔尔第十任埃米尔，于 2013 年 6 月正式继位。本届内阁成立于 2020 年 1 月，并多次进行改组，现有内阁成员 14 人。

(三) 经济形势

2020—2021 年卡塔尔的 GDP 总量为 196.96 亿美元，实际 GDP 增长率估计为 -30%，名列世界前茅的卡塔尔支柱产业是石油和天然气，石化工业占卡塔尔 GDP 的 50% 以上。近年来，卡塔尔的经济逐渐从石油和天然气转变为多样化的经济。2014 年底，卡塔尔非油气产业产值首次超过油气产业，占 GDP 的 50.7%。

（四）油气法律政策

卡塔尔贸易主管部门是经贸部。贸易法规主要有：1988 年第 5 号《海关法》、2000 年第 13 号《投资法》、2002 年第 5 号《公司法》、2007 年第 7 号《版权保护法》、2002 年第 8 号《商业组织法》、2004 年颁布的第 14 号《人力资源和劳动法》、2009 年第 9 号《商标、地理指标和工业设计法》等，贸易相关法律法规较为健全。承包商应按卡塔尔所得税法依法纳税。

《卡塔尔投资法》是卡塔尔为外国投资者提供特殊待遇的基本政策法。特殊待遇包括：（1）外国投资者建设项目的土地，只要不超过 50 年，就可以通过长期租赁来进行。（2）外国投资者可能会根据相关法律进行建设、雇佣或扩大投资项目所需的任何活动。（3）进口外国投资项目的商品和消费材料可以免除海关关税。（4）外国投资者可以将其投资随时汇入和汇出。（5）无论是直接还是间接的外国投资，不得征收其所有权，或对其采取具有同等影响力的措施。

卡塔尔近年来加大了吸引外国的投资力度。外国投资者可以投资于农业、工业、卫生、旅游、能源等领域。外国企业在当地的投资比例不得超过总额的 49%。外国人不能直接在当地投资，必须在当地设立合资企业。此外，在税收方面，卡塔尔对外国企业或法人征收企业所得税采用属地原则。对于外国企业通过在当地开办总部或者分部所得利润将得到 10 年期内的免税待遇。

（五）基础设施建设

卡塔尔的公路包括 1580 公里的主要公路和 8250 公里的边境公路，总长 9830 公里。目前卡塔尔没有铁路，计划在 6 个海湾国家的铁路网中修建约 500 公里的铁路。

卡塔尔航空公司经营了 170 多条国际航线，拥有到主要城市和邻国的直飞航班，在全球拥有 214 种机型和 45000 多名员工。2014 年启用的卡塔尔哈米德国际机场显著提高了客运能力，2016 年航空货运量从 2015 年的 152 万吨增加到 170 万吨，同比增长 11.8%，成为世界第三大国际航空货运公司。

卡塔尔的主要港口有哈马德港、多哈港、拉斯凯马伊马港和马苏德港。哈马德港是卡塔尔的主要港口，于 2016 年 12 月投入运营。多哈港自 2017 年起停止进出口商船，改为邮轮港。马苏德港的主要作用是向卡塔尔出口石油和石油化工产品。卡塔尔天然气运输公司有世界上最大的液化天然气油轮，负责向其他国家输送天然气，目前有 69 艘液化天然气油轮。

卡塔尔通信设施良好，技术设备先进，信息化水平高。OOREDO 和 VODAFONE 两家通信公司共享通信服务市场，OOREDO 的市场占有率高于 VODAFONE。两家通信公司都在努力提高技术水平，最近正在尝试普及 5G 网络服务。卡塔尔邮局基本覆盖全国，2017 年全国有 429 万手机用户，39 万有线电话用户，62.6 万有线宽带用户。

卡塔尔的电力主要来自天然气热电厂。目前，卡塔尔正在积极调查广播电视发展项目的建设，以实现可持续发展目标，并实施多样化的经济发展战略。此外，卡塔尔正在建设 800 兆瓦太阳能光伏项目，预计 2024 年底其太阳能光伏发电能力将达到 1675 兆瓦。到 2035 年实现太阳能发电达 5GW 的中期目标。

总之，卡塔尔投资环境较好，其投资环境吸引力主要体现在政治较为稳定、支付能力较强、社会治安状况良好、市场化程度较高等方面。卡塔尔国内经济过度依赖石油天然气部门，消费和出口受到国外市场的制约。近年来原油价格波动导致卡塔尔经济扩张的速度放缓，直接影响到卡塔尔政府财政收入。不过，卡塔尔充足的外汇储备以及长久以来政府积累的强大财力，加之大量的公共投资项目和扩张型的财政政策，将能很好地帮助卡塔尔度过低迷期。因此总体来说，卡塔尔对抗油价波动带来的经济政治风险能力较强。

二、也门油气投资环境分析

也门地理位置在阿拉伯半岛的西南端，北与沙特阿拉伯接壤，南濒阿拉伯海和亚丁湾，东邻阿曼苏丹国，西临红海。也门占地面积为55万平方公里，海岸线2200公里，首都是萨那，海拔2200米，人口2622万人。萨那是也门的历史、政治和文化中心。也门是一个典型的资源国，石油和天然气是也门最重要的自然资源。

（一）油气资源

自20世纪80年代以来，工业生产和石油出口成为也门的经济基础。也门具有得天独厚的地理环境，石油地质总储量达到110亿桶，其中大部分是轻质油。也门石油的出口量从2016年每年的667.2万桶增加到2021年的2544.1万桶。

也门天然气资源相对丰富，天然气储量在中东地区排名第8位。2005年8月，也门宣布了其第一个液化天然气出口计划。该项目的投资预算包括三项37亿美元的长期（长达25年）天然气供应协议。该项目于2009年10月实施，同年11月首次向韩国出口14900立方米。

（二）政体政局

也门实行共和民主主义。根据宪法，也门总统担任国家元首和武装部队的总司令，在职7年。2012年2月21日，也门举行总统选举，哈迪作为唯一竞选人当选新一任总统。

议会是国家立法机构，负责制定预算、决算和经济社会发展大纲等国家大政方针；对政府工作进行指导和监督，议员可以向正、副总理提出质询；总统作出的解散会议决定，必须在30日内举行会议公决，多数赞成才能生效。

也门主要政党有全国人民大会党、伊斯兰改革集团党、也门社会党。其他政党还有纳赛尔人民统一组织、阿拉伯复兴社会党、拉沙德党等。

也门政府重申，必须尊重南方和北方以及其他国家之间以前缔结的所有协定和国际条约，以及《联合国宪章》和《阿拉伯国家共同宪章》，遵循和平和不结盟的政策。不同国家之间的分歧和争端可以通过不干涉睦邻关系、和平共处方式来解决。100多个国家与也门建立了外交关系。

(三) 经济形势

也门是一个典型的资源型国家，石油和天然气是其最主要和最重要的自然资源。也门经济落后，是世界上最不发达的国家之一。1991年海湾战争和1994年内战使国民经济严重倒退。2010年以来，也门政府大力推进经济改革，推行积极的财政政策，通过增加预算，扩大基础设施投资，以期加快经济发展。与此同时，国际社会也在不断加大对也门的经济援助力度。2010—2015年间经济形势有所好转。

自也门危机爆发以来，也门经济持续下降，到2018年经济总量降至269.14亿美元，较2014年下降37.74%。2018年人均GDP为944美元，仅相当于2014年水平的56.4%。但从2018年起，也门GDP连续两年呈正增长，根据国际货币基金组织（IMF）发布的《区域经济展望：中东和中亚》报告显示，2019年，也门GDP增长率为2.1%。同年，也门财政赤字占GDP总额的-3.8%。2020年，也门实际财政赤字约为10.2亿美元。

(四) 油气法律政策

1982年，也门组建了石油和矿产部，监测石油开采领域的合作。也门规定，外国公司在也门勘探开采石油要得到也门政府的批准，公司须与也门石油矿产部谈判签署《生产分成协议》（简称PSA），PSA须提交内阁讨论并报议会批准后正式生效。生效后的PSA具有独立的法律效力，外国公司据此进行相关活动。为规范和鼓励投资，也门政府于1991年颁布了《投资法》，并多次对其进行修订，把引资活动纳入法治轨道。此外，也门政府先后与荷兰、约旦、伊朗、埃及、叙利亚、摩洛哥、马来西亚、中国、印度尼西亚、阿曼等国签订了鼓励和保护投资的协定。

(五) 基础设施建设

也门只有沥青公路，共计16811.92公里。目前没有铁路。

也门拥有6个国际机场，萨那机场和亚丁机场是比较先进的重要机场，但总体来说还是比较落后。

也门的海岸线有2200多公里，有7个大港口。其中，亚丁港是世界闻名的天然良港，有30个泊位，可以停靠万吨级货轮；除了普通货物码头，还有油轮和集装箱码头，是也门货物吞吐量最大的港口。

也门的邮政管理相比其他国家来说也非常落后，全国20个省市中，仅在最为重要的5省1市（首都萨那市、萨那省、亚丁省、塔兹省、荷台达省和哈德拉毛省）设立了邮政机构。也门的通信设施大多来源于其他国家，互联网覆盖率很低。

也门电力环境不好，导致经常停电，有条件的单位或企业需自备发电设备以保证正常的工作和生活所需。也门的电力发展和供应非常落后，国家电网覆盖率为53%，农村覆盖率只有15%，不能满足基本生活需求。

综上所述，也门虽然具有比较丰富的石油和天然气资源，但政治局势和经济发展都不稳定。由于战乱导致安全局势不明朗，中国企业投资将会面临新的机遇和风险挑战。

三、阿联酋油气投资环境分析

阿联酋位于阿拉伯半岛东部，东与阿曼接壤，西北与卡塔尔为邻，南部和西南部与沙特阿拉伯接壤，北与波斯湾和伊朗隔海相望，国家面积为83000平方公里。海岸线全长1318公里，填海垦地项目使这个数字不断增长。人口总数约为912万，外国移民占比88.5%。大多数人信仰伊斯兰教（逊尼派），阿拉伯语是主语，但每个人都用英语。最重要的资源是石油和天然气。

（一）油气资源

1958年，阿联酋石油生产开始起步。1962年，阿联酋成为世界第五大石油出口国，也是阿拉伯第二大石油生产国。石油生产在阿联酋经济中占有十分重要的地位。阿联酋生产石油主要在阿布扎比酋长国。阿布扎比石油业处于成熟期，按目前的产量和储量计算，还可以生产120多年。

阿联酋最重要的资源是石油和天然气，其中超过95%位于阿布扎比。目前已探明的原油总储量为1050亿桶，常规天然气储量为273万亿立方英尺。在全球石油和天然气储量中排名第六位。

阿联酋虽拥有巨量天然气，但由于国内天然气需求量大，大部分用于回灌采油，同时多为酸性气田，开采难度高，成本大，目前阿联酋仍采取天然气进口政策，从卡塔尔进口天然气。

（二）政体政局

1. 宪法

阿联酋联邦最高委员会是阿联酋最高权力机构，由7个酋长国的酋长组成。该委员会讨论决定国内外重大政策问题，制订国家政策，审核联邦预算，批准法律与条约。总统和副总统从最高委员会成员中选举产生，任期5年。总统兼任武装部队总司令，除外交和国防相对统一外，各酋长国拥有相当的独立性和自主权。联邦经费基本上由阿布扎比和迪拜两个酋长国承担。2004年11月3日阿布扎比酋长国酋长，哈利法·本·扎耶德·阿勒纳哈扬被联邦最高委员会推选为总统。2019年11月6日，哈利法再次连任阿联酋总统。1971年7月18日，联邦最高委员会通过临时宪法，同年12月3日宣布临时宪法生效，沿用了25年。1996年12月联邦最高委员会通过决议，临时宪法变成永久宪法，并确定阿布扎比为阿联酋永久首都。

2. 政府

宪法规定设立联邦政府并向总统和联邦最高委员会负责。本届政府于2016年2月组成，共有内阁成员33人，总理穆罕默德·本·拉希德·阿勒马克·图姆，兼任联邦副总统、迪拜酋长。

3. 议会

阿联酋联邦国民议会，亦称全国协商议会，成立于1972年，是咨询机构，每届任期4年，负责讨论内阁会议提出的法案，并提出修改建议。具有立法和监督双重职能，是阿联酋宪法规定的五个联邦权力机构（联邦最高委员会、总统和副总统、联邦政府、联邦国民议会、联邦法院）之一。2006年8月，阿联酋颁布新的议会选举法，规定联邦国民议会成员为40名，其中20名由各酋长国酋长提名，总统任命，其余20名通过选举产生。2019年11月14日，萨格尔·古巴什当选阿联酋第十七届国民议会议长。

4. 司法

阿联酋的最高司法机构是联邦最高法院，由首席法官和不超过 5 名的法官团组成，由联邦最高委员会任命。

阿联酋奉行中立政策。在解决与美国等西方国家关系的过程中，也会维系和其他第三方世界国家的关系。最近，阿联酋正在积极推进"东部"政策，并与中国、日本等亚洲国家建立了关系。

（三）经济形势

阿联酋经济以石油生产和石油化工工业为主。政府在发展石化工业的同时，把发展多样化经济、扩大贸易和增加非石油收入在国内生产总值中的比重作为首要任务。阿联酋经济一直是维持稳步增长的状态。阿联酋中央银行曾预测，2022 年的国内生产总值将增长 4.2%，非烃类实际 GDP 将增长 3.9%。阿联酋服务业占比 46.9%，工业占比 43.6%，占比最少的是农业仅有 0.8%。据核算，非石油领域 GDP 为 2908 亿美元，占 GDP 总额的 83.3%；油气 GDP 为 582 亿美元，占 GDP 总额的 16.7%。人均 GDP 约为 6.8 万美元，位列全球第 9 位。

（四）油气法律政策

阿联酋是一个松散的联邦国家。在经济、贸易、投资等方面，每个酋长都为自己着想，联邦政府的法律在一些酋长国并没有被严格执行。为了满足新经济条件下的要求，阿联酋近年来对 10 部法律进行了修改，并于 2015 年和 2016 年相继颁布。阿联酋成立的最高石油委员会成立于 1988 年，主要任务是制定一些关于油气的相关政策。

外商自然资源投资规则是由酋长国制定的。跨国投资者想要入股只能是合资且控股权归国家。电、水和天然气资源也是由国家控制。由于油价下降，政府财政日益窘迫，大部分项目都采用新模式，如 PPP 和 BOT 吸引外国资本。

（五）基础设施建设

阿联酋的道路网络非常发达，交通非常方便，阿联酋公路的总长度约为4030公里，道路质量良好。全国大约有320万辆汽车。

阿联酋的铁路主要用于货运。阿联酋已经启动了一个总长约1200公里的联邦铁路项目，投资总额约为110亿美元，目前一期项目已建成，二期项目正在建设中。该铁路完工后将纳入全长2200公里的海湾铁路网，将联通海合会六国。铁路项目的实施为阿联酋交通基础设施行业发展带来了巨大空间。

阿联酋有国内机场21个，国际机场7个。

阿联酋有14个现代化港口，总泊位数已经超过200个，其中9个港口具有集装箱货运码头，仓储及其他设施十分先进。阿联酋的装卸能力目前已超过4000万吨。

数据显示，到2021年8月底，阿联酋电信服务（包括移动、固定电话和互联网业务）的总订阅量达2180万。手机用户数量增至1668.5万户，固定电话用户增至212.7万户，平均每百人线路数量为23.75条。2023年数据统计显示，阿联酋总人口的99%是互联网用户，社交媒体用户占总人口的98.99%。阿联酋人均使用网络比例在中东国家中位居第一位。

综上所述，阿联酋政治稳定，积极推进国内经济发展和国家现代化。保持着积极的对外贸易，高度关注与海湾国家和主要国家加强关系，在地区和国际问题上发挥了独特作用。此外，阿联酋自然资源丰富，政局长期稳定，地理位置优越，基础设施发达，社会治安良好，经济开放度高，是海湾地区和中东地区最具投资吸引力的国家之一。其投资吸引力主要表现在：一是招商引资低税率，一般商品征收5%的关税和5%的增值税；二是便利的港湾物流及完善的支援设施；三是一条龙服务，具有快速高效的服务。

四、科威特油气投资环境分析

科威特是一个位于西南亚的国家。2020年科威特总人口为427.06万人，外籍人口占比最大，占总人口的69%，科威特籍人还不到外籍人口的一半，有146万人。

（一）油气资源

科威特有很多石油和天然气。到2021年初，科威特发现石油的储量达到1580亿吨，占全球储量的10%，在世界排名第6位。天然气储量1.78万亿立方米，世界排名第19位。科威特虽然拥有大量的天然气储量，但生产能力有限。尽管科威特政府提高了勘探生产能力，并逐步增加了天然气生产，但依然无法满足国内居民的消费。

(二) 政体政局

科威特是一个世袭国家，埃米尔是武装力量的总指挥。宪法于1962年制定。宪法规定，科威特是一主权完整、独立的阿拉伯国家；伊斯兰教为国教，伊斯兰教教法是立法的主要依据；立法权由埃米尔和议会行使，埃米尔有权解散议会和推迟议会会期；司法权由法院在宪法范围规定以内以埃米尔名义行使；王储由埃米尔提名，议会通过。

司法部由司法机关组成。最高法院院长和司法部部长由埃米尔任命。科威特禁止一切政党活动，但海湾战争后，在科威特议会选举中出现了几个主要政治派别，分别是伊斯兰宪章运动、伊斯兰联盟、宪章联盟、民主论坛和自由独立派。

科威特主张以和平共处为原则，在此基础上执行和平中立外交政策。还特意表明，和平解决国际争端是至关重要的。

(三) 经济形势

油气是科威特国民经济的支柱行业。科威特经济总体上以石油、天然气和石化工业为主，产业结构相对单一。按照市场价格计算，2020年科威特石油及其产品出口额为362亿美元，约占出口总额的89%。金融服务业产业约为98.9亿美元，占GDP的12.8%。制造业行业产值33.66亿美元，约占GDP的4.3%。2022年，科威特GDP总量约1400亿美元。此外，科威特还注重发展数字经济。科威特领导人提出"2035国家愿景"要将科威特转变为现代、活跃、多元、繁荣的国家。在此领导下，科威特近年致力于发展数字政府、电子政务等。同时，努力推动经济多元化，减少对石油产业的依赖。

(四) 油气法律政策

科威特的能源政策由最高石油委员会（Supreme Petroleum Council）管

制,并由石油部审查。科威特石油公司(Kuwait Petroleum Corporation)及其附属公司负责在全国范围内执行石油政策。科威特投资局(Kuwait Investment Authority)管理科威特财富基金,并监管所有的国内开支和国际投资。值得注意的是,科威特宪法禁止外国企业拥有其资源和收入,仅鼓励外国公司参与技术和服务。科威特宪法禁止使用产品分成协议(PSA)。

(五)基础设施建设

科威特公路交通发达。根据科威特统计局的数据,可通行的道路为7518公里。科威特现在没有铁路,只有两个国际民用机场和两个军事机场。中国和科威特之间还没有开通直飞的航班,所以必须在迪拜、阿布扎比或多哈等地通过中转到达目的地。

科威特尽管人口稀少,但海湾地区的新闻业务排名第三位,仅次于沙特阿拉伯和阿拉伯联合酋长国。截至2019年,科威特共有30万条固定电话线路,移动电话用户量达733万户。

截至2021年,科威特有9个发电厂,发电机总容量达到20250兆瓦。2020年科威特总发电量为747.6亿千瓦时。近几年,科威特大力发展以太阳能和风力发电为主的可再生能源。根据《科威特2035愿景》,到2030年可再生能源发电量将占科威特国家电力需求的15%。

综上所述,作为石油出口国的组织成员,科威特不仅资源丰富,而且享受着稳定的政治、平稳的经济、健全的法律、高的政府信用和高的开放水平,这对外国投资者很有吸引力。

五、叙利亚油气投资环境分析

叙利亚在亚洲大陆的西边、地中海东岸,总面积为185200平方英里(含戈兰高原),海岸线有183公里。东南西北连接的地方各不相同,东与伊拉克搭界,北边接壤土耳其。叙利亚大概有1690.6万人,因常年战争导致人口数量严重下降。

(一)油气资源

叙利亚地处阿拉伯地区北端的产油区,位于伊拉克大油田的边缘,已开采的油田集中在叙东部幼发拉底河盆地和东北部土耳其、伊拉克边境地区。目前，已探明石油储量 25 亿吨，天然气储量 3000 亿立方米。虽然叙利亚石油和天然气产量相对较少，并不是中东地区乃至世界上主要的产油国，但该国是联结"三洲五海"的重要之地，处于地区安全和能源传输路线的关键位置，是重要的能源输送走廊，也是众多能源国家战略部署之地，地理位置的特殊性使其成为大国博弈的焦点。自叙利亚内战爆发以来，多方势力在这片领土上犬牙交错，油田被各方势力所控制，使得叙利亚油气产业的发展引起多国的广泛关注。

（二）政体政局

1. 政体

叙利亚实行总统制，议会行使立法权。总统是国家元首和武装部队最高统帅，领导政府。叙利亚总统和内阁会议行使行政权，人民议会根据阿拉伯复兴社会党叙利亚地区领导的提议提出总统候选人，之后以全民无记名投票的方式选举总统。

2. 宪法

1973 年 3 月，叙利亚宪法经全国公民投票通过。宪法规定伊斯兰教法是立法的主要根据，叙利亚是人民民主社会主义国家，实行有计划的社会主义经济等。2012 年 2 月，叙利亚举行公投，通过新宪法，主要内容包括：国家政治制度以多元化为原则，改一党制为多党制；年满 23 岁、有读写能力的叙利亚公民都有选举权；通过投票实施政权民主，总统由人民直接选举产生，任期为 7 年，只能连任一届等。

3. 政府机构

叙利亚政府部门由 25 个部组成。内阁是国家最高行政管理机构，内阁成员由总统任命并向总统负责。2021 年 8 月，受总统阿萨德委托，总理阿尔努斯组建新内阁，共有 30 名成员。叙利亚计划与国际合作署负责制定叙利亚经济建设发展计划，隶属叙利亚内阁。

4. 司法机构

叙利亚法律源自伊斯兰教法和法国民法。叙利亚实行司法独立，总统在人民议会的协助下保证司法权的独立性。最高司法机构是最高宪法法院,由 3 名法官组成,对民事、刑事和军事案件进行审判。最高宪法法院成员由总统以法令形式任命,任期为 4 年,可以连任。

叙利亚追求的是多边自由主义、反帝国主义、反殖民主义和反种族主义的外交政策。呼吁阿拉伯国家以团结为力量,建立基于所有大小国家平等基础的新国际秩序。支持不结盟运动。

(三)经济形势

2011 年叙利亚局势动荡前,叙利亚是一个中等收入的发展中国家,主要出口石油、天然气、磷酸盐、纺织服装、农产品等。由于多年局势动荡,美欧、阿盟对其实施制裁,叙利亚面临货币贬值、物价上升、失业率高等多重压力,2020 年开始的新冠疫情也对叙利亚造成了不小的冲击,导致叙利亚经济形势更趋严峻。由于持续战乱,近年叙利亚经济统计数据严重缺失。2020 年,叙利亚 GDP 估算为 230 亿美元,较 2019 年的 270 亿美元下降约 15%。2020 年,叙利亚第一、二、三产业产值分别为 46 亿、43 亿和 140 亿美元,占比为 20%、19.5% 和 60.8%,继续呈现服务业占主体地位的经济结构。2021 年叙利亚进入政治经济恢复发展的重要一年。

(四)油气法律政策

叙利亚已颁布《贸易法》、第 51 号《统一合同法》《境外企业在叙利亚指定代理注册法》《境外企业在叙利亚分支机构注册法》《公司法》《劳工法》《8 号投资法》《工业产权法》《竞争法》《仲裁法》和《消费者权益保护法》等。2007 年 1 月,叙利亚通过了第 8 号新《投资法》,允许投资者投资除涉及军事和国家安全项目以外的其他任何领域。鼓励投资领域主要有农业和土地改良项目、工业项目、运输行业、通信项目、环保项目、服务项目、电力项目、石油和矿产项目等。

叙利亚的税收主要分为直接税、间接税和登记税,实行的是一种属地税收制度。直接税是国家收入的主要来源。注册费包括所有权转让费、领事费、印花税等。叙利亚增值税于 2009 年初由政府征收。

(五)基础设施建设

公路是叙利亚的主要运输方式。叙利亚公路总长 45860 公里,不仅连接国内各城市乡镇，还直通伊斯坦布尔、安曼、黎巴嫩和的黎波里。叙利亚铁路总长2798公里，占中东铁路网的19%，仅次于埃及。

叙利亚有5个较大的机场，分别位于大马士革、阿勒颇、拉塔基亚、德尔祖尔和帕尔米拉，其中大马士革、阿勒颇为国际机场。

叙利亚的移动通话费相较于同地区其他国家较低，但相比本国民众平均收费较高。叙利亚通信业整体水平较低，互联网用户约300万户，宽带用户约20万户，占中东互联网市场的4.5%。

综上所述，在内战前的叙利亚有较好的投资吸引力：良好的地理位置、经济改革、透明度高的政策，与阿拉伯和其他国家的良好外交基础；丰富的自然资源和劳动力、良好的基础设施；良好的工业环境和良好的制度、利用税收优惠的政策；对各种互利合同和投资项目的激励和保护；2007年通过《投资法》，实施更慷慨的政策以吸引国内外投资。但毫无疑问，叙利亚投资的吸引力因政局不稳定和外部经济制裁而受到严重损害。

第四章 "一带一路"沿线国家油气投资的风险识别

"一带一路"建设的提出,使世界各国迎来更多的发展机遇。通过共同建设"一带一路",中国正与世界共享自身发展理念和相关治理经验。这不仅使中国和外资企业共同迎来新的投资机遇,而且也为企业间进行国际合作带来了更多可能性。"一带一路"的合作过程充满着风险和挑战,对沿线国家油气合作进行风险识别有助于"一带一路"项目的顺利实施。

第一节 油气投资风险界定

风险,就是生产目的与劳动成果之间的不确定性,其定义大致分为两种:一种定义强调风险表现为收益的不确定性;另一种定义则更偏向将风险解释为成本或代价不确定性的表现。若风险被理解为是收益或代价不确定性的表现,说明风险所产生的结果可能会获利、可能会带来损失或者无获利也无损失,此种关于风险的定义属于广义风险,金融风险属于此类,所有人行使所有权的活动,应被视为管理风险。简单讲,风险就是一件事情存在两种或者两种以上的可能性。

投资领域中的风险一般是指对未来投资收益的不确定性,一般具有可补偿性差、可预测性差、风险存在时间长、所造成的损失和影响大、多种风险因素同时并存、相互交叉组合作用、不同项目的风险差异大的特点。"一带一路"旨在与沿线各国建立长治久安的外交合作关系,通过经济贸易的往来,提升沿线各国的经济实力,但由于沿线国家的政治策略、国内局势、地理位置以及世界地位的不同导致存在各种未知的风险,这些风险包括:政治风险、经济风险、运营风险、法律风险和安全风险。

（1）境外投资政治风险是指在东道国发生的政治事件或东道国与其他国家政治关系发生变化可能对投资国的投资利益造成不利影响的程度。具体来看，政治风险主要分为地缘政治风险、大国竞争风险和国家特定风险。

（2）经济风险主要包括国际经济风险和国内经济风险，国际经济风险主要包括，国际油气价格波动、新冠疫情对世界经济的影响、全球石油供需关系等，而国内经济风险是指各国的汇率风险以及国内经济的稳定。

（3）运营风险主要包括资源国各种市场贸易制度、政府违约风险、政府办事效率及廉洁程度。

（4）法律风险主要是来自资源国法律完善程度和透明度、油气法律条款设置对投资国的便利度和法律的公平性。

（5）安全风险主要是指来自资源国民族矛盾和国内治安以及恐怖分子带来的安全风险。

本章内容旨在对"一带一路"主要沿线国家各种油气投资风险进行识别，使我们能够准确认识油气投资的风险并顺利解决。

第二节 "一带一路"沿线国家油气投资的政治风险

一、中国在中亚地区油气投资的政治风险分析

中亚地区在世界地缘政治中处于"心脏地带"，在地理位置上与俄罗斯和中国接壤，是连接东西方的纽带，也是欧亚大陆的连接点，不仅受到印度及欧洲等一些国家的重视，同时获得了美国和日本的关注，加之其丰富的能源，在世界战略格局中处于"心脏"地位。

中亚在中国"一带一路"中扮演着重要的角色，中国与中亚地区的外交已经持续多年，有着良好的外交基础，但由于其特殊的世界战略位置，中国在中亚地区的活动面临着巨大的挑战，随着"一带一路"的提出，中亚地区与中国的外交进入了一个崭新的起点，我们必须要意识到油气投资

的政治风险,才能加快中亚地区的投资战略。

(一)中国在哈萨克斯坦油气投资的政治风险

哈萨克斯坦有着丰富的石油资源和天然气资源,凭借着油气资源的优点,制定了多元化的外交策略,以油气资源作为外交的筹码,促进本国的经济发展。

哈萨克斯坦位于中亚地区的中部,在中亚五国中,面积最大,同时也是世界上最大的内陆国。大国竞争方面,哈萨克斯坦作为苏联的附属国,对俄罗斯存在较大依赖,因此俄罗斯是中国在哈萨克斯坦油气投资的最大竞争者。加之哈萨克斯坦急需合作伙伴共同建设油气运输管道以及油气设施的建设,美国发达的经济和先进的技术对于哈萨克斯坦来说是最优的合作伙伴,近来中美关系的僵化势必会对中国在哈萨克斯坦的油气投资造成影响。

在地缘政治方面,哈萨克斯坦地处亚洲中部,相比于西伯利亚大铁路,通过哈萨克斯坦进入欧洲的通道更为便捷,但是此通道要穿过乌克兰地区,该地区局势异常复杂,乌克兰危机一定程度上会影响哈萨克斯坦的稳定。哈萨克斯坦与俄罗斯接壤,哈萨克斯坦作为苏联的附属国严重依赖俄罗斯,俄罗斯在一定程度上遏制了哈萨克斯坦的发展,尽管中俄关系现在保持良好,但在哈萨克斯坦能源出口方面存在着较大竞争。

在国家特定风险方面,第一,哈萨克斯坦存在一定程度的"接班人"问题,这很容易使哈萨克斯坦的政局动荡不安。第二,在民族问题上,哈萨克斯坦存在隐患,哈萨克斯坦共计131个民族,其民族成份复杂,且各民族之间的信仰大不相同,宗教矛盾十分尖锐,因此油气企业在开展本土化用工时,涉及民族信仰问题时需充分考虑以免矛盾的产生。一旦其与美、俄的关系处理不好,哈萨克斯坦非常有可能会面临乌克兰式的命运。第三,哈萨克斯坦依然面临着"颜色革命"的危险,2022年1月就曾发生自国家独立以来最为严重的骚乱,对中亚地区进行民主化改造,是美国从未放弃的战略,哈萨克斯坦西部动荡的局势很容易被外部利用,作为渗透到中亚的工具。哈萨克斯坦自身政治的不稳定和地缘政治的敏感性都加大了中哈"一带一路"合作的政治风险。

(二) 中国在土库曼斯坦油气投资的政治风险

土库曼斯坦的资源十分丰富，其80%的领土蕴藏着石油、天然气等重要能源，油气工业是其支柱产业。自苏联解体后，土库曼斯坦作为独立的经济体，其经济一直力求迅速发展，与中国有着良好的合作基础。土库曼斯坦是高度集权的政治经济体制，市场机制不发达，政府机构经常对外资企业或涉外合作项目进行行政干预和检查。与吸引外国投资相关的法律法规不健全，执法的不确定性较大。

多元化外交策略加大中国在土库曼斯坦的竞争风险。土库曼斯坦在中国的扶持下经济得以快速发展，但由于土库曼斯坦制定的多元化能源外交策略，导致土库曼斯坦积极寻求大国的投资，寻求"大国平衡"，意欲摆脱对中国的依赖，成功修建了通往伊朗的天然气管道并且于2015年开始修建计划已久的土库曼—印度天然气管道（简称TAPI）。土库曼斯坦的一系列寻求大国投资的行为给中国油气投资带来较大的竞争风险。

国家特定风险主要表现在土库曼斯坦国内进行民主化改革会给国内政治稳定带来问题，改革开放所引起的"常规风险"可能会破坏土库曼斯坦"风平浪静"的局面；同时，土库曼斯坦国内还有民族宗教问题，一方面土库曼斯坦与伊朗存在逊尼派与什叶派的宗派冲突，另一方面乌兹别克斯坦、阿富汗两国宗教极端势力的输入正在影响着土库曼斯坦。可见，土库曼斯坦国内政治的不稳定和地缘政治的特点容易对"一带一路"项目的实施造成阻碍。

(三) 中国在乌兹别克斯坦油气投资的政治风险

乌兹别克斯坦是石油和天然气大国，其年石油开采量720多万吨，占世界总开采量的0.1%，天然气年开采量为580亿立方米，占世界总开采量的2.2%，位居世界第八位。中乌两国有着坚实的贸易基础，两国合作程度日益深化，作为"一带一路"重要的合作伙伴，对中国的能源外交具有重要的意义。

优越的油气政策加深了大国在乌兹别克斯坦的竞争风险。乌兹别克斯坦奉行开放的油气投资政策，吸引了大国的目光。俄罗斯、美国和欧盟纷纷加入乌兹别克斯坦投资，西方国家的竞争会对中乌油气合作造成影响。

能源外交的特殊性滋生出地缘政治风险。乌兹别克斯坦位于中亚腹地，它的西部、北部与东部与哈、吉、塔三国接壤，南部同土库曼斯坦与阿富汗两国相邻，对外开放的油气政策吸引了大国的目光，美国、俄罗斯和欧盟相继介入乌兹别克斯坦能源外交。例如，俄罗斯在中亚地区实施的"欧亚经济联盟"政策，乌兹别克斯坦积极加入；此外，随着俄罗斯不断加大对中亚的整合力度，乌俄两国的关系波动不断，势必造成乌兹别克斯坦国内部政治的不稳定。

在国家特定风险方面，乌兹别克斯坦国内政治表现出强烈的地域集团博弈特征，基本上，国家的各个重要部门分别由7个地域集团控制，这些地域集团之间有着激烈的竞争与巨大的敌对感，而且经常引发乌兹别克斯坦国内政局不稳定；近年来，乌兹别克斯坦国内政权统治的弊端也逐渐显现，总统的地位逐渐扩大，使得国家在大多数情况下不得不依靠总统的个人智慧和决断力。这就导致某些政策未经论证便盲目落地，进而影响外国投资者进入乌兹别克斯坦投资的准确判断。另外，乌兹别克斯坦伊斯兰运动、伊斯兰解放党等宗教极端势力使得乌兹别克斯坦长期饱受煎熬，势必加剧国内政治不稳定，对中乌两国"一带一路"的合作造成影响。

二、中国在俄罗斯油气投资的政治风险

中俄关系以及美国的战略计划加大中国在俄罗斯的竞争风险。俄罗斯油气资源在世界上的储量排名一直名列前茅，能源贸易也一直是俄罗斯的经济支柱。中国长期以来是俄罗斯第一大贸易合作伙伴，而美国和一些欧洲国家一直是俄罗斯重要的能源出口市场，但在"乌克兰"危机后，欧洲的一些国家抵制俄罗斯在欧洲的发展，俄罗斯政府开始把目光转向东部以及中亚地区，中亚地区一直以来被俄罗斯视为重要的能源储备地，它很大程度上能够促进俄罗斯的发展。近年来，中国密切加强了与中亚地区的能源合作，俄罗斯政府认为这威胁了其在中亚地区的地位，中国成为俄罗斯在中亚地区的竞争对手，难免会让俄罗斯政府严控能源出口政策，俄罗斯政府发起的"欧亚联盟"正是俄罗斯对中亚地区主权的示威，中俄之间较

大的竞争关系将不利于两国开展能源合作。

另外，美国一直把中国和俄罗斯视为威胁自己世界地位的重要风险目标，美国制定的"重返亚太"计划以及"新丝绸之路"计划，目的是一方面遏制中国和俄罗斯的发展，另一方面保持自己在中亚地区的地位。中国"一带一路"的开展更是加深了美国对中国的遏制，美国势力的插手对于中俄合作来说更是一种阻碍。

特殊的地理位置带来较大的地缘政治风险。俄罗斯是世界上领土面积最大的国家，坐落于亚洲北部和欧洲东部，与14个国家相邻，并且与日本和美国隔海相望，地缘政治较为复杂，且持续一年的俄乌冲突加剧了冷战思维扩张和地缘政治紧张。加之俄罗斯的能源完全属于政府掌控，政府对能源百分之百的掌控具有某些政治战略，中俄两国能源合作的地缘政治风险加大了中国在俄罗斯的油气投资风险。

在国家特定风险方面，俄罗斯的国内政策和法规多变，无论是国家法律还是政府条例都缺乏连续性，在司法过程中执法者随意性较大，尤其是关于外来投资方面的政策不稳定，相关的法律法规也不够完善，整体法制环境需要进一步改善；同时，俄罗斯一直存在政治腐败问题，政府办事效率低且案件判决执行也比较困难，这都给投资者增加了很多不确定性的因素。另外，2022年2月17日以来俄罗斯和乌克兰两国发生了局势冲突，造成的局势紧张对俄罗斯的石油供给造成严峻的考验，也会影响全球整体的供应量，中俄油气合作也将面临新的机遇和挑战。俄罗斯存在突出的社会环境治安问题，黑社会等有组织的犯罪活动日益猖獗，这都将加大中国油气企业投资的风险。

三、中国在中东地区油气投资政治风险分析

中东地区主要包括沙特、伊朗、伊拉克等13个国家，其石油储量一直位于世界前列，在国际上拥有重要的政治战略地位，中国实施的"一带一路"油气投资中，中东地区的国家是重要的合作伙伴，其中重要的有伊朗、伊拉克和沙特阿拉伯，本节主要从政治角度对这几个国家进行油气投资的分析，以便更好地实施中国的油气投资战略。

(一) 中国在伊朗油气投资政治风险

油气资源和伊核问题加深中伊合作的竞争风险。由于地理环境得天独厚,伊朗拥有十分丰富的石油、天然气等自然资源,这使得众多国家前来投资,美国一直以来是中国油气方面的最大竞争者。伊朗核问题更是使得美国、联合国和西方大国加大对伊朗的经济制裁,2018年美国总统唐纳德·特朗普宣布恢复对伊朗政权的经济制裁,并警告称:"美国将要实施最高级别的经济制裁,任何帮伊朗获取核武器的国家都将面临美国的严厉制裁。"西方大国对伊朗的制裁不断加码,必然会对中国在伊朗的经济投资造成影响。

在地缘政治方面,伊朗东邻巴基斯坦和阿富汗,南望波斯湾,西接土耳其与伊拉克,北濒里海,是连接东西方文明的重要通道,鉴于伊拉克目前国内政治动荡以及周边国家恐怖分子肆虐,势必会对伊朗的政治环境造成影响;另外,伊朗拥有中东地区重要的油气运输通道——霍尔木兹海峡,复杂的地缘政治特征,严重影响中国在伊朗的油气投资。

在国家特定风险方面,伊朗国内的制度体系很严格,还存在着比较严格的雇佣外工的制度,而且伊朗国内改革派和保守派之间矛盾持续不断,使得伊朗频繁发生大型示威游行活动和暴力冲突事件,造成国内政局动乱,影响投资。目前美国等西方国家金融制裁始终未解除,加上伊朗的法律法规与国际不接轨,导致外资进入伊朗目前仍然不够通畅。因此,伊朗存在的种种政治原因都在不同程度上制约了外资进入其油气市场,影响彼此间的合作交流。

(二) 中国在伊拉克油气投资的政治风险

在地缘政治方面,伊拉克作为中东的"大走廊",北面与欧洲和俄罗斯相通,南面与海湾和产油国相通,有着极强的地缘政治优势,导致伊拉克在中东的战略地位极其特殊,对于美国想要维持在中东的地位来说具有重要的意义。虽然伊拉克基本结束了战争生涯,美国却仍然对伊拉克拥有极大的控制权,随着近些年中美贸易战的拉开,美国与伊拉克的关系势必会对中国的油气投资造成影响。

在国家特定风险方面，伊拉克国内存在较严重的政局动荡，曾长达一年左右处于"无政府"状态，直至2022年10月13日，才正式选举出拉提夫·拉希德当选新一届总统。伊拉克国内长期遭受恐怖势力的攻击，地区和国际外部环境错综复杂，其他国家经常无视伊拉克领土和主权安全进行跨境军事行动；此外，国内教派和民族分歧也日渐严重，教派、种族和部落矛盾交织，自2022年以来，党政纷争的矛盾及社会经济问题都因中央政府孱弱而日益加剧，未来大规模的社会抗议可能时有发生。种种情况都将会造成伊拉克动荡常态化、长期化和复杂化，对外资投资的稳定性造成不利影响，给中国的油气投资造成困难。

（三）中国在沙特阿拉伯油气投资的政治风险

沙美长期的合作关系加大了中国在沙特阿拉伯的竞争风险。沙特阿拉伯拥有丰富的油气资源，是石油出口大国，为了寻求能源安全，沙特阿拉伯积极寻求美国的帮助，美国与沙特阿拉伯长期拥有合作关系，沙特阿拉伯一直也是美国的支持者，中美贸易战的打响势必会影响中国与沙特阿拉伯的油气合作。2022年7月，美国总统拜登访问中东，旨在通过多种手段，削弱中国在亚太和中东地区的影响力，从而达到其遏制中国的全球战略。此外，美国不断对沙特阿拉伯及阿联酋等国施压，要求其加强涉华投资的审查，沙特阿拉伯作为美国长期的伴随者，必然会在一定程度上效仿美国的决策，对中国在沙特阿拉伯的投资造成困难。

邻国动乱使得沙特阿拉伯地缘政治的动乱加剧。纵观沙特阿拉伯四方邻国，自2011年以来，原本政局稳定的伊拉克、叙利亚、埃及等大国就一直经历本国的政治动荡与战乱。巴林、也门这两个比较弱小的邻国也同样持续着战乱状态，使得沙特阿拉伯不得安宁。同时，作为唯一的什叶派伊斯兰国家，伊朗与沙特阿拉伯一直处于敌对状态。以上种种，表明沙特阿拉伯具有较高的地缘政治风险。

在国家特定风险方面，沙特阿拉伯国内同样有着较高的政治风险，严重的女性歧视、较高的青年失业率、明显的地域差异以及什叶派少数族群的反抗，等等；宗教派系冲突与风险存在于沙特阿拉伯内部，大规模的游行动乱时有发生，国内政局不稳定。国内的投资政治风险近年来持续上升，给沙特阿拉伯增加了更多的不确定因素。

四、中国在东南亚地区油气投资政治风险分析

东南亚国家作为我国"一带一路"重要沿线国家，东南亚地区也是石油天然气较为集中的地区，随着东南亚地区油气勘探与开发的深入，东南亚成为中国重要的油气供应地。为了扩大能源进口渠道，充分利用国际油气资源，21世纪以来，我国与东南亚国家共同开发石油天然气资源的合作不断加速发展，面对国际竞争对手和日益险恶的国际政治环境，我国油气公司海外投资所面临的风险大、成本高，因此，在开展与东南亚国家的油气合作中，需要正确评估油气合作的政治风险，从而提高油气投资绩效。

(一) 中国在印度尼西亚油气投资政治风险

美国和日本的加入加大了中国在印度尼西亚（以下简称印尼）的油气竞争风险。印尼拥有丰富的能源，其天然气储备量在全球排名第13位，在亚太地区排名第2位，仅次于中国，是中国"一带一路"建设中重要的合作伙伴。印尼拥有巨大的自然资源和战略位置，横跨主要的海上交通要道，因此得到许多国家的青睐，其中包括美国、日本。在发展"亚太再平衡"上，美国将印尼列为不可缺少的重要组成部分，日本也青睐印尼，两个国家一直同印尼保持着较为密切的关系，美国和日本的加入给中国在印尼的油气投资带来竞争风险。

在国家特定风险中，印尼国内的民族主义情绪可能会引发反华事件，印尼与中国在南海争端上一直持有强硬的态度，与中国有着多次冲突；同时，印尼将中国列入投资敏感国，导致投资过程中面临更高的安全审查要求和更多的审批程序。另外，印尼存在政策不稳定及较严重的腐败现象；恐怖主义的威胁也是中国油气投资必须要考虑的因素之一，印度尼西亚作为全世界最大的伊斯兰国家，难免会存在一些恐怖主义和宗教极端主义分子发动恐怖袭击，例如，2004年9月恐怖爆炸发生在澳大利亚驻印尼使馆门前；2009年雅加达也发生了恐怖袭击；2018年印尼发生了泗水连环恐怖袭击事件。可见，印尼与中国的油气合作具有多方面的政治风险，从而影

响中国在印尼的油气投资。

(二) 中国在缅甸油气投资的政治风险

外交政策的不稳定加深了大国竞争风险。美国、日本和印度纷纷加强与缅甸的贸易合作关系，美国的"重返亚太"战略、日本的"南下战略"以及印度的"东进战略"都将成为中国在缅进行油气投资的阻碍。美国曾经一度阻止中国和缅甸之间石油和天然气管道的建设及运营，它大力支持缅甸的民间组织打着"人权""民意""环保"等幌子，批判甚至阻挠中国与缅甸政府的石油贸易，并且西方国家有意制造"中国威胁论"让缅甸政府不免担心中国的强大对本身的威胁，缅甸外交的不稳定性对中国在缅甸的油气合作势必造成困难。

孟加拉湾紧张局势加大了缅甸的地缘政治风险。缅甸在东南亚国家面积排名第二位，是中南半岛中领土面积最大的国家。缅甸拥有丰富的矿产资源和石油天然气资源，地理位置西临孟加拉国，东与老挝、泰国毗邻，还是中国经过孟加拉湾海域与印度洋海域的重要陆上通道。孟加拉湾的对外开放引发了大国在地区的竞争，加大了缅甸的地缘政治风险。

国家特定风险主要体现在缅甸中央与地方政府分权，一些地区局势动荡，缅甸作为亚洲国家中民族成分最混乱的国家之一，民族矛盾与地区分裂势力大量存在；另外，缅甸为了迅速恢复经济，积极实施大国平衡外交战略，尽力缓和与欧美大国之间的关系，实现国家利益最大化，企业投资可能会受到此类不确定性的影响。

(三) 中国在新加坡油气投资的政治风险

中国在新加坡油气投资遭遇大国竞争风险。新加坡在地理位置上毗邻马六甲海峡，而马六甲海峡是东亚地区石油运输的必经之路，因此对于美国与新加坡的能源合作来说，有助于接触东盟国家从而控制马六甲海峡，控制日本、俄罗斯和中国的海上贸易，因此，中国在新加坡的油气投资伴有大国竞争的风险。

新加坡国内存在相对较高的地缘政治风险。新加坡与包括马来西亚、印度尼西亚、文莱、菲律宾、越南在内的多个国家在海域方面存在争端，为争夺领土主权，它们之间经常发生武装冲突甚至会发起局部战争，使得区域国家间的地缘政治关系进一步恶化，中国在新加坡投资的安全势必也会因为突如其来的冲突甚至战争受到严重影响。

国家特定风险主要表现为，新加坡长期以来执政的是人民行动党，政治相对稳定，但其反对党近年来发展非常快，如工人党、民主党和国民团结党等政党的数量不断增加；而且民众对人民行动党的满意度近年来一直呈下降趋势，选举中反对党候选人与人民行动党激烈竞争的情况也开始在所有选区中出现，因此很可能会由于政党轮流执政、政权交错更替，导致政策发生变化，从而给中国在新加坡进行油气投资带来风险。

（四）中国在马来西亚油气投资的政治风险

与其他东南亚国家相比，马来西亚的政治局势相对稳定，且政府支持私营经济发展，不断推进投资自由化，其政治风险相对较低，但也存在潜在的政治风险。

西方国家给中国在马来西亚的油气投资带来竞争风险。中马能源关系的建立，会对美国在亚太地区的影响力产生一定的影响，也会对日本等能源进口国家产生竞争影响，中马能源合作难免遭到大国的牵制。美国实施的"重返亚太"计划把马来西亚作为合作的重点，认为中国积极扩展海上能源会对该计划造成影响，因此加深了在马来西亚的能源投资，并鼓吹中国威胁论的影响，对中马能源合作造成阻碍。

在地缘政治方面，马来西亚与邻国中国、文莱、菲律宾都存在着领土争端，其中最为严重的是菲律宾。另外，中国在南海问题上一直与马来西亚存在分歧，双方存在着南海主权争端问题，增加了我国企业在马来西亚投资的不确定。

在国内特定风险中，第一，马来西亚国内的党派斗争加剧，大规模的抗议游行时有发生；第二，由于马来西亚与金三角距离较近，马来西亚毒品交易猖狂；第三，马来西亚国内存在对华人的排斥。由于种种因素在一定程度上也阻碍了中马两国的油气合作。

（五）中国在文莱油气投资的政治风险

优越的地理位置和油气资源加大了各国在文莱的竞争风险。文莱属于东南亚国家之一，油气资源丰富，被誉为"东方石油王国"。石油和天然气收入占据财政收入的 50% 以上，由于它的油气资源丰富，并且有着稳定的政局和优越的地理位置，吸引了很多发达国家前来进行油气行业的投资，主要有英国、美国、韩国、日本以及新加坡等国家。文莱国内具有丰富的油气资源，吸引着美国的投资，美国积极"拉拢"文莱，一方面为了减少依赖中东地区的石油和天然气，另一方面为了在亚太地区宣示主权，维持自己的世界霸主地位，打压中国的发展。

南海问题成为中文两国主要地缘政治风险。与菲律宾和越南两国不同的是，文莱实行的南海政策较为温和，它主张要维持南海地区的和平稳定，没有调遣兵力去占据南海诸礁，但南海问题一直得不到解决，难免会成为中文之间关系的隐患。南海地区可观的石油和天然气储藏是各国竞相斗争的源头，一旦南海问题爆发，中国同文莱的关系就会变得异常敏感，难免会阻碍中国企业在文莱的油气投资。文莱国内政局相对稳定，因此国内特定风险相对较小。

五、中国在南亚地区油气投资的政治风险分析

南亚地区位于"一带一路"核心区域，地理位置十分重要。作为全世界经济发展最快的地区之一，南亚地区石油对外依存度不断增加，能源压力也日益增大。近年来，南亚国家油气市场潜力凸显，对外合作力度加大，南亚一直是大国地缘政治博弈的重点地区，油气合作可能面临政治风险，因此需要有意识地从政治角度对风险进行分析，进而加强与南亚国家的油气合作。

（一）中国在巴基斯坦油气投资的政治风险

巴基斯坦经济严重依赖外国援助，中国在巴基斯坦的油气投资不能完全解决巴基斯坦内部的经济问题，因此巴基斯坦政府积极寻求美国对其政策的支持发展与欧盟和俄罗斯的关系以此获得更多的援助和投资势必带来大国竞争的风险。例如，巴基斯坦是美国"新丝绸之路"计划的一部分，"新丝绸之路计划"与"中巴经济走廊"之间存在利益冲突，美国会抓住

所有能够拖延"中巴经济走廊"建设的机会。

巴基斯坦地缘位置带来较大地缘政治风险。巴基斯坦在亚洲西北部，是欧洲、亚洲和非洲的重要交通要道，具有重要的地缘战略位置。它的北部与黎巴嫩接壤，东部与叙利亚和约旦毗邻。叙利亚持续的战乱导致大量移民进入巴基斯坦，造成巴基斯坦边境形势不稳。另外，巴基斯坦与以色列的关系也会加大中国油气投资的地缘政治风险。

在国家特定风险上，巴基斯坦国内存在政权更替、政党斗争等政治风险，严重影响中巴油气合作。例如，2018年，以伊姆兰汗为首的争议运动党取得巴基斯坦大选的胜利，伊姆兰汗成为巴基斯坦的新任总理；巴基斯坦国内恐怖事件频发，宗教问题也是造成巴基斯坦内部政局动乱的主要原因。

（二）中国在印度油气投资的政治风险

近年来，印度的发展前景和重要的地理位置吸引了发达国家的合作，中国在印度的投资就遭遇了美国的竞争。例如，考虑到亚洲地缘战略的安全问题，美国将印度作为一种重要力量来制衡中国。在政治上，帮助印度不断提高其在亚洲的地位和作用；同时，在经济方面，采取某些经济手段来拉拢印度，而且在能源领域，美国不断加强与印度的合作。

中印关系恶化带来地缘政治风险。印度近几年经济持续增长，已然成为新兴经济体的重要代表之一，中国与印度都是油气进口大国，但中印两国能源高度依赖中东和非洲等地，中印两国在油气能源方面一直存在竞争关系。中印双边关系的恶化进一步加深了地缘政治风险，2020年6月中印边境发生武装冲突。此后，印度开始抵制中国制造，甚至其多个地区发起针对中国的示威活动，至今为止，中印关系仍陷在一个超长待机的平台期，这必然会影响两国之间的合作交流。

国家特定风险主要来自印度的宗教差异，这使得教派冲突时常发生。印度汇聚了各类宗教，伊斯兰教、基督教、印度教、犹太教、佛教等各类宗教在印度都拥有大量信众，宗教信仰的差异时常引起教派冲突；印度国内深受分离主义和恐怖主义之苦，复杂的民族与宗教矛盾，导致印度分离主义和恐怖主义的泛滥。同时，贫富差距过大这一社会问题也可能加剧社会不稳定，富人往往垄断信息和权力，穷人的选票绑架政策制定，贫富差距在有的时候变成了政治选择，中国在印度进行油气投资时需要考虑社会动荡这一巨大风险。

（三）中国在阿富汗油气投资的政治风险

丰富的油气资源和独特的地理位置带来油气投资的大国竞争风险。阿富汗位于东亚、西亚、中亚和南亚的交界处，具有十分重要的战略位置，被称为"亚洲的心脏"，在历史上，它一直是大国竞争之地，最重要的是阿富汗境内的油气盆地与土库阿曼斯坦油气资源相通，独特的地理位置吸引了以美国为首的西方国家前来合作，大国的干涉和竞争难免会对中国的油气投资造成影响。

阿富汗的特殊地理位置带来地缘政治风险。阿富汗在位置上南部和东部连接巴基斯坦，西接伊朗，北邻土库曼斯坦、乌兹别克斯坦、塔吉克斯坦，这些国家都是油气国家，油气国家容易发生动乱，加大中国在阿富汗投资的地缘政治风险。

阿富汗国内的国家特定风险主要是来自宗教的民族矛盾等问题；阿富汗位于全球毒品主要来源地"金新月"的中心地带，国内广泛种植罂粟，导致毒品交易泛滥；强大的部落势力，中央政府对部落地区缺乏控制，部落间存在矛盾且封闭，这些都是造成阿富汗国内政局动乱的主要原因，对于中国在阿富汗的油气投资更是增加了更多阻碍。

六、中国在西亚地区油气投资的政治风险分析

西亚地区是目前世界上油气储量最丰富、开采条件最好、产出量最多和出口量最大的地区，享有"世界石油宝库"的美称。同时，该地区位于"两洋三洲四峡五海"的交界地带。由于丰富的油气资源及其重要的战略位置，美国、俄罗斯等国家都试图凭自身大国势力干预西亚各国的治理，使得西亚地区局势较为动荡；随着新国际格局的出现，目前西亚局势总体发展趋于和缓，但对于我国想要加强西亚地区油气投资合作仍存在较大的政治风险。

(一)中国在卡塔尔油气投资的政治风险

卡塔尔本国政治外交带来潜在大国竞争风险。卡塔尔积极与外国展开外交和优惠的外商投资体系，吸引了不少大国前来投资合作，其中包括美国、日本、印度、韩国等国家，中国面临较大的竞争风险。

在地缘政治上，卡塔尔一直实行独立的外交政策，与多个国家积极展开外交合作，具有较低的地缘政治风险。在外交实践中，卡塔尔基于自身利益与包括伊朗、叙利亚等多个美国敌对国发展友好关系，而且卡塔尔与邻国没有领土争端。总的来说，卡塔尔居于比较好的地缘政治区域。

卡塔尔国内具有较多的潜在不稳定因素，国家特定风险主要表现在什叶派少数族群的反抗、外来工人的抗议，等等；同时，宗教派系冲突和风险存在于卡塔尔内部，一直以来，什叶派对阿勒萨尼家族和政府心存怨恨；除此之外，卡塔尔国内时常会发生各种游行示威活动；整体来说，卡塔尔最近几年的国内投资政治风险一直呈上升趋势，这会给中国的投资带来更多不确定性的因素。

(二)中国在也门油气投资的政治风险

地理位置的优越使得也门成为大国竞争的焦点。也门共和国位于亚非两大洲交汇点的红海海峡东部，被称为"红海之峡"。也门的油气资源丰富，是国内的经济支柱，加上其是中东油气资源海外运输的交通要道，使得也门成为大国相互竞争的目标。美国在也门的油气投资有助于其在中东地区的政治地位，同时也能掌握"红海之峡"的地缘优势。进入21世纪以来，也门一些关于反恐、油气资源等非传统的安全议题日益凸显，美国借此逐步通过"也门模式"来锁定红海海峡，这将极大威胁到中国的能源生命线。

也门国内动乱加大了中国在也门投资的国家特定风险。也门内部政治局势一直处于不稳定的状态，迄今为止，长达8年的也门冲突仍未结束，长期的分裂状态和民族矛盾的加深造成也门内部恐怖势力的活跃，恐怖组织的兴起和不稳定的社会治安对油气设施的建设势必会造成威胁，同时也扰乱也门的投资环境，增加了中国企业的投资风险。

（三）中国在阿联酋油气投资的政治风险

中国加入阿联酋油气投资使得西方国家加大油气市场竞争。从 BP 发布的《2019 世界能源统计年鉴》可以看出，2018 年阿联酋的石油储备量世界排名第八位，天然气探明储备量居全球第七位，并且阿联酋拥有较好的投资环境，一直是大国竞相合作的国家之一。中国与阿联酋的油气合作打破了西方国家一直主导阿联酋的境况，中国在阿联酋的合作属于后来者，一直面临着大国的竞争，美国、欧盟和俄罗斯等大国纷纷加入阿联酋的油气市场，加大了中国的竞争风险。

中东地区紧张的局势加深了阿联酋本国地缘政治风险。阿联酋政治压力巨大，作为伊朗主要的贸易伙伴，阿联酋一直秉承中立的态度，但随着沙特阿拉伯和其他海湾国家越来越担忧伊朗和什叶派的政治力量在中东扩张，阿联酋的抉择将会导致中东地区地缘政治的变化。另外，随着阿联酋和以色列建交协议的签署，更是加深了其他中东国家结盟的步伐，使得阿联酋处于较危险的地缘政治中。

阿联酋动荡的内部环境造成严重国家特定风险。阿联酋是中东的"自由港"，其油气全产业链对外开放，对外国投资持欢迎态度，而很多伊斯兰极端主义分子将其作为募集资金和开展活动的天然良港。阿联酋的国际声誉与安全也受到各种跨境洗钱、走私、贩毒和恐怖主义活动的威胁。另外，阿联酋国内现有的政治秩序和格局受到反对派力量的不断挑战，导致阿联酋的分裂和崩溃。种种内部环境问题在一定程度上影响了中方与阿联酋油气投资合作。

（四）中国在科威特油气投资的政治风险

科威特的位置在阿拉伯半岛东北部，淡水资源稀少，第一产业遭到限制，但科威特境内拥有丰富的油气资源，拥有世界排名第二位的油田——大布尔干油田。科威特与中国有着良好的合作基础，但中国在科威特的投资也面临着政治风险。

科威特境内丰富的油气资源使得大国竞争风险的存在。科威特一直奉行西方国家，与美国关系亲密，此次中美贸易战势必会影响中国与科威特的合作。日本和韩国同样积极展开在科威特的能源竞争，利用各种手段积极开展能源外交，而与中国同为较大发展中国家的印度也在科威特能源中分一杯羹，这些国家的竞争对中国在科威特的油气投资造成一定的影响。

与周边国家的争端加大中国在科威特的地缘政治风险。科威特同伊朗、伊拉克的领海争端均未得到解决，因此很可能出现局部紧张甚至战争，这将是它长期潜在的不稳定因素，中国在科威特进行石油和天然气投资的地缘政治风险进一步提高。

在科威特国内特定风险方面，首先，尽管科威特整体上国内相对安全与稳定，但其外籍侨民数量较多、大量存在外籍劳动力，不同宗教和文化在一定程度上容易诱发社会问题，而且它属于伊斯兰国家，只要国际上变动对中东或海湾地区的政策，就会引起它一定的反应，从而影响其经济发展。其次，科威特位于中东这一恐怖主义活跃的地区，很有可能会受到恐怖主义干扰。最后，科威特议会在本国处于主导地位，甚至能够超越法律，在一定程度上也增加了中资的发展压力和安全隐患。

（五）中国在叙利亚油气投资的政治风险

丰富的油气资源加大了中国在叙利亚油气投资的大国竞争风险。美国和欧盟相继介入叙利亚，美国为了保持自己在中东的位置，派兵驻扎叙利亚；欧盟为了摆脱对俄罗斯天然气的依赖，制定了南线计划（南线计划是指铺设一条从卡塔尔经沙特阿拉伯、约旦、叙利亚到土耳其的输气管道）。此外，叙利亚还面临着欧美加重单边制裁，这使叙利亚的对外贸易变得困难重重。

特殊地理位置加大地缘政治风险。叙利亚石油和天然气储量不高，原油产量为110万吨，只占世界原油产量的0.25‰，但叙利亚独特的地理位置成为大国互相争夺的原因之一，叙利亚西南面有苏伊士运河，它是连接红海和地中海的重要通道，地区争端和动乱容易滋生地缘政治风险。

长期战乱和恐怖主义使得叙利亚国家特定风险持续上升。叙利亚由于长期受到内战破坏，国内安全形势不容乐观，极大干扰了中国在叙利亚的投资。此外，叙利亚国内恐怖主义威胁较大，各类极端组织活动频繁，甚至直接渗透和袭击叙利亚政府控制区，以制造混乱来使叙利亚政府的控制能力减弱。叙利亚在国际上的政治站位和国内局势都会使中国企业单方大规模参与重建面临许多现实困难，同时也对中方油气企业在叙利亚的投资造成影响。

第三节 "一带一路"沿线国家油气投资的经济风险

一、中国在中亚地区油气投资的经济风险分析

2013 年 9 月，习近平主席在对中亚五国进行国事访问期间首次提出与各国共建"丝绸之路经济带"的宏伟倡议，立刻得到中亚各国的热烈响应。在"一带一路"倡议提出的 9 年时间里，中国与中亚五国相继建立了战略合作伙伴关系，并持续推动着双边经济深化合作。但现如今，世界正经历百年未有之大变局，国际形势跌宕起伏，中亚地区不确定性和不稳定性因素增多，各国的经济形势也都出现了不同层次的动荡局面，因此对中亚地区部分国家的经济风险进行分析是很有必要的。

（一）中国在哈萨克斯坦油气投资的经济风险

哈萨克斯坦经济以石油、天然气为主，天然气和石油的出口占外汇收入的 60%—70%，占国内生产总值的 30% 左右，是国内经济的支柱。国际全球新冠疫情的出现，使得全球贸易受到影响，2020 年维也纳联盟协议意外流产，造成油气价格下跌，对油气供需国造成影响。而目前全球经济的复苏和俄乌冲突又导致油价的急剧上涨。可见，石油市场存在较为强烈的价格波动，中国在哈萨克斯坦的油气投资将会随着全球油气价格的波动而深受影响，具有较高的风险。

在进口贸易中，中哈两国企业使用人民币或坚戈结算时，会形成汇率

风险，不利于双方油气进出口贸易往来。同时，哈萨克斯坦国内缺乏金融服务及专业人才的支持，市场上对于环保政策的重视及对外资企业雇佣劳动力比例的限制也提高了外部资金流入本国的门槛，在一定程度上限制了中方企业市场的进入。

哈萨克斯坦国内经济增长速度受疫情的影响出现大幅度下降，私人消费在拉动经济增长方面的作用显著减弱，通货膨胀居高不下。哈萨克斯坦的各项利率迅速提高，财政赤字继续扩大，公债比例增加，经常账户产生较大逆差，国际储备出现较大减少；同时，外债债务率大幅度上升。可见，哈萨克斯坦较为严峻的国内经济态势容易滋生油气投资风险。

（二）中国在土库曼斯坦油气投资的经济风险

全球新冠疫情和国际石油价格的波动对土库曼斯坦的油气及其他贸易造成较大的影响。土库曼斯坦的官方货币为马纳特，不能直接与人民币兑换，需要美元作为交换媒介，虽然在土库曼斯坦注册的外国公司可以在土库曼斯坦银行开设外汇账户，但不允许提取大额现金，需用美元支付时只能通过银行转账。在土库曼斯坦金融形势紧张的情况下，外国投资者的资本及其利润自由汇出有可能受到一定限制。而且随着全球经济受阻，美股出现几次熔断，国际汇率不断下调，中国在土库曼斯坦的油气投资会遭受汇率波动带来的风险。

土库曼斯坦的金融市场完全由政府掌控，独立于国际金融市场，容易突然出现汇率调整，因此马纳特汇率存在金融风险。中国企业在土库曼斯坦的油气投资需要大量的货币兑换，马纳特汇率的不稳定容易给中国企业带来损失，并且美国目前与中国的经济贸易战，会要求美联储对美元的汇率进行调整，这些不确定因素的存在，会削弱中国企业在土库曼斯坦的油气投资的信心。同时，环保一直是国际上的热门话题，对油气资源开发的环境保护必然会成为一种趋势，这不仅会让一些能源丰富的国家紧缩油气出口的政策，也会让一些外资企业加大对油气开发器械的高要求，从而加大投资的成本，土库曼斯坦作为比较大的油气资源出口国，必然会执行国际的潮流趋势，加大能源的保护，给油气企业的投资及合作或将带来一定的风险。

(三) 中国在乌兹别克斯坦油气投资的经济风险

国际油气价格的波动及俄乌冲突必然会对乌兹别克斯坦的油气市场造成影响，这种影响是全球性，但中国在乌兹别克斯坦的油气投资更重要的是本国国内的经济稳定。例如，乌兹别克斯坦本国的经济稳定和汇率风险等都影响着中国的油气投资。

乌兹别克斯坦国内面临巨大的通货膨胀压力，经济形势严峻。例如，乌兹别克斯坦政府多次发行巨大面额的苏姆纸币，通货膨胀的数值远远高于其他独联体国家，对于中国前来投资的油气企业来说并不是一件好事。而2022年乌兹别克斯坦由于食品和服务价格上涨导致国内通货膨胀加速，因为大多数能源价格都在政府控制之下，这进一步导致了本国预算义务增加。

另外，乌兹别克斯坦国内银行在兑换货币时异常困难，通常不给予正常的货币兑换，在乌兹别克斯坦中方企业在当地采购材料和支付当地雇佣人员工资时遭遇了诸多不便，对于中国企业的油气投资更是难上加难。相关数据显示，在乌兹别克斯坦国内生产总值中，灰色经济规模所占比重很大，达到50%。灰色经济会给国家经济发展带来很多不利影响，例如，统计数据的真实性缺失，妨碍资源的合理配置，国家税收大幅度减少等。这将不利于中国企业获取重要的投资信息，进而影响企业的利润率，同时也在很大程度上影响了中方对乌兹别克斯坦油气投资的判断。

二、中国在俄罗斯油气投资的经济风险分析

俄罗斯是油气出口大国，英国BP公司年度报告显示，2021年，俄罗斯占全球石油市场的份额为12.1%，与2020年持平，位居世界第三位。俄罗斯石油和凝析油的产量上升0.9%，达1150万桶/日。但是俄罗斯经济严重依赖油气，国际油价波动和新冠疫情的出现对俄罗斯的经济产生了较大的影响。

2022年2月俄乌冲突爆发，从2月23日到4月21日，美欧就新增对俄制裁措施9138项，在大规模制裁冲击下，2023年1月国际货币基金组织预测，俄罗斯2022年GDP降幅为2.2%。同时，俄罗斯卢布汇率出现波

动,一旦汇率风险增加,中国投资企业投入的资本很可能在获取回报之前大幅减少,卢布的贬值导致俄罗斯商品的价款低廉,市场上的商品被其他国家的人抢购一空,造成市场极度混乱,这种不稳定的市场秩序和价格,对于中国企业来说不利于项目的进行。

虽然美欧制裁没有对俄罗斯的生存能力构成威胁,但其国际物流、管道基础设施、能源及粮食等战略资源外部市场受限,导致俄罗斯全球影响力被大大削弱。同时,由于俄乌冲突,国际油价出现较大的波动,而俄罗斯经济总收入超过一半来自石油和天然气行业,对其经济具有较大的影响,加上其经济发展结构不均衡带来的负面影响的叠加,使得俄罗斯经济呈现出明显的下行趋势,卢布震荡、投资、贸易以及消费急剧下降。2022年的俄乌战争给俄罗斯经济带来了巨大影响,战争持续的时间未定,经济明显下行,且经专家预测2023年俄罗斯经济依旧会因制裁而承受较大的压力。此外,俄罗斯外汇管制较为严苛,金融保险体系不健全,通货膨胀也较高,这些也都将成为影响中国在俄罗斯油气投资的关键因素。

三、中国在中东地区油气投资的经济风险分析

中东长期占据中国石油进口的"半壁江山"。2022年中国从中东进口原油约2.72亿吨,占总进口量的53.5%,在2022年的中国前五大原油进口来源国中,中东国家占据四席,沙特阿拉伯依然居于首位。由于中国对中东的原油进口依赖度这两年快速上升,因此有意进一步加强和扩大对中东地区的投资力度和范围。因此,对中东地区油气投资的经济风险分析是非常有必要的。

(一)中国在伊朗油气投资的经济风险

随着"伊核协议"的稳定,伊朗经济在之前的局面上有所缓解,但美国近几年对伊朗经济的打压,使得伊朗经济受创,财政赤字不断加重,2019年的经济增长量为 -10%。此外,伊朗货币里亚尔自2017年美国退出伊核协议后就已经暴跌,汇率严重失真,固定在1美元兑换42000里亚尔。

由于美国对伊朗的金融制裁,国际金融机构纷纷停止涉伊业务,伊朗

的主要商业银行均被列入 SDN 名单，导致资金进出伊朗出现困难，严重影响外资企业在伊朗开展投资合作。企业融资困难导致中国国内的金融机构对涉及伊朗项目融资也普遍持谨慎态度，可见伊朗国内经济形势对于中国的油气投资十分不利，加大了中国油气投资的经济风险。

（二）中国在伊拉克油气投资的经济风险

伊拉克国内经济严重依赖石油和天然气的出口，随着新冠疫情对全球贸易的冲击和国际油价下跌，伊拉克油气出口严重受阻，而中国油气企业在伊拉克当地进行投资所产生的利润呈现出极度微薄的状态。此外，中国油气企业在伊拉克开采的大部分石油直接被运往国际市场出售以获取利润，这说明中国在伊拉克进行的石油投资和整个国际能源市场是紧密相连的，敏感性与脆弱性较高，油价下跌必然会造成中国油气企业利润下滑，带来经济风险。

伊拉克经历了多年战乱，经济发展严重受到影响，正在处于战后重建阶段，人均 GDP 从 2016 年的 0.46 万美元增长到 2019 年的 0.6 万美元，但 2020 年人均 GDP 又降至 0.43 万美元，2021 年增长到 0.5 万美元。由此看出，虽然重建阶段其经济有所增长，但近几年与之曾经的辉煌相比依然捉襟见肘，国内通货膨胀水平也比较严重，物价持续走高，有利于中国企业购买便宜的物资；但从另一个角度来看，伊拉克的货币贬值较为严重，汇率也呈现下降的趋势，通货膨胀导致国内物价水平上升成本加大，不利于中国油气企业把生产的石油和天然气出口。

（三）中国在沙特阿拉伯油气投资的经济风险

沙特阿拉伯国内经济对石油行业过度依赖，油价波动极易影响其国内宏观经济和政府财政。沙特阿拉伯超过 50% 的 GDP 来自油气产业，同时油气产业还为经常账户贡献了约 80%，为财政收益贡献了约 90%，而近期国际油气价格深受新冠疫情和维也纳联盟协议流产的影响，油气价格严重下跌，严重影响了沙特阿拉伯政府的财政收入，中国油气企业的投资也会深受波及。

沙特阿拉伯经济一直保持良好的趋势。2007 年以前，沙特阿拉伯国内通货膨胀水平从未超过3%，但近年沙特阿拉伯国内通货膨胀水平一直居高不下，超过国际安全水平。2018年，沙特阿拉伯GDP增长率为2.43%，到2020年，其增长率减少为-4.11%，且之后几年沙特阿拉伯的经济增长在2%徘徊。这是由于在新冠疫情、乌克兰危机及美联储持续加息影响下，沙特阿拉伯财政吃紧，财政赤字也在不断增大，债台高筑，给政府带来极大压力，甚至国内出现粮食危机，有可能出台保护本国企业的投资政策和法律法规。可见，沙特阿拉伯国内目前经济形势的不景气无疑会直接影响中国油气公司在沙特阿拉伯的利润和未来在油气方面的投资合作。

同时，沙特阿拉伯的银行机构大多受政府控制，银行信贷更加青睐于政府公共部门，且沙特阿拉伯专业银行数量有限，私营部门项目资金严重不足，这些金融环境对于中国在沙特阿拉伯投资的油气公司来说更是造成资金不足的重要因素。其沙特阿拉伯对于美元的过分依赖，始终赞成"石油美元"的执行，导致沙特阿拉伯本国货币容易受到美元的影响，这也是导致中国油气投资企业在沙特阿拉伯容易造成损失的原因。

四、中国在东南亚地区油气投资的经济风险分析

在油气贸易方面，近年来中国从东盟地区的原油进口量不断回升，2021年达2100万吨；东盟地区同时也是中国天然气进口的主要来源地之一，2021年中国自东盟国家进口天然气230亿立方米，约占天然气进口总量的14%。面对多变的国际环境，各国经济水平在不断发生改变的同时，往往也给外资企业带来了不同程度的经济风险。

（一）中国在印度尼西亚油气投资的经济风险

印度尼西亚（以下简称印尼）的经济发展在东南亚地区排名靠前，作为东南亚唯一的欧佩克石油生产国，印尼的经济严重依赖石油和天然气产业，印尼的石油经济容易受到国际油价波动的影响，且近几年新冠疫情的影响对印尼的经济增长打击也较大。

2020年印尼GDP增速为-2.07%，国内经济增速放缓，当年的年通货膨胀率达到1.68%，创过去20年来最低水平；印尼统计局发布的数据

显示，其2022年经济增长率涨至5.31%，不仅回到疫情前约5%的常年增长率，也是自2013年以来最快的增速。虽然印尼的经济增长速度目前已回到疫情前水平，但全球经济增长放缓，下行风险加剧，印尼经济在未来难以保持当前的步伐前进。同时，印尼的汇率极其不稳定，2020年1月7日振幅为13.4，而3月14日振幅增长到56.7，印尼不稳定的汇率很可能会带来汇率贬值的风险。因此，从长远看，中国油气企业到印尼投资在一定程度上存在经济风险。

（二）中国在缅甸油气投资的经济风险

缅甸具有十分丰富的油气资源、矿产资源、渔业资源、农林资源和旅游资源等。缅甸的天然气出口量在东南亚国家中仅次于印尼，位居第二位。缅甸有104个油气开采区，有大约1.6亿桶的石油和20.11万亿立方英尺的天然气。近年来，全球物价上涨及物流限制对全球贸易的影响也拉缓了缅甸经济的增长速度。

根据国际货币基金组织的统计，2020年缅甸的GDP总量为798.52亿美元，人均GDP为1468美元，分别在东南亚11个国家排名第七位和第十位。尽管民盟政府执政以来颁布了各种政策，但似乎对缅甸先天不足的经济没有显著效果，民盟政府上台后的第一个财政年缅甸的经济增长率仅为5.7%。全球经济下行、缅币贬值及进口成本的上涨都不断加剧了缅甸的通货膨胀，给民众带来了极大的生活压力。

缅甸制定了较为严厉的利率制度，灵活性差，利率政策的调整未能充分地匹配通货膨胀率，会对外资企业的存款和贷款造成影响，更别说是需要大量储备的油气行业。此外，缅甸存在官方汇率和市场汇率两种，而官方汇率依靠政府的决策来定，市场汇率依靠市场的交易来定，两者不一致说明缅甸的外汇管制较为严格，会从一定程度上阻碍中国油气企业往缅甸国内外的汇款，阻碍工程进度以及公司发展，给我国油气企业带来经济风险。

（三）中国在新加坡油气投资的经济风险

新加坡不仅是全球第三大炼油中心，而且还是石油贸易枢纽之一，同时也是亚洲石油贸易定价中心,新加坡国内能源消耗天然气占比较大,大部分石油和天然气依靠进口,石油和天然气价格更容易受到国际油气价格的影响。

2022年5月,在能源和食品价格上涨的推动下,新加坡的整体通胀率达到5.6%,并且连续3个月超过5%,上升至2011年11月以来的最高水平;而且在全球大宗商品价格上涨和新加坡国内工资压力下,依旧存在推高通胀的风险。

新加坡的经济市场是一个依赖国际市场的外向性市场,国内资源匮乏,大多产品需要从国外进口,这就使得新加坡的经济容易受到汇率的影响,特别是在石油和天然气方面,中国的油气企业必须认识到在新加坡投资时容易受到能源价格冲击的影响。同时,新加坡政府极其重视货币政策的调整,它推行并实施新货币政策以保持本国货币的稳定,该政策主要限制非本土人士持有新元的总量,也限制个人携带现金出入境的总量,这在一定程度上给中国在新加坡进行能源投资的企业带来资金转移和外币兑换的风险。

(四)中国在马来西亚油气投资的经济风险

马来西亚自身经济深受石油美元的影响,随着全球经济放缓,石油经济的波动和新冠疫情对全球油气贸易的遏制,马来西亚经济自然会受到一定程度的影响;但是其经济面临的风险受益于稳固的国内需求、中国的重新开放、有韧性的劳动力市场及旅游业的复苏,仍然"相当平衡"。而目前该国仍需警惕全球银行业向国内金融市场的潜在溢出风险,且由于大宗商品价格上涨、政府补贴政策以及价格控制措施的变化,通胀前景仍不确定。

此外,马币不允许境外自由兑换,人民币不能直接与马币兑换,人民币与马币之间进行结算需要美元作为桥梁。因此,马来西亚本国货币容易遭受美元汇率波动的影响,数据显示,2022年3月底马来西亚吉特兑换美元的汇率为4.20,虽然2023年同一时间汇率上涨至4.42,但在2022年11月马币兑换美元的汇率曾高达4.75,可见二者之间存在较大的波动。波动性较强的汇率会严重影响中国从马来西亚进口石油和天然气的活动,中国企业很有可能将会付出较大的成本取得石油和天然气，同时也不利于在马来西亚的中国油气企业出口石油和天然气。总体来说，马来西亚目前的经济有利于中国油气企业前来投资，但务必要做好风险防范。

（五）中国在文莱油气投资的经济风险

文莱的发展奇迹很大程度上是由于资源开采，其国家 GDP 总量有一半以上得益于原油和天然气出口，原油和天然气出口已经成为国家发展的主要经济支柱。2020 年，油气产业占文莱 GDP 的比值为 47.4%，虽与 2019 年相比，下降了 8.3 个百分点，但所占比例仍旧较高，过高的依赖石油经济，使得文莱也深受疫情期间油气价格下跌的影响。

另外，文莱与美元的汇率出现降低趋势，从 2022 年 9 月的 1.44 持续降低到 2023 年的 3 月的 1.33，跌幅 7.6%，文莱汇率的下跌意味着货币的贬值，国内物价上升，通货膨胀水平提高，将会降低石油和天然气的出口利益，对于中国在文莱的油气企业来说是一个负面的影响。

五、中国在南亚地区油气投资的经济风险分析

中国石油工业基础较强，在开发海陆油田过程中积累了丰富经验，将中国产石油机械、运输设备和适用技术参股南亚国家石油开发项目，承包南亚国家公开招标的石油工程建设项目，往往有利于加速当地石油开发，带动中国石油设备的出口。

（一）中国在巴基斯坦油气投资的经济风险分析

巴基斯坦的油气资源相对来说较为贫乏，需要大量依靠进口，这导致巴基斯坦经济对外依存较大，经济容易受到外资变化而产生风险，并且容易受到全球新冠疫情的波及，也容易受到油气价格波动的影响，这些风险不利于中巴油气合作。

据世界银行公布的《全球经济展望》显示，巴基斯坦经济财政持续下滑、基础设施建设支出使得债务上升以及经常账户赤字严重且不断扩大。并且巴基斯坦外债较为严重，中国油气企业在巴基斯坦进行投资很有可能

会遭遇大部分成为坏账的状况，从而进一步影响预期的投资收益额。巴基斯坦国内面临着严重的通货膨胀，由于不断上涨的能源价格以及正在贬值的卢比，在2019/2020财年，巴基斯坦的CPI通货膨胀率上涨至9.74%，严重的通货膨胀问题使得该国短期债务比例进一步增加，进而融资成本被抬高。截至2023年3月，巴基斯坦美元债券跌至自2022年11月以来的最低水平，即1美元兑275巴基斯坦卢比，导致巴基斯坦央行的外汇储备萎缩至29亿美元，较前一周减少约2亿美元，远低于满足其近期和中期进口需求和偿还外债义务的必要水平，流动性状况恶化增加了该国违约风险，使得本国陷入了自独立以来最严重的经济危机之一。

同时，巴基斯坦的金融市场缺乏制度管理，当地货币卢比也不能在国际上通用，而且该国的美元储备有限。由于外汇管制，中国油气企业在境外的很多投资都受到资金回流的损失。虽然中国和巴基斯坦已经就央行提供外汇和快速兑换外汇达成了协议，但没有具体的实施规则。因此，在实际运营项目时，很可能因为巴基斯坦的一般商业银行没有足够的外汇储备而发生汇兑溢价的风险。

（二）中国在印度油气投资的经济风险

印度80%的石油和天然气都是依靠进口，此次全球新冠疫情和石油价格下跌对于印度来说是极其不利的。另外，印度国内面临着诸多经济问题，加大了外商合作的风险。印度国内通货膨胀压力比较大，印度国内专家主要将经济低迷的责任归咎于糟糕的政府政策，并质疑"莫迪经济学"没有很好地发挥其作用，通货膨胀不利于中国在印度的油气公司出口原油和天然气，印度国内物价水平偏高，卢布贬值这些都不利于中国油气企业的发展。卢布的贬值意味着1卢布将会兑换较少的美元，而美元汇率的不稳定同样加剧了出口的风险。

据2021年12月公布的《2022年世界不平等报告》，印度被定义为"贫穷且非常不平等的国家"，收入排名前1%的富豪占据国民收入的22%，贫富差距过大的这一经济问题，也制约着一个国家的消费和价值创造，致使经济社会发展的严重不平衡。同时，莫迪第二任期提倡贸易保护、加征关税，动辄进行反倾销调查，经济政策执行过程充斥着过多的政治考量和意识形态色彩；这也导致中印之间的政治经贸关系愈发微妙，印度频繁对中方企业和商品进行反倾销调查，区别对待中国投资。

（三）中国在阿富汗油气投资的经济风险

阿富汗国内油气资源丰富，阿富汗政府将能源开发作为重点发展方向，实现经济自立的主要"财源"和"发动机"，此次全球能源价格下跌以及新冠疫情的蔓延对原本经济不容乐观的阿富汗更是"致命伤害"，势必会对中国在阿富汗的油气投资造成影响。

阿富汗战乱持续了30多年，经济破坏严重，且对外援有着严重依赖，全国有超过39.1%的贫困人口，严重依赖外援的经济特征更是加大了此次全球经济下跌对阿富汗国内经济的影响。之前的外汇流入因为国际援助与外国军队消费的减少而随之减少，阿富汗也显示出持续贬值的迹象；而如今阿富汗正处于百业待兴，由乱及治的关键时期，中国表明支持阿富汗融入地区经济合作和互联互通，但美国仍扣押阿富汗海外资产，对阿富汗实施单边制裁，国内经济的严峻形势也会在一定程度上影响中国在阿富汗油气投资的利润，这将会带来非常大的投资风险。

六、中国在西亚地区油气投资的经济风险分析

中国与西亚各国关系稳定，同时"一带一路"的倡议符合双方共同的利益诉求，得到沿线各国的共同认可，因此中国在西亚地区投资发展稳中有进，成为双边合作的重要内容之一。但西亚地区政局较为动荡，投资风险较高。

（一）中国在卡塔尔油气投资的经济风险

卡塔尔的经济严重依赖石油和天然气及与之相关的石化产业，这一直是卡塔尔的支柱产业，长期以来占卡塔尔 GDP 的60%以上；虽然卡塔尔政府积极开展多元经济政策，大力发展制造业，但还是不能改变卡塔尔经济依赖石油和天然气的局势，造成卡塔尔的经济结构单一，易受国际油气价格的影响，增加了投资的不稳定性和市场容量小的问题。

自1980年卡特尔将美元与当地货币的汇率1∶3.64确定为法定汇率以来，其货币的汇率一直紧密跟随着美元变动，与美元联系紧密有助于中国企业在卡塔尔的货币兑换和贸易往来，但也把卡塔尔自身牢牢绑在全球经济战车上，卡塔尔的经济由于全球资源市场的波动而受到严重影响。此外，卡塔尔政府资金充裕，对外资需求度不如别的发展中国家高，在对外资给予的优惠措施方面，并不具有特别优势，这也是投资卡塔尔的一大障碍。

（二）中国在也门油气投资的经济风险

也门30%的GDP来自油气，75%的国家财政收入和80%的出口总额依赖油气销售，因此，也门对国际石油价格极为敏感，加之目前全球油气价格下跌和新冠疫情对贸易的限制，成为中国油气企业在也门进行投资的一大风险。

也门75%的人口生活在贫困线以下，是全球最贫穷的国家之一。自2014年以来GDP呈现负增长率，由43229百万美元下降到2021年的21061百万美元，人均GDP的负增长率远高于国内生产总值的负增长率，也门里亚尔的贬值和汇率的严重下滑，意味着中国油气企业在也门进行油气售卖出口面临巨额损失。也门不景气的经济，带来的是高风险的通货膨胀，国内物价上升，里亚尔贬值，虽然在一定程度上有利于中国油气企业在当地采购物资，但油气勘探大型设备的进口成本也随之加大。也门里亚尔的贬值和汇率的严重下滑，意味着中国油气企业在也门进行油气售卖出口面临巨额损失，因此，中国油气企业应及时关注国际油价和也门经济，以便及时作出调整。

（三）中国在阿联酋油气投资的经济风险

阿联酋一直在追随经济多元化，但石油和天然气仍是阿联酋的主要经济支柱，近年国际油价波动对阿联酋的经济收入发挥着重要影响力，国内经济具有较高的开放度在给阿联酋带来丰富经济效益的同时，也使本国经济更多依赖世界经济，容易出现国际经济一发生波动本国经济就随之波动的状况。例如，2008年爆发金融危机后，世界各国政府纷纷开始实行信贷紧缩政策，导致流入阿联酋的外商直接投资同比下降64%。

阿联酋近年来经济稳定增长，2022年人均GDP为51306美元，全球排名第16位，国内金融发展较好，但阿联酋经济仍存在一定的风险。一直以来，阿联酋采取的汇率政策为本币紧盯美元，它不存在独立的货币政策，其利率的调整主要跟随美国，美国利率上升迅速和金融市场波动加剧可能造成借贷成本增加，从而对阿联酋国内银行系统的流动性造成一定的影响，这样就会加大中国油气公司在阿联酋的资金运转困难；虽然阿联酋国内一直在降低财政支出，但有些大型项目监管不善，将会造成或有负债的风险，经济的不稳定也将会给中国的油气企业带来风险。

（四）中国在科威特油气投资的经济风险

科威特依赖石油经济带来较为丰富的收入，国内经济发展较好，国民生活质量水平高，据世界银行公开数据库的统计，科威特自2016年经济出现低谷开始，国民生产总值一直处于上升阶段，但科威特国内经济严重依赖石油和天然气，经济结构较为单一，容易受到国际油价的影响，而此次全球油气价格下跌和新冠疫情的严峻态势，使得中国油气企业在科威特的投资受到因科威特国内经济的动荡和油价下跌带来的损失。

同时，科威特国内单一的经济结构加大了国内通货膨胀的风险，科威特使用大量石油美元进行资本投资，大大提高了需求，但产能相对落后，增加了通货膨胀的风险，这就造成中国油气企业在采购物资时需要花费大量的货币，也可能面临科威特国家部门为了控制通货膨胀而采取限制出口的风险，石油和天然气也因此遭受由于不能及时出口带来的利润降低；科威特的金融行业结构比较单一，主要构成是银行、保险这些基本部门，同时它还缺乏健全的体系，因此一时之间很难和国际接轨，这就会引起兑换货币的困难，不利于中国油气企业的利润回收。

（五）中国在叙利亚油气投资的经济风险

叙利亚在经济上严重依赖伊朗和其他国家援助，外债压力较大，加上叙利亚一直遭受西方国家的制裁，在叙利亚北部，美国仍霸占着大片油田，石油和天然气的生产水平严重下降，而且全球油气价格的波动也影响着依靠油气发展的叙利亚的经济，导致外汇储备降低，出口需求疲软，也导致在叙利亚的中国油气企业不能及时往外输送能源,全球贸易因新冠疫情受阻更是加大了运输的困难。

叙利亚经历了 8 年内战,国内经济严重受损,2021 年叙利亚人均 GDP 世界排名第 171 位,虽然较之前有所上涨,但叙利亚国内的经济依然不景气,甚至叙利亚经商处发布当地货币将出现汇率危机的预警,针对此预警,多名叙利亚经济学家和官员建议严格管制当前的进口需求,意味着中国在叙利亚的投资将会受到限制,不利于中国油气企业在当地的运营。叙利亚国内通货膨胀水平较高,物价上涨严重,这不仅不利于叙利亚国内人民的生活,而且对中国在叙利亚的油气企业来说也非常不利,较高的物价水平意味着,油气企业在建设和发展过程中需要花费较高的成本。

第四节 "一带一路"沿线国家油气投资的运营风险

一、中国在中亚地区油气投资的运营风险分析

(一) 中国在哈萨克斯坦油气投资的运营风险

为了使本国资源优先发展,哈萨克斯坦政府制定了一些制约外国企业的贸易政策,并且这些政策随着国内政权的更迭不断发生改变。第一,哈萨克斯坦为了达到保护本国企业和制约外国企业目的,在税收政策方面作出了一些调整。例如,进一步提高油气能源加工业的税收比例,加大我国油气的投资成本。第二,哈萨克斯坦政府提出对国内环境保护的监察力度需要加强,并颁布了更为严格的环境保护法案,尤其加大了对油气能源行业的污染标准,例如,如果企业油气生产过程中的排放气体超过一定标准或者排放指标不符合国家规定,将取消企业的矿产开采权,这一政策的出台对哈萨克斯坦国内环境问题的改善是十分有利的,但同时也加大了我国企业在哈萨克斯坦的经营难度。

在劳务用工方面,近年来哈萨克斯坦政府一直在收紧外籍劳务使用政

策，压减外籍劳务配合指标，对外国劳务人员实行严格的工作许可制度，进而缓解国内就业形势。在哈萨克斯坦从事有偿劳务的外国公民必须获得劳动部门颁发的工作许可，否则将被罚款、拘留、直至驱逐出境。而哈萨克斯坦国家债务水平相对较低，偿债支出一般不超过财政支出的15%，哈萨克斯坦拥有足够的资金储备来偿还债务，因此，哈萨克斯坦政府违约风险较低。

此外，据2021年国际公布的世界清廉指数（Corruption Perceptions Index）排名显示，哈萨克斯坦得分为38分（总分100分），腐败现象较为严重，很可能给中国油气企业在业务申办过程中制造困难。

（二）中国在土库曼斯坦油气投资的运营风险

土库曼斯坦内部国家治理体系不稳定，政治和经济体制高度集中，市场还不成熟，随意性较强，政府会干预外国企业的投资项目，这些干预容易引起市场混乱，带来投资风险。土库曼斯坦仍处在计划经济向市场经济过渡的转型期，法律法规变化较大，市场环境十分特殊。外国公司在土库曼斯坦注册手续繁杂，而且在注册过程中往往会遇到各种各样的"意外"情况，使得注册时间大大超过预期；土库曼斯坦税收体制比较复杂，中国油气企业应对此情况做好充分准备。

土库曼斯坦政府高度重视民众就业问题，为了保护本国的劳动权益，一方面，对外资企业用工人员构成进行限定，规定雇佣的外籍劳工占所有雇佣员工比例不得超过10%；另一方面，用审核制度约束外资企业采购活动，若想货物顺利清关，进口商必须在土库曼斯坦国家商品原料交易所为外国供货商注册。同时，在曾经中土合作期间，冬季时中国北方需要供暖，土库曼斯坦按照约定需要执行天然气合同，但其并未执行，这些操作容易给中国油气投资带来风险。另外，土库曼斯坦的治理问题存在着信息不透明、政策不稳定的问题，这些问题会引起土库曼斯坦本国的政府腐败、权力乱用等问题，同时会引起中国企业在对土库曼斯坦进行投资的暗箱操作的恐慌，这是不利于中国在土库曼斯坦的油气发展的。

（三）中国在乌兹别克斯坦油气投资的运营风险

乌兹别克斯坦存在高度集权的政治经济体制，政府随意对市场进行干预且存在公开不透明等问题，容易带来投资风险，在市场贸易制度方面规定较为严苛，乌兹别克斯坦政府规定中国企业如要在乌兹别克斯坦国内进行投资，必须分给乌兹别克斯坦本国企业三成的工程数额；同时，乌兹别克斯坦也存在较为严苛和不公平的外资企业和本国劳务的用工比例规定，规定外国企业在乌兹别克斯坦进行生产经营时，投资企业的员工用人必须大多使用乌兹别克斯坦的员工，乌兹别克斯坦本地人员与外国投资企业当地员工比例不得低于7∶3，烦琐严苛的制度给中国在当地的油气投资带来困难，难以保障油气企业的基本权益，也为中国的投资活动增加了交易成本。

此外，根据国际反腐败非政府组织透明国际发布的2018年度全球清廉指数排名，乌兹别克斯坦得分仅23分，在参与评比的180个国家和地区中位列第158位，是腐败比较严重的国家之一。按照乌兹别克斯坦合同签订惯例，在侨民公司之间签署合同，一般选择当地法院诉讼。由于乌兹别克斯坦腐败严重且民族主义盛行，因此递交到当地法院审理的案件，外资企业很难胜诉。这就导致中国投资企业在日常经营中要尽量避免引起纠纷，利用各种手段息讼。乌兹别克斯坦政府的腐败导致企业在办理业务过程中存在贿赂，同时办理同样的业务往往比在其他国家需要花费更多的时间，例如，乌兹别克斯坦规定在当地工作就必须有签证，而乌兹别克斯坦的签证办理过程十分烦琐，容易使我国高技术人才不能及时到位而影响运营，乌兹别克斯坦对于油气管理严谨，对中国企业在乌兹别克斯坦的油气投资造成困难。

二、中国在俄罗斯油气投资的运营风险分析

俄罗斯的油气合作采用产品分成合同，规定外资在合资企业的出资比例不得高于50%，但俄罗斯企业承诺以其能源及矿产使用权做担保使得中国企业出资往往超过50%，这样就会使得中方企业承担更多的风险，一旦俄方反悔，取消对其承诺的履行，收回矿产资源使用权，放弃合作，将会给中方投资者带来巨大损失。除此之外，如果在共同经营合资企业的过程中，双方出现分歧或纠纷，那么将会很难收回中方为俄方垫付的资金。

俄罗斯的市场环境存在违约风险。俄罗斯企业对合同中所要求的款项重视程度不够，通常私自采取行动，破坏投资者之间的信任，以俄罗斯查封或没收众多中国企业或经营者的商品为例，在很多程序上都是不合法的，这往往导致中方企业损失惨重。同时，2023年初BIS发布规则，进一步加大对俄罗斯的制裁，以扩大对其工业部门管制的范围，新增的物项中包括工业机械和设备等。可见，新增出口制裁物项的不断增加，在一定程度上也会抑制中国企业在俄罗斯的经营发展，可能面临着被美国采取针对措施的风险。此外，俄罗斯腐败现象较为严重，尽管俄罗斯政府制定法律严管腐败现象，但对于长期存在腐败现象的俄罗斯仍然没有好转，严重的腐败使得中方企业投资壁垒加大，需要付出大量不必要的成本来公关运营。

三、中国在中东地区油气投资的运营风险分析

（一）中国在伊朗油气投资的运营风险

伊朗能源行业通过回购合同的方式引进外资。尽管经过多年实践经验的累积，合同内容已经逐渐清晰，但还是有很多不确定性成分存在，容易使投资者与伊朗之间出现争议。伊朗签署的回购合同中没有规定如果延期责任应划分给哪一方，没有必要的惩罚机制，因此在伊朗的外国油气项目大部分存在超期。另外，与其他国家的能源政策相比，伊朗的政策会更多地限制外来投资者，从而使外来投资难以形成规模。

此外，政府办事的低效率和国家项目审批时间过长使得中国油气企业增加时间成本，在伊朗投资起始阶段最大的困难就是注册公司，文件繁多，注册程序复杂，审批时间较长，容易给中国的油气企业在伊朗的投资带来成本过高的风险。且伊朗企业背景复杂，股权结构透明度较低，外资企业在伊朗投资合作时极易与被制裁对象产生联系，遭到美国"报复性制裁"的风险系数较高。

（二）中国在伊拉克油气投资的运营风险

据2021年世界银行发布的营商环境指数显示，伊拉克的商业环境位居

世界第 172 位，可见伊拉克的营商环境对于外国投资者来说并不是非常友好的。伊朗中央政府和伊拉克库尔德政府在油气开发权限上存在争议，导致形成了两套独立的油气管理制度，制度的混乱，容易带来违反当地规定的风险。另外，中央政府控制区签订的对外石油合作项目属于技术服务合同，它要求政府根据约定产量向石油公司支付服务费，但服务费严重失衡，不平等的利润分配导致油气企业不能获得尽可能多的利润。

伊拉克基础设施落后，尤其是电力严重缺乏。电力严重不足，电网陈旧，根据外交部数据，伊拉克 22.4% 的人口用电完全依赖公共电网，75% 的人口需寻求自备发电机等其他途径。同时，境内交通运输以公路为主，受长期战乱影响，基础路况相对较差。基础设施建设落后在一定程度上也给中方油气企业的日常运营带来了一定风险。伊拉克国内存在普遍的官僚主义与腐败现象，行政效率较低，这些问题都加大了伊拉克商业环境的运营风险。在伊拉克的商业文化中，贿赂和回扣问题尤为突出。政府办事效率低下，也严重影响了中国企业在伊拉克的油气投资，可能导致必要的手续不能及时办理，影响企业的效率，也可能导致办理手续的过程中需要支付大笔不必要的费用。

（三）中国在沙特阿拉伯油气投资的运营风险

沙特阿拉伯（以下简称沙特）的投资环境宽松，沙特政府颁布了一系列优惠政策来吸引外资，如减免所得税、给予土地租金优惠、保障配套的基础设施等。但沙特国内对于市场贸易方面的一些规定，也会对中国的油气投资造成影响。沙特政府规定，外资企业在进行工程报价时，其工程成本中必须要包括社保费用，这会使投资成本增加；此外，如果沙特采用典型的欧美模式外包工程，即承建方只负责施工，材料、设备和施工细节都会由欧美咨询工程管理公司管理，中国企业不能按照国内企业习惯的"交钥匙工程"报价；因为按照前者，工程成本不是完全由承包企业控制。同时，沙特政府制定了就业沙特化政策，该政策要求政府项目的就业率必须达到 5%，私营项目的就业率要达到 10%，然而在沙特工程项目实践过程中，很难完全满足沙特化要求，一旦外企无法满足沙特政府对就业沙特化的要求，就很可能遭到罚款，从而使外企的成本进一步增加。

政府官员存在较为严重的官僚作风，政府行政审批需要面临十分复杂的流程，很多部门工作人员工作态度懒散，上班时间严重不足，没有良好的服务意识，工作效率低下，腐败现象频发。虽然现任政府高层领导积极进行改革，但高效行政官僚体系难以实践、精英政治集团潜在制约等问题，让沙特的石油行业发展、经济实力壮大难上加难，这一定程度上说明造成政府部门效率低下的一个重要原因是沙特官僚阶层的特权思想。政府官员的不作为加大了外资企业在政策审批上的困难，进而影响企业的经营进程。这些都会给中国企业在沙特进行油气投资带来风险。

四、中国在东南亚地区油气投资的运营风险分析

（一）中国在印度尼西亚油气投资的运营风险

印度尼西亚（以下简称印尼）国内的油气合作模式采用产品分成合同，是印度尼西亚特有的模式，这种模式下就需要我国企业承担一切成本和风险，并且印尼政府对资源和产品的控制权较大，为保证国家安全与国家利益，印尼政府在油气方面对外资进行限制，规定其只能与该国国产企业合资，设立外商独资企业是不被允许的，限制了中国企业的自主权。另外，印尼实行地方政府自治制度，各地区政府可以自主制定当地制度，地方政策和中央政策的不一致，导致中国企业即使获得了中央的批文也很难在地方实行。印尼政府规定，外国企业只能在当地人无法提供某方面技术人员的情况下才能聘用外籍员工，并且外籍员工也仅限于高级技术管理人员和当地无法提供的技术人员，限制了企业用工自由。

印度尼西亚的政府和官僚系统仍然被认为是其他国家中最复杂的。投资者在印尼投资时很可能会遇到一些来自政府和官僚系统的阻力，重要的投资程序，如公司注册、业务许可等方面仍存在很多政策困难。同时，国内政府严重腐败，造成国内机构办事效率低下，近年来也未得到改善，这阻碍了油气企业申办业务的效率，从而给油气企业造成损失。另外，印尼政府存在违约风险，违约风险的存在，迫使给中国企业在项目实施上造成损失。

（二）中国在缅甸油气投资的运营风险

在缅甸进行投资时需要注意，除了要获取法律认可以及政府批准外，还需要获得民众的认同。民众很可能由于质疑决策合法性而进行游行、示威等活动，表达自身诉求，从而对开展合作项目进行干涉。缅甸这种看似"民主"的政策，实际加大了中国油气企业在当地投资的门槛。

缅甸国内工业用电仍有较大缺口，在用电高峰期难以得到保障，停电状况依然普遍。尽管缅甸2014年制定了《国家电力发展规划》，拟在2030年实现电力全覆盖，但是受限于环保要求、居民意愿、发电成本等因素，电力建设项目进展较为缓慢，影响工业企业的日常用电，在一定程度上也抑制了中国企业在缅甸的投资意愿。

缅甸政府存在违约的风险。缅甸政府政权交替，造成现任政府不满前任政府的决策，任意篡改已商定好的投资方案，给中国企业带来损失，例如，密松大坝水电站项目，遭到缅甸联邦政府和联邦议会的否决搁置，密松大坝水电站项目的搁浅，属于严重的政府违约行为，让我们不得不深思，如果油气项目遭到缅甸政府违约，所造成的损失是无法估计的。据"全球清廉指数"显示，缅甸2021年的清廉指数在182个国家和地区中排名第139位，相比2020年的第137位，又下降了2位，说明缅甸的政府腐败依然严重。因此，中国油气企业在当地进行投资，应该谨慎对待当地政府。

（三）中国在新加坡油气投资的运营风险

根据世界银行公布的《全球经商环境报告》，新加坡连续8年位居第一，具有较好的营商环境。但新加坡的中国油气公司将面临劳动力成本提高的风险，新加坡的外国公民占其劳动力的1/3，近两年，受新冠疫情影响，新加坡政府限制外国公民入境，使新加坡本土劳动力出现供应短缺的现象，从而其劳动力价格提高了将近30%，而对于已经拥有就业岗位的全职员工，为鼓励其积极性，一定程度上会提高其实际工资，显著增加的劳动力成本可能会使中国企业在新加坡进行招聘时面临人才短缺和工资成本增加的风险。

新加坡在人民行动党的领导下，其政局长期保持在稳定状态，但近年来，由于反对党发展迅速且在国会中获得一席之位，新加坡可能会出现政党轮流执政、政权交错更替以及政府政策不断变化等情况，这无疑会给中国在新加坡的投资带来政府违约风险。不过，值得高兴的是，新加坡政府高效廉洁举世皆知，这说明外来投资不仅可以享受便捷高效的服务，还可以享受比较公平的投资环境。

新加坡对环保要求极为严格，拥有高强度和高惩罚措施的环保政策，因此，新加坡拥有"世界花园"的美称。而石油和天然气在勘探过程中伴有较多的污染物和污染气体，如果不能及时恰当地处理这些污染物，将会面临较高的罚款，因此，在新加坡投资的中国油气公司需要提高自身的环保意识，避免较高的环保处罚的风险。

（四）中国在马来西亚油气投资的运营风险

马来西亚政府大力支持外来投资者来国内投资，近年来马来西亚政府一直致力于对投资环境进行改善，对投资法律进行完善，并加强投资激励。根据世界银行发布的全球营商环境报告，马来西亚位居世界第12位，营商环境良好，但中国在马来西亚的油气投资仍然面临一定的风险。

第一，马来西亚缺乏高级人才。在石油、天然气和能源等领域缺乏高技术人才，中国油气企业就必须从国内引进高技术人才，然而，中国企业为中国籍管理人员和专业技术人员办理签证时面临难度大、时间长以及手续多的问题，这对中资在马来西亚企业的日常经营造成严重影响，从而制约其业务的发展。同时，马来西亚一直对引入中国工人持非常谨慎和警惕的态度，未对中国全面开放普通劳务市场，只允许在特定条件下引进少数中国技术工人，颁发的工作准证也特别注明务工种类和雇主名称；若依合法手续进入马来西亚的劳工，从事不同工作或为不同雇主工作一律被视为非法劳工。

第二，马来西亚的贪污腐败现象较为严重，政府的腐败程度从一定程度上影响着外国投资者的信心，中国企业在马进行投资前必须做好尽职调查，以防触犯马来西亚的危险领域。

第三，马来西亚在与中国之前的合作中存在项目违约事件。例如，

2018年新任马来西亚政府上台就终止了新马铁路计划，导致中国方面面临巨额损失，政府违约风险的存在给中国油气企业带来经营风险。

（五）中国在文莱油气投资的运营风险

根据《全球营商环境报告》显示，文莱2021年排名第66位，排名低于大多东盟国家。中国油气企业在文莱进行投资，需要做好事前调查规避风险。文莱为了发展多元化经济，在石油和天然气方面进行进出口限制，这就会使得油气产业运行受阻，油气造成挤压。

文莱国土面积狭小，经济总量不大，市场容量有限，中国企业在考虑投资时，不宜多家大型企业同时大规模进行，或者竞争有限的项目承包机会，以免导致投资损失和工程承包业务的低价恶性竞争。同时，文莱收紧外籍劳工准入政策中规定，根据本地雇员与外籍雇员的比例，雇主每引进一名外国劳工需缴纳480—960文元的外劳税，在一定程度上也加大了企业的劳务成本。

同时，高度依赖石油经济的文莱给居民带来巨大的社会福利，使得文莱居民生活安逸，呈现节奏慢的特点，因此，文莱行政办事效率明显不足。政府办事效率低下，程序烦琐，人员审批较为麻烦，从而间接导致企业运行效率低下。因此，在文莱的油气企业必须要谨慎处理由于文莱国内局势造成的运行困难。

五、中国在南亚地区油气投资的运营风险分析

（一）中国在巴基斯坦油气投资的运营风险

2021年，世界银行在《全球营商环境报告》中对全球营商环境进行了评估，巴基斯坦的营商便利指数为61，在全球排名第108位，营商水平整体偏低。

巴基斯坦税法频繁变更，而且税收政策不透明，企业面临着较重的税负，其税务部门还存在有法不依和随意执法等问题。而在征税的手段方面，强行封锁银行账户、强制性划账甚至跨区域征收税款等问题普遍存在，已经严重影响企业的正常生产经营活动。另外，巴基斯坦电力三角债

问题较为突出，巴基斯坦电费回收风险逐步加大。

巴基斯坦的电力供应严重不足，即便在首都伊斯兰堡，也每天面临着限时断电，使企业无法正常开工，而油气资源的开发与勘探需要大量的电力供应，不能及时提供电力供应加大了中国企业的投资风险。

新冠疫情、国内政治内斗、俄乌战争以及洪水的爆发都给巴基斯坦的经济带来了严重的冲击，近几年的经济目标几乎都未达到预期，几乎所有指标都呈现出下降趋势，政府外债和财政赤字极高。此外，巴基斯坦管理部门较多，导致行政效率低下，有关部门的工作效率会影响投资便捷性水平。较低的工作效率阻碍了中国企业在巴基斯坦项目的进度。

（二）中国在印度油气投资的运营风险

根据2021年发布的《全球营商环境报告》，印度的营商便利指数得分为71，在全球排名第63位，可以看出，印度存在较低的营商环境。

根据印度外商投资的审批程序，外商投资可以选择政府审批渠道，也可以选择自动审批渠道。顾名思义，政府审批渠道需要得到由政府管控的投资促进委员会的事前审批；而自由审批渠道不需要获得政府审批，尽管印度对外商投资机制逐渐放宽，但印度还是常常以安全为由，不允许来自包括中国在内的一些周边国家适用自动审批制度，并且印度政府中规定，除非获得储备银行的预先批准，否则，巴基斯坦、斯里兰卡、孟加拉国、伊朗、阿富汗和中国的公民将不被允许在印度成立分支机构、联络办事或者工程办公机构等，此条规定无疑给中国的油气公司带来外汇的困难。在全球产业链重构的大背景下，印度不但不欢迎各国制造业建厂，反而提出更苛刻的审查要求，导致众多企业不能连贯生产，还要应对各种各样变化的政策以及巨额罚款，极大地加大了中国企业在印度的运营风险。

印度的劳动力素质普遍较低，联合国人口基金的报告显示，在2019—2020年，只有15%的印度劳动力接受了职业培训；同时，劳动参与率也不足，2021年《印度工作状况报告》显示，2017—2021年印度劳动年龄人口增加了1.155亿人，而劳动力仅增长了770万人，流入流出之下，劳动力实际还减少了1130万人。

受新冠疫情的影响，印度各类企业的供应链与资金流遭受到严重冲击，甚至还有部分企业面临着严重的流动性问题。此外，印度信用评级机构统计并预测，印度企业正经历的信用降级潮是有史以来规模最大的，多数企业由于信用情况恶化而受到降级。因此，中国油气企业在印度的合作将会面临违约的风险。此外，印度政府部门办事效率低下，腐败问题严重，在印度办理相关手续时政府机构自主性较强，办事效率低下，严重影响企业的运作效率。

（三）中国在阿富汗油气投资的运营风险

阿富汗的油气资源多在盆地地区，地势环境险恶，开采难度极大，单个油气储量规模较小，常常会出现油藏异常高温、高压，试油自喷，原油含硫量较高的风险，这就需要高技术人才进行油气管道的安置和技术的处理。中国油气企业需要使用国内的高技术人才，不仅加大了建设成本，而且会引发当地居民的不满。阿富汗国内失业率较大，阿富汗政府期望外国投资者能够解决部分居民就业的问题，这就会加大与当地居民的矛盾，引发他们的抵触情绪。

此外，阿富汗由于长期遭受战乱的袭击，现今正处于战后经济恢复阶段，各项基础设施比较落后，在阿富汗国内电力供应不能满足工业部门的需求，常常出现断电，断电造成的油气作业暂停，将会带来不必要的成本损失。目前，在阿富汗还没看到储运、销售和炼化原油的例子，而且因为其薄弱的基础设施，外国石油投资者销售原油时会面临各种各样的困难。无论在阿富汗国内市场还是国际市场，原油买家都是很难被发现的，建立原油储运渠道更是面临各种阻碍，这严重影响其经济效益。原油的品质以及原油运输和销售渠道会严重影响到原油销售的可行性和经济性，原油出口运输、存储、清关手续复杂烦琐，矿产部、贸易部、财政部、海关等各部委之间协调困难。这些都可能造成中国油气企业在阿富汗的投资困难。

六、中国在西亚地区油气投资的运营风险分析

（一）中国在卡塔尔油气投资的运营风险

卡塔尔的项目管理具有相对烦琐的程序，该国在发包方和承包方中间

增加了两个机构，分别是现场咨询工程师和发包方的项目管理团队，这导致管理链条延长，从而造成效率的降低。

一方面，在资本构成方面，要求外国投资者持股比例不得超过49%。另外，在卡塔尔的中国企业主要从事工程项目的建设，通常招标方会严格要求保函，例如，一般招标方只会接受当地银行开具的投标、履约、预付款、质保等保函，或者给予非常短的时间来开具保函，大大增加了投资难度。另一方面，在人力资源方面，卡塔尔人口太少，国内市场容量小，地区辐射能力相对有限。卡塔尔国内公民不到45万人，其余均为外来人员，劳动力供应紧张，这一现实决定了卡塔尔既需要从西方发达国家引进高端技术和高端人才，又需要大量外籍劳工从事普通劳动，外来人员的高流动性让卡塔尔难以形成稳定的多层次的人力资源供给。

同时，卡塔尔实行的是君主制，埃米尔拥有最高的国家权力，而且该国统治由阿勒萨尼家族世袭进行，君主拥有至高无上的权力，这样就会造成在卡塔尔的中国油气公司面临政策随意更改的风险。卡塔尔政府的清廉指数在中东地区排名靠前，但与发展较好的国家相比仍有差距，因此，中国在卡塔尔进行投资，势必做好风险预测。

（二）中国在也门油气投资的运营风险

当地的用工制度也阻碍着中国油气企业在也门的运营，也门政府要求石油项目的用工要本地化，但也门教育水平落后，导致多数人员的技术严重匮乏，不能满足油气技术的用工要求，如果大量使用本地员工就会带来技术风险，本地化用工的要求导致一些国家结束了也门的油气合同，例如，美国亨特公司由于不能满足也门政府用工要求和出于对油气技术的负责结束了在也门18区块合同。现行《投资法》没有实施细则，使投资者有法难依。虽然2010年修订了也门《投资法》（2010年第15号法），但未出台配套实施细则，很多投资政策缺乏操作性，并不具备相应的法律效力；也门税收政策和税则缺乏透明度，且在税收征管过程中有相当的随意性，使投资者很难预期税收对投资的影响，降低了投资效率；各种行政管理环节违法收费现象严重，增加了投资成本。也门各相关部门在办理签证、注册、工作准证审批过程中除规定的正常收费外，一般都会另外收取费用，而且数额不低。

也门内部一直存在动乱，政权不明确，可能导致政府出现违约行为。另外，据世界闻名的非营利性反腐败组织透明国际（TI）2018年发布的腐败感知指数（CPI，清廉指数）显示，也门和索马里得分不相上下，而索马里是世界上公认的最腐败的国家，也门政府部门的腐败，极有可能会给中国的油气投资带来不便和风险。

（三）中国在阿联酋油气投资的运营风险

在允许外资进入的行业领域方面，阿联酋政府有明确的限制。此外，该国政府还明确规定了外资的持股比例，具体要求外方的持股比例必须低于49%，持股比例的限制意味着中方企业不能获得更高的收益和市场自由。另外，油气工程承包商想要具备承包项目的资质，必须通过相关企业的严格审查。在项目运作方面，卡特尔具有十分严格的要求，设计、质量、HSE等需要达到高标准，这些都对中方企业进入阿联酋是一种挑战。

阿联酋市场开放度高，项目招标程序相对透明，吸引了全球跨国公司的注意力，竞争十分激烈，市场总体呈现僧多粥少的局面，企业短期撤出或转型困难，面临着低价乃至恶性竞争的风险。同时，阿联酋市场过度依赖外来劳动力，劳动力成本较高。作为一个主要依靠80%外籍人口进行经济活动的国家，阿联酋的外籍劳工在疫情期间因为工程停工和封锁措施而失业回国，中方企业可能会面临国内劳动力缺失及引入外来劳动力的成本上升的风险。

阿联酋是世界公认的富裕国家，国内主要依靠石油经济，社会福利待遇较高，因此，阿联酋的政府违约风险相对较低。根据《海湾时报》（Khaleej Times）报道，透明国际发布2021年全球清廉指数，阿联酋位居全球廉洁国家排名第21位，与去年相同，仍系中东北非地区国家之首，说明阿联酋在政府腐败的治理上具有较好经验，对于中方企业无疑是非常有利的。

（四）中国在科威特油气投资的运营风险

中国与科威特虽然签订了备忘录加深了油气合作的便利性，但中科油气合作仍存在一定的运营风险,据世界银行公布的《全球营商环境报告》显示,在190个国家中,科威特的营商便利度排行第83位,且在海合会国家中,其营商便利度长期处于末位,主要是因为科威特的国内市场运营以及国内市场环境所致。

科威特用工较难。科威特劳动部门规定,外籍人员必须在社会事务和劳动部申请劳动许可证。外籍人员在申请劳动许可证时,阿拉伯国家和地区的劳务人员具有优先权,中方人员的工作签证手续较多,签证办理时间长。同时,强制规定外企根据不同行业,雇用一定比例的科威特籍人,本国人员工资标准也普遍高于其他国籍雇员,且工作意识和能力与岗位要求有差距。这一规定是科威特提升本国就业率的措施之一,但也给我国油气企业的用工带来难度,科威特中等人才占比较大,但油气工程一般需要高技术人才,科威特劳动本国化的规定会加大中国油气技术高端人才进入科威特从业。

科威特的清廉指数一直不高,存在政府办事效率较差的状态,严重影响中国在当地的油气投资,中方企业应该加大防范意识。

(五)中国在叙利亚油气投资的运营风险

根据《全球营商环境报告》,叙利亚的营商环境较为落后,全球排行第176位,较落后的营商环境给中国企业在叙利亚进行投资带来很多不利影响,首先在用工管理方面,叙利亚方面存在监理更换频繁,不同的监理对施工方面有不同的要求,这样就给油气设施建设造成延缓,从而造成损失;在劳务用工方面,油田用工需要一定高技术人才,但叙利亚劳务指标存在一定的限制,就会造成在叙利亚的油气公司不能动用太多的国内的员工,叙利亚曾出现过在项目开工时阻碍中国员工进入的情形。

叙利亚税收政策一直以来得不到贯彻执行,相关规定也不是很具体明确,且政府没有设立专门的税收部门,各项税收由财政部门负责征收,自由裁量权较大,且在战争状态下,税务管理人员的执法随意性较强,中方企业在叙利亚经营的税务风险较大。加之受西方经济制裁,外汇短缺,对外付汇业务难以正常开展,在叙利亚投资的中方企业可能会遇到付汇违约的情况。

目前，叙利亚国内局势动荡的情况尚未得到根本性改善，叙利亚全国不能进行统一的行政管理，且行政效率低下，从而影响中国在叙利亚油气公司一些项目的审批。总之，叙利亚营商环境的指数排名靠后，会对中国油气企业在叙利亚的投资造成困难。

第五节 "一带一路"沿线国家油气投资的法律风险

一、中国在中亚地区油气投资的法律风险分析

（一）中国在哈萨克斯坦油气投资的法律风险

苏联解体后，哈萨克斯坦作为一个独立的经济体，经济发展逐渐步入正轨，各方面制度也较为完善，对国外投资者的要求也越来越高。哈萨克斯坦在法律中明确标明本国拥有的一系列优先权利，如对地下资源利用权转让的"优先购买权"，并表示对危害到哈萨克斯坦利益的所有行为有绝对的修改、终止合同的权力。此外，属于矿产开发者的矿产在紧急时刻，也会被哈萨克斯坦全部或部分征用，矿产资源的开发者有义务对哈萨克斯坦的商品、劳动工人以及哈萨克斯坦生产者的扶持，限制了我国在哈萨克斯坦投资领域、加大了对哈萨克斯坦输送工人的障碍，提高了油气投资的成本。哈萨克斯坦对外资实行最惠国待遇，意味着外资与当地居民享有同等权利，有利于中国在当地的投资。

由于自然资源的特殊属性，哈萨克斯坦国内已有学者对集中于自然资源的投资充满敌意，认为这类投资具有资源掠夺的属性，并出台了一系列政策加以控制。例如，在不同领域规定外资企业的份额比例，哈萨克斯坦在与项目中标者共同开展业务的过程中，对油气项目的各个环节享有管理与监控的权利，这一规定本质上是对外国投资者权利的限制。此外，新投资法采用正面清单的方式进一步限制项目投资者投资的领域限制在石油和天然气部门的炼油和基础设施等。

同时，哈萨克斯坦有关国际投资法律修改比较频繁，这会影响投资的长期稳定运用以及投资者投资行为的可预期性。哈萨克斯坦对环境和劳工保护也有较多的限制。以上种种因素在一定程度上都给中方油气企业带来了一定的法律风险。

（二）中国在土库曼斯坦油气投资的法律风险

土库曼斯坦仍处在计划经济向市场经济过渡的转型期，法律法规变化较大，市场环境十分特殊。为了吸引外商投资，土库曼斯坦政府通过了一系列法律条文，例如，《外国投资法》《地下资源法》《石油法》等，法律制度较为完善，但高度集权的制度赋予了总统极大的权力，可以随便废除一些法律条文，法律颁布的随意性较强。土库曼斯坦是一个高度集权的国家，对重要的油气投资政府具有100%的控制权，不允许外国石油公司获得权益。此外，外国公司在土库曼斯坦注册手续繁杂，而且在注册过程中往往会遇到各种各样的"意外"情况，使得注册时间大大超过预期；土库曼斯坦税收体制比较复杂，中国企业应对此情况做好充分准备。

同时，土库曼斯坦市场机制不发达，政府机构经常对外资企业或涉外合作项目进行行政干预和检查，这是由于政府吸引外国投资相关的法律法规不健全以及执法的不确定性较大相关。而土库曼斯坦对于争端解决方式在外资法中有着明确规定，争端发生时除了向当地仲裁机构、当地法院寻求帮助外别无他法。这些政策的实施给中国企业在土库曼斯坦的油气投资带来了不确定因素，对于中国在土库曼斯坦"一带一路"的建设来说无疑是一种风险。

（三）中国在乌兹别克斯坦油气投资的法律风险

由于乌兹别克斯坦本国政府的原因，致使乌兹别克斯坦的法律系统不是特别完善，存在乌兹别克斯坦政府随意更改政府条文的情况发生，政策的多变性致使中国企业不能获取最新的政策优惠，从一定程度上会影响企业利用优惠政策获取利润。乌兹别克斯坦政策法律的不稳定性，给中国企业在乌兹别克斯坦经营业务带来了一定的风险。

乌兹别克斯坦在关于能源所有权制度上，制定了一系列法律文件，例如,《乌兹别克斯坦共和国矿藏法》等,这些法律规定,乌兹别克斯坦境内的所有地上地下的能源均属于乌兹别克斯坦的国家财产,乌兹别克斯坦政府对能源具有充分的控制权。中国想要在乌兹别克斯坦进行油气投资,就必须获得乌兹别克斯坦政府的一系列允许,而在乌兹别克斯坦获得矿产资源的开发过程是非常烦琐,一定程度上阻碍了中国企业的发展。

乌兹别克斯坦在投资管控方面以"简单双轨制"形式进行立法,得以在区别对待内外资活动的方式下严管外资企业投资活动,但其中隐藏着诸多不公平因素,不利于外商的投资。

二、中国在俄罗斯油气投资的法律风险分析

俄罗斯法律众多,持续整顿和规范市场秩序。《俄罗斯联邦外国投资法》《俄罗斯联邦地下资源法》是现行的较为完备的相关法律,旨在降低外资进入门槛,涉及简化外资进入食品、医疗、银行及地下资源使用等行业的手续。外国人在俄罗斯从事投资和生产等经营活动,必须严格遵守俄罗斯的相关法律,要获得合法的身份,缴纳税费;要加强与所在地政府部门、执法机关的沟通,最后还要融入当地社会,建立平等互利的合作伙伴关系;建立安全责任体系和应急机制,在俄罗斯出现重大安全责任事故,项目将被勒令停产,责任人将被追究刑责。建议投资前向当地资深律师咨询项目的可行性,充分运用法律维护自身权益,积极防范法律合规风险。

俄罗斯在石油行业一直存在较多限制,如"储量超过1.5亿吨的油田以及储量超过1万亿立方米的天然气田"限制外国公司触及,并在反垄断法中规定,当交易资产超过1亿美元和转让股份超过20%"时必须经过联邦反垄断署批准,俄罗斯政府在审批的过程中通常会进行制约,让中国油气企业在俄罗斯投资领域十分受限。俄罗斯还存在税费变动风险,俄罗斯联邦税法赋予油田所在地政府高度自由裁定权,纳税金额多少与地方特点直接相关,也就意味着税款缴纳的制定与实施具有强烈的不确定性,这会导致中国油气企业在投资的过程中面临因为联邦主体和地方油气政策的不一致而触犯法律的风险。

俄乌冲突开始,美国对俄罗斯出台了一系列的制裁措施,违反美国对

俄罗斯出口的管制规定,可能导致中国企业受到美国的制裁,包括罚款,将违反的中国企业列入"禁限制名单"而断供美国产品和技术,甚至对于负责人进行刑事起诉等,加上美国对华在俄乌问题上进行过警告和威胁,西方国家也一直虎视眈眈,一旦有中国企业违反制裁规定,一并被制裁的可能性大大增加,因此对俄罗斯制裁带来的风险蔓延需要中国企业密切关注和了解制裁的相关规定并作出应对。

三、中国在中东地区油气投资的法律风险分析

(一)中国与伊朗油气投资的法律风险

出于对国内资源的保护以及对商贸秩序的维护,多部关于商贸的法律在伊朗出台,其中包括《伊朗海关法及其实施细则》《伊朗进出口法及其实施细则》等,法律设置较为完善。

伊朗法律规定,自然资源开发行业要求外资股权不得超过49%,大大限制了外资企业的长远发展。伊朗《劳动法》中规定的最低工资标准相对较高,而且《劳动法》还要求员工的工资必须每年上涨15%以上;如果要求工人加班,则需要向雇员支付多于正常工资40%的加班费等。伊朗还明确规定外资企业的用人比例,外国员工与伊朗本地员工比例不得低于1∶3,甚至一些地区比例更高,不仅会增大成本,还会导致本国的技术人员不能及时上岗作出指导。

伊朗的法律属于伊斯兰法系,与国际不接轨,且修订较为烦琐;而中国的法律,属于大陆法系,两者有着本质区别,就会致使中方在伊朗投资时,项目前期需做较长的准备工作,项目实施过程中需随时应对伊朗出台的各种税费制度,并且伊朗法律具有较大的宗教色彩,若中国油气企业在伊朗发生纠纷,如在项目结束后,企业质保金和履约保函的撤销往往也会存在困难,彼此政府部门间所花费的沟通时间较长,极大可能会遭受不公平的对待。

(二)中国在伊拉克油气投资的法律风险

伊拉克具有相对完整的石油法律体系,包括宪法、石油行业行政法

规、石油法以及库区石油法等，但是该石油法律体系中，每个环节都存在一定的问题，这使得该国在开发油田的过程中，中央政府、地方政府和石油公司之间不断产生矛盾。油气法律的不健全以及矛盾的激化，导致中国在伊拉克的油气投资频频受阻。

同时，伊拉克政府治理能力有限，法律法规细节方面不够完善。如在工程承包方面，没有明确禁止承揽的工程限制，但对工程许可、劳工比例及劳工赔偿等问题要求较为严格。此外，伊拉克在分配所有权和管理权方面存在不明确的问题，尤其是执行权力不明确，这将对未来伊拉克开发石油资源以及投资方式等产生重大影响。例如，某些已经签署的油田合同，由于议会批准但当地议员质疑其合法性，而使得议会和地方政府之间发生激烈冲突，将会严重影响中国在当地的油气投资。

（三）中国在沙特阿拉伯油气投资的法律风险

沙特阿拉伯（以下简称沙特）的法律体系较为特殊，作为政教合一的国家，沙特的法律制度较为复杂，沙特的宪法为《圣经》和《古兰经》。

沙特在《税法》中规定，投资企业中，属于天然气行业的企业税收起征点税率要保持在30%，只要企业内部收益率超出8%，就需要结合其收益率进行分阶段征税。而属于石化石油行业的企业税收起征点税率需要保持在85%的高水平上；沙特对油气行业较高的征收率，加大了国外油气企业油气投资的成本。沙特《劳动法》规定，不论企业规模的大小，也不论雇佣员工数量的多少，雇佣员工中沙特人所占比重应该占到所有员工的3/4，这就要求外国企业必须舍弃一部分本国的劳动力。同时，沙特本地企业普遍执行8小时工作制，根据沙特《劳动法》中午12点到14点不属于室外劳动时间，企业在一定程度上也应注意劳务用工时间。

国外企业想要在沙特进行投资，必须熟悉本国的法律，一旦在沙特投资过程中惹上官司，沙特政府会比较偏向本国一方，外国投资者往往得不到正确公平的对待。同时，沙特王室在沙特拥有较大权力，因此沙特的招商政策会随王室的决定进行调整，中国企业需要着重注意沙特政府的动向。中国企业要想在沙特进行油气投资，就必须熟知沙特的法律以及劳动法规，才能避免麻烦。

四、中国在东南亚地区油气投资的法律风险分析

(一) 中国在印度尼西亚油气投资的法律风险

印度尼西亚(以下简称印尼)资源丰富,印尼政府为了保护本国资源的安全,制定了一系列油气法律来束缚外资企业,虽然佐科政府执政以来,修复了大量不合理的法律,但由于印尼国内的政府争端导致一些条例并没有实现。同时,印尼本国居民对中国具有强烈的歧视色彩,虽然印尼政府取消了一系列歧视性法律,但一旦中资企业与印尼本地企业发生纠纷,法律往往会向本国企业倾斜,不利于中方维护自身权益。

印尼国内司法存在严重的腐败问题,使得印尼的能源投资环境持续恶化。印尼的法律多数为自身考虑较多,大大限制了外资油气公司的发展。例如,印尼法律规定,石油和天然气开采条件为,只许离岸开采和在印尼以外的地区开采,且必须和印尼国家公司合作;为满足国内的能源需求,印尼在《石油和天然气法》中规定,营业机构或常设机构必须将其生产的石油和天然气的 1/4 贡献给印尼。从某种程度上来讲,这一比例的要求极大地限制了中国能源投资性企业的生产经营自主权。

(二) 中国在缅甸油气投资的法律风险

缅甸作为东南亚地区重要的油气出口国,吸引了大量外国企业来缅甸进行投资,中国也包括在内,但缅甸的法律具有较大的风险。

缅甸国内与能源相关的法律和政策尚未健全,而且缅甸存在执法不公的现象,油气产业以主管部门制定的法规为主要依据,随意性较强,增加了投资的风险性,缅甸各级政府曾以不合理的理由限制中国油气企业从中国进口生产材料的事件发生,缅甸政府虽然作出了极大的调整,但缅甸的有关能源方面的政策还是落后于其他国家。缅甸与投资相关的法律还具有延续性不足的特点,政策多变且不能及时通知外商给予缓冲时间,造成外商不能及时作出调整而收到政府的违法通知单。另外,缅甸保护外商投资的法律环境尚不完善,因此该国无法保护外国投资者的合法权益,中国企业在缅甸的投资面临被侵犯权益的风险。

(三) 中国在新加坡油气投资的法律风险

新加坡的法律制度一定程度上沿袭了英国的法律制度，具有浓重的西方气息。新加坡法律的主要特征是完备、严厉、透明以及密切与实际相联系，新加坡为了鼓励外商前来投资，对经济法规进行不断地调整。新加坡具有健全的法律体系，且其申诉体系比较完备，在法制上保障了投资者的权益。

新加坡反贿赂制度非常严厉且处罚相对较高，目前新加坡制定了《防止贪污法》和《竞争法》等立法来防范商业贿赂；新加坡反贪法制定了一些不同于普通犯罪的新型证据制度，包括汇率推定、来源不明的财产的证据等，这就提醒到新加坡前来投资的企业不要为了顺利完成注册程序和中标对官员进行投资，将会面临重大的处罚，还可能被划入黑名单，中国的油气企业务必需要谨慎。同时，新加坡对境内企业的环保标准设定也很高，触犯相关规定的惩罚力度极大。根据新加坡政府要求，企业在新加坡开展投资项目，业主需委托有资质的第三方咨询公司进行污染控制研究分析。而处于油气行业的中方企业更应尤为注意防范与环境相关的法律风险。

(四) 中国在马来西亚油气投资的法律风险

马来西亚的法律深受英国影响，主要的投资法律有《合同法》《公司法》《所得税法》《劳资关系法》等。马来西亚具有十分复杂的税收体系，它实行的是分税制度，联邦政府同时征收直接税和间接税，税率相对较高，石油所得税税率为38%；本地公司和个人应缴纳预扣税，较高的税率意味着中国企业需要较为高额的税款，加大了投资成本。此外，马来西亚的劳动法律有着严格的劳工限制，导致马来西亚国内缺乏体力工人，因此中国企业大量雇佣来自印尼、缅甸以及孟加拉国等国的非法劳动工人作为劳动力，这些非法劳工严重影响到马来西亚的社会治安，同时增加了中国企业违背马来西亚法律的风险。

马来西亚主要通过诉讼和仲裁来解决纠纷，但对于中国企业来说，有着严重的缺陷，由于在中马两国建立的机制中，并没有互相承认法院判决，因此中国的判决不能到马来西亚执行，只能通过国际仲裁途径，程序和费用相对来说比较麻烦，而且马国政府政治干预和贿赂等问题经常发生。因此，中国企业包括油气企业在内的所有企业必须严格遵守马来西亚的法律。

（五）中国在文莱油气投资的法律风险

文莱国内法律法规体系尚未健全，文莱政府规定某些缺位法可以直接由英国法律中的相关规定来代替，例如，投资招标领域中的部门法，法律体系的不健全以及法律制度的多变性给中国油气企业带来较大的风险。文莱的法律制度透明度不够，因此文莱的相关法律法规不能得到查询，而其余东盟九国的法律均可以查询到。这就导致中国油气企业对文莱国内的法律法规得不到准确了解。

文莱法律还规定了高科技与出口导向型的工业项目（不包括石油、天然气以及渔业等可以直接利用的国内自然资源）可以完全拥有股权，意思是在石油和天然气方面文莱并不会对国外的投资者赋予100%的勘探权。在石油税收方面，在扣除王室与政府分成以及各项成本后，获得的石油净收入按照55%税率征收石油税，与其他国家相比，该税率较高，石油税负的加大，必然会加大中国油气企业的投资成本。因此，中国油气企业必须要充分了解文莱的投资制度，避免麻烦。

五、中国在南亚地区油气投资的法律风险分析

（一）中国在巴基斯坦油气投资的法律风险

巴基斯坦的法律体系以英美法律为基础，国家全部法律中与贸易相关的内容多体现在《公司法》和《贸易组织法》中，法律设置较为落后和不健全。

在保护少数投资者利益上巴基斯坦的确表现出色，然而在缴纳税款、获取电力、执行合同中的做法却不尽如人意，以强制划账等多种不正当征税手段直接扰乱企业正常生产秩序，甚至为了实现自己国家的年度税收目标，不惜提高外资企业的税负压力，中国企业就多次被要求提前缴纳大笔税款。巴基斯坦也特别重视环境保护问题，《巴基斯坦环境保护法》中对大气污染、水污染、土壤污染及生态环境保护等均进行了规定，如果发生

违法行为，会立即撤销许可证和停止项目的运行，而石油和天然气的勘探会有污染气体的排放，稍有不慎，就会造成环境的污染，因此中国油气企业在巴基斯坦必须重视环境保护。

近年来，巴基斯坦政府为提高财政收入，每年不断扩大税基和提高税收幅度，有时各省税法规定不一样，相互矛盾，导致外资企业不知如何执行，稍有不慎会遭受高额罚款。2021年就有中资公司账户莫名被划走200多万美元税金，因此在巴基斯坦企业要充分了解当地税法，聘请当地律师事务所，规避税务方面的法律风险。

巴基斯坦对于解决投资争端问题并没有提供官方统一的途径，外国投资者在巴基斯坦投资争端是否可以使用争端解决形式，该国基本投资法律中也没有明确、单独的说明。若产生争端，中国投资者只能先判断发生争端的主体，而后根据不同主体选择民商诉讼程序、仲裁程序、双边投资争端解决机制中的一种方式进行解决。虽然巴基斯坦提供了三种救济机制，但实际上每种机制都要耗费大量的时间成本、经济成本、精神成本，不仅操作起来并不便利，还为外国企业带来巨大损失。

（二）中国在印度油气投资的法律风险

印度保护外资的法律体系不健全，是一种以政策为导向的制度体系，印度国内没有专门针对外商投资的法律，多数是以政策通过媒体告知群众，这种以政策为导向的制度体系修改更换的频率较高，对于中国企业来说将会面临政策频繁更迭的风险，一旦出现商业纠纷难以找到合理的维权渠道。一直以来，印度诉讼程序烦琐、积案多、耗时长的司法现状未有改观，普通民商事案件一审程序历经3—5年较为普遍，部分案件因程序或实体等问题在各级法院之间往返多次较为常见，在印度通过法律程序维护企业正当权益的时间成本、经济成本较高。目前中印关系仍然处于敏感时期，印度官方和民间的反华情绪或多或少渗透到了印度司法系统，预计对印度项目存量案件的处置工作将会产生一定负面影响。

印度对特定行业的投资执行持股比例限制，石油精炼行业的持股比例不得超过49%，并且印度政府对外国承包商采购具有本地化的要求，规定当地部件不得低于50%。对于石油和天然气勘探需要精密先进的仪器设备,众所周知印度的技术并不发达,许多精密器械不能满足生产的需要,若采用本国的设备则会对油气勘探造成影响。此外,印度由于大多劳工属于平民百姓,因此印度特别重视劳工的保护,针对劳工问题的法律非常多,涵盖各个方面对劳工进行保护,印度政府规定,员工数量超过100人的企业裁员必须经过政府的同意,因此中国企业应该熟知这些法律,以免触犯规则。

(三) 中国在阿富汗油气投资的法律风险

为保障市场经济持续、公平发展,阿富汗工商部起草了10部商业法规,但只有4部法律已经通过议会审核并执行,如果发生商业纠纷及纳税争议,解决争议耗时长、成本高、程序繁琐。可见,阿富汗法律体系并不健全,对外国油气投资事项只能进行框架性指引,由于无法提供相关法律细则进行参考,海外投资者经常处于犹豫徘徊的状态之中。阿富汗法律还具有多变性,多变的法律就给外国的石油公司带来不确定的法律风险。

阿富汗十分重视环境保护工作的开展,并拥有较为完备的环保体系。随着阿富汗过去几年粗放发展导致污染加重,阿富汗对环保方面的处罚较为严重。阿富汗政府对外国石油公司采购要求十分严苛,坚持实施本地化采购方式,即当地能够采购完成的工作,必须授标给当地公司,并附有量化标准。严苛的政策法律导致中国石油企业在开采石油的过程中容易招致不必要的法律麻烦,这对于中国的油气企业来说并不是好的前景。

六、中国在西亚地区油气投资的法律风险分析

(一) 中国在卡塔尔油气投资的法律风险

卡塔尔法律制度相对完善,法律体系相对平稳,尤其重视发展油气产业。卡塔尔不存在个人所得税这一税种,而且本土企业根本无须交税,虽然仍然对卡塔尔的国外企业进行征税,但也只需缴纳10%的税款而已,绝对是理想的避税天堂。

卡塔尔的税负虽然较低，但中国油企仍需要面对一些法律问题，卡塔尔的控制权高度集中于国家元首"埃米尔"手中，所以与行政、立法、司法相关的法律问题深受其意见影响。同时，卡塔尔国家大型工程项目多归属于政府管理，相关合同签订更是难以摆脱"国家合同"性质，而此类性质项目多与石油、天然气、矿业等资源开发相关，此种模式下卡塔尔政府掌握较大的控制权，一旦政府想要征收或者国有化时，中方油气企业通常处于劣势一方。卡塔尔法律注重本土保护，一旦发生纠纷，中国油企很难获得胜诉，将会带来不同程度的经济损失。

（二）中国在也门油气投资的法律风险

也门政府制定了一系列引资优惠政策，但是缺乏可操作性，与《投资法》配套的很多法律法规脱离也门经济发展实际，可见也门的法律体系并不健全，所以也没有专门的石油合作法规。也门油气法律的不健全使得中国油气企业无法可依，没有一个具体的判断标准，触犯规则的风险进一步加大。

也门政府对于石油工人本地化要求较高，但由于也门教育水平落后，当地人员很难满足油气勘探高科技人才的标准，这使得美国亨特公司结束与也门的合同，油气用工的标准使得中国企业必须谨慎用人，这也加大了投资风险。

也门政府在保障国内外投资者起到极大作用，让国内外投资者在承担同等责任的同时，也享有平等的权利，因此中国油气企业在也门发生纠纷的风险相对较低。

（三）中国在阿拉伯联合酋长国油气投资的法律风险

阿拉伯联合酋长国（以下简称阿联酋）与外国投资相关的法律比较复杂，联邦法律、各酋长国法律和伊斯兰教法并存，阿联酋的各地酋长可自行设置税收制度，但不得违背最高法律，因此各地酋长法和国家法的不一致容易让外国企业因注重投资地的法律而触犯国家法律的风险。阿联酋的税收比较简单，税率相对较低，比较适合外国企业前来投资，但在阿联酋进行油气自然资源方面的投资需要缴纳相对较高的税率；阿联酋现行法律中不仅对外商可投资行业进行约束，还对其持股比例进行限制，即外商持股不得高于49%。意味着中国油气企业在阿联酋的投资必须以某种合并投资的形式出现，如果在经营过程中出现较大的失误，往往中国企业需要承担较大的损失。

据世界银行报告，阿联酋是中东北非地区法制化程度最高、市场营商环境最好的国家，其商业纠纷平均处理时间为495天，好于经合组织经济体538天的平均处理时间。阿联酋既注重人情，亦注重法律，但涉及自身利益时，往往精于算计以合同为据。与此相对应的是，目前多数中资企业特别是中小民营企业在阿联酋开展投资经营活动时的法律意识较为淡薄，而在进入合同履约过程后，往往会因不利条款而蒙受损失。要解决阿联酋境内的商业纠纷，可以求助于当地的两个机构：一是商会仲裁中心，但必须满足其中一方是会员这一条件，该中心才会受理解决；二是法院，但与前者相比，后者存在处理时间长、经济成本高的弊端，于中国企业而言十分不利。建议企业投资事前做好法律尽职调查和咨询，维护自身合法权益。

（四）中国在科威特油气投资的法律风险

科威特的法律法规相对健全，主要通过《直接投资促进法》《公共招标法》等法律解决外商投资纠纷。尽管科威特政府不断加强投资贸易相关的法律法规，但科威特内部仍然存在一些法律制度对于我国企业的投资不利。科威特是一个权大于法的体制，科威特政府在本国经济中占据主导地位，埃米尔拥有绝对的控制权，此种权力制度下科威特政府极有可能为了维护本国利益否定一些法规政策。尽管其在贸易法规方面加强了立法，但科威特的投资和贸易法规体系仍不健全、不配套，许多问题无章可循，增加了中国企业的发展压力和安全隐患。

尽管按有关规定，凡经批准的外国项目均不得予以没收或国有化，但科威特法律有附加条款"唯有在公共利益需要时，方可依据现行法律对其实行征收"，对于何为公共利益需要并无具体列明，给政府提供了国有化政策的空间，增加了外资被国有化的风险。此外，科威特政府并没有对内外资企业一视同仁，对外国企业征收企业营业税和外资股份税已是十分不公平，而且还远高于国内企业的征收税率更是加剧国内外企业投资差异。这不仅加大了我国油气企业的经营成本，同时也打击了企业投资的积极性。

（五）中国在叙利亚油气投资的法律风险

战后复苏的叙利亚很多法律政策并不是特别完善，存在频繁更换的可能性，一旦对新政策知道得不及时，就有可能触犯叙利亚的法律法规；叙利亚国内局势动荡的情况尚未得到根本性改善，全国不能进行统一的行政管理，执法人员的随意性也较强。

叙利亚正处于战后经济恢复阶段，大力吸引外资，制定了一系列有利于吸引外商的政策，尤其在油气投资方面制定了更大的优惠政策，例如，在外资企业的聘用外籍人员的数量上不得超过一定的比例，但外资油气企业除外，在此方面有利于中国油气企业前来投资。此外，叙利亚第50号《环境法》中规定，一旦公司企业、店家商铺存在违反环境法的规定，一律关闭不得继续经营，并限制整改期限强制违法者进行整顿，叙利亚在环境保护方面的处罚比较严重，中国油气企业在叙利亚的投资必须做好环境保护措施，以免受到法律的惩罚。

第六节 "一带一路"沿线国家油气投资的安全风险

一、中国在中亚地区油气投资的安全风险分析

（一）中国在哈萨克斯坦油气投资的安全风险

哈萨克斯坦有131个民族，以哈萨克族、俄罗斯族为主，还有乌克兰、乌兹别克斯坦、日耳曼等民族。居民多信奉伊斯兰教，少数信奉东正教、基督教和佛教。

哈萨克斯坦实行宗教信仰自由，是一个世俗国家，在宗教自由的文化下，一些暴乱时常发生，据统计哈萨克斯坦的刑事案件和骚乱时常发生，一些暴乱分子在各地猖獗，列车上犯罪事件也时有发生，混乱的社会治安给前去哈萨克斯坦的中国企业带来了犹豫的信号，也给中国往哈萨克斯坦

的人才输送带来了难度,加上中国与哈萨克斯坦的民族文化存在差异,容易与当地居民产生矛盾,容易让本来对中国存在恐慌的哈萨克斯坦人民对中国企业产生戒备,给中国在哈萨克斯坦的投资设置障碍,因此,为了更好实施"一带一路"政策,中国必须处理好与哈萨克斯坦人民的友好关系。

(二)中国在土库曼斯坦油气投资的安全风险

2017年开始IS组织势力不断向中亚扩张,阿富汗北部聚集着大量来自叙利亚的极端组织武装人员,给与阿富汗接壤的土库曼斯坦带来了严峻的安全问题。事实上,两国边境曾多次出现边防军遇袭事件,一些极端分子甚至扬言破坏中土天然气管线,这不仅威胁了土库曼斯坦的国家安全,也给中资企业投资发展带来挑战。

另外,由于叙利亚内战所造成的来自周边国家和地区的极端组织人员对土库曼斯坦的国家安全造成威胁,而中土间的油气贸易方式主要依赖于油气管道过境运输,而中亚四条天然气管道面临着巨大的过境运输风险,如跨境国家多、运输线路长、保障难度大等。中国与土库曼斯坦之间的油气输送管道也多次遭到"东突分子"的威胁破坏,给油气企业开展投资活动带来极大的不确定因素。

当前相关国家政局相对稳定,但长期存在的宗教纷争、民族分裂、恐怖袭击等问题,使中国能源投资、管道过境运输风险存在极大的偶发性与不确定性。对暴徒与恐怖分子而言,破坏油气管道是一条理想的恐怖袭击手段,是以低成本博取高关注、造成社会动荡、带来政治混乱的捷径,其中安全风险不言而喻。

(三)中国在乌兹别克斯坦油气投资的安全风险

乌兹别克斯坦人口总量居中亚五国之首,有129个民族,90%以上居民信仰伊斯兰教。恐怖主义、分裂主义和极端主义(简称"三股势力")中宗教极端势力的典型代表就是乌兹别克斯坦的伊斯兰运动组织,中亚地区一直是一部分宗教极端势力和恐怖主义选择的栖身之地,"三股势力"的潜在威胁,给中国企业在乌兹别克斯坦投资带来了一定的潜在风险。同时，乌兹别克斯坦国内的民族矛盾一直以来都比较严重，国内民族问题的不安定给中国企业的投资者带来犹豫的动机，并对在乌兹别克斯坦的中国企业带来遭遇破坏的风险。

此外，乌兹别克斯坦毗邻阿富汗，两国共享 137 公里的公共边界，也受到阿富汗北部地区安全问题威胁，与周边国家时有摩擦。中亚与阿富汗恐怖分子相勾连，并以毒品走私方式作为利益保障，毒品经过乌兹别克斯坦输送至俄罗斯、东欧、西欧，使乌兹别克斯坦毒品犯罪问题难以根治。极端势力、毒品走私、跨境犯罪、恐怖主义等一系列安全风险的威胁将会让中国企业的油气投资持更加谨慎的态度，将会增加中国油气在乌兹别克斯坦投资的安全风险。

二、中国在俄罗斯油气投资的安全风险分析

俄罗斯境内存在有组织犯罪团伙活动，其势力十分猖獗，偏远地区形势尤为动荡，突然袭击、敲诈勒索、抢劫犯罪频发。同时，黑手党、杀人犯、毒品犯罪案近几年内激增，使得犯罪成为俄罗斯最为严重的社会问题。车臣恐怖势力是俄罗斯最大的恐怖势力，该势力在俄罗斯进行恐怖活动、恐怖袭击，俄罗斯境内的石油和天然气设施成为恐怖势力袭击的首选对象，恐怖分子袭击油气设施的事件时有发生，严重影响在俄罗斯的中国油气企业安全。劳动动乱、罢工问题是除恐怖势力以外威胁俄罗斯国家稳定的两大难题，石油工人曾就改善设备、食品和消费品供应问题而爆发过罢工，这些都威胁着中国油气企业在俄罗斯的安全。2022 年，俄乌危机的爆发又加剧了地区的不安全风险，众多风险交织，使得俄罗斯目前的投资风险相对较高。

三、中国在中东地区油气投资的安全风险分析

（一）中国与伊朗油气投资的安全风险

伊朗是个多民族国家，居民以波斯人为主，另有阿塞拜疆人、库尔德人等。多民族和长期以来实行的中亚集权战略，导致伊朗国内动荡不安，

内部民族分裂，反政府武装严重。阿拉伯人聚集在伊朗西南部，该地区居民同警方之间的摩擦不断，政府暴力频发，爆炸和骚乱事件十分常见。库尔德人聚集在伊朗西北部，受伊拉克战争影响，伊拉克北部库尔德人政治地位大幅提升，伊朗库尔德反政府也希望通过武装反抗来博得重视。伊朗的东南部，是阿富汗毒品运输到欧洲的主要通道，毒品贸易十分猖獗，治安严重混乱。

另外，美国势力的参与也不断扰乱伊朗国家秩序，一方面美国支持伊朗反政府武装"人民圣战者组织"制造暴乱，另一方面美国又对伊朗实施多方面制裁，均严重影响了伊朗经济发展，造成国内经济下滑、通货膨胀、失业率攀升等问题，恶化贫富差距并引起民众不满，致使伊朗内部的民众游行运动只增不减。最近一次伊朗与美国发生的坠机事件中，伊朗政府摇摆不定的态度使国内爆发大规模示威抗议活动，伊朗民众以此表达自己的严重不满，伊朗国内局势极为严峻。这种局势下中国在伊朗的油气企业定会经常受到恐怖分子的袭击，遭到暴徒的抢劫，种种风险阻碍了中国油气企业在伊朗的进一步发展和投资。

（二）中国在伊拉克油气投资的安全风险

伊拉克民族、宗教问题由来已久，主要是什叶派、逊尼派、库尔德人三大派间的持续斗争，集中爆发于伊拉克中北部的逊尼三角区域，暴力事件爆发频率、次数最高的是首都巴格达，萨拉赫丁省、尼尼徽省、安巴尔省和迪亚拉省次之。北部库尔德人自治区也不可避免地陷入暴力冲突事件漩涡，三个省因"伊斯兰国"组织横行而难以稳定。伊拉克国内恐怖事件频繁发生，国内安全形势的不稳定，安全形势严峻是中国油气企业在伊拉克经营面临的重要问题。

另外，ISIS在伊拉克肆意妄为，虽然伊拉克政府得到国际上许多国家的支持，但ISIS至今没有彻底消除。油气作为伊拉克重要的经济支柱，伊拉克中央政府、库尔德人、ISIS组织都希望借助石油和天然气的出口壮大自己的力量。因此，国内游行及冲突不断发生，伊拉克社会局面较为动荡不安，对于中国在伊拉克的油气投资造成安全威胁。2021年中信保对伊拉克的国家风险水平评级为较高，于是如何应对安全风险、确保海外员工的人身安全仍是在伊企业经营面临的主要挑战之一。

（三）中国在沙特阿拉伯油气投资的安全风险

沙特阿拉伯（以下简称沙特）是宗教气息浓重的国家，虽然该国国教为伊斯兰教，但是逊尼派、什叶派也同时存在，"阿拉伯之春"运动激化了逊尼派与什叶派之间的矛盾，宗教冲突问题日益显著。沙特社会治安总体良好，但恐怖袭击、抢劫事件时有发生，中资机构或个人在沙特应保持高度警惕，建立行之有效的应急机制，应对突发事件的发生。海合会成员国（巴林、科威特、卡塔尔、阿曼、沙特和阿联酋）已经宣布同性恋关系为非法，禁止同性恋者进入这些国家。

"9·11"事件以来，"基地"分支管理问题是沙特面临的最大威胁，加上宗教极端化发展、"伊斯兰国"等恐怖组织肆虐、沙特王室成为袭击重点等问题的出现，加剧了中东本就动荡的局势。2022年3月19日夜至20日，也门胡塞武装对沙特阿拉伯多处能源和海水淡化设施发动一系列导弹和无人机袭击，其中中国石化和沙特阿美合资建立和运营的一家炼油厂因袭击导致产量暂时性的下降，同时也严重威胁中沙之间能源合作的稳定性，给两国合作发展带来恶劣的负面影响。

四、中国在东南亚油气投资的安全风险分析

（一）中国在印度尼西亚油气投资的安全风险

近年来印度尼西亚（以下简称印尼）社会秩序总体稳定，地区分离主义情绪得到缓解，民族宗教冲突逐步减少。但中国与印尼的能源合作遭受过恐怖主义的袭击，例如2002年中国与印尼的首次能源论坛在恐怖主义的袭击下以失败告终。此外，印尼充斥着反华的气息，频繁并交织爆发各种局部性与全国性反华事件，印尼"伊斯兰教同盟"便是自成立伊始，便对华商百般敌对，希望以此提高当地商人地位。苏加诺时代，印尼政府出台近30个法案打压华商经济势力；1966年后，苏哈托政府一连颁布数十项法令法规遏制华商发展；1970年后，苏哈托政府又以法令形式限制印尼企业中华人股份比例。可想而知，对于作为印尼国家命脉、经济支柱的能源

企业，当地居民势必会投入更多的精力进行约束与保护，以免国家的经济发展、财富扩张受华人控制。所以，中国与印尼之间在能源领域的合作、投资，不仅受客观环境动乱的影响，还受印尼居民主观情绪的阻碍。

（二）中国在缅甸油气投资的安全风险

缅甸有135个民族，其中89%的居民信奉佛教，约8%的居民信奉伊斯兰教。缅甸现行的政权结构为"二元权力结构"，民盟政府和军方长期存在内部博弈，从一定程度上容易让一些政党为了提高民众的支持，从投资招标入手，对中国在缅甸的投资造成不利。例如，2021年2月，缅甸军方推翻民盟政府建立新政权，引起反军方势力的激烈对抗，多个地区爆发激进冲突，在动乱期间，我国在缅甸的投资公司也受到严重影响，工厂车间被毁坏，员工受到威胁。

此外，缅甸境内武装冲突不断，缅北地区是中国"一带一路"向南亚、东南亚推进的关键地带，中缅油气管道经过缅北地区"民地武"组织控制区或游击作战区，缅北地区的不稳定极大程度上威胁了中缅油气管道的运行，由于缅甸国民对中国存在误解，中缅油气管道很可能遭受恐怖分子的袭击。另外，带有极端主义、恐怖主义结合倾向的罗兴亚人问题也会带来安全风险，使中缅油气合作面临巨大的挑战。

（三）中国在新加坡油气投资的安全风险

"9·11"事件之后，新加坡成为东南亚国家海上恐怖主义的焦点，由于新加坡经常举行外国首脑的定期会晤等原因，因此更是深受恐怖分子的青睐。新加坡能够成为国际转运贸易中心、石油冶炼中心，得益于外部地理位置上毗邻马六甲海峡，但同时也意味着海上恐怖主义势必带来空前绝后的影响，通过直接扰乱海运秩序对新加坡国家安全、经济发展带来威胁。

从新加坡内部地理环境来看，其城市中心、支柱产业、重要港口均位于南部沿海，新加坡难以承受海上恐怖主义爆发后造成的重创，恶劣的后果更是无法在短期内迅速恢复的。恐怖主义很可能袭击邮轮和装有化学物品的船舰，海上运输和海上贸易也可能因此遭受更大的风险。这些风险的存在不利于中国的油气企业在新加坡的海上运输，一旦邮轮遭到破坏，将会带来人员伤亡和经济损失，这些都是不可忽视的存在。

2022年1月14日，加拿大安保公司 GardaWorld 从营商环境、恐怖袭击、犯罪情况、社会稳定性、健康、自然灾害和交通安全等方面对新加坡进行了综合评估，评定其总体安全环境风险低。因为国内政治稳定、具有稳定先进的法律和监管制度，并且对枪支和爆炸物进行严格的控制，因此，中国企业在新加坡面临的整体安全风险相对来说还是较低的。

（四）中国在马来西亚油气投资的安全风险

马来西亚作为多民族、多元文化的国家，同样存在居民构成复杂的现象，其中马来人、华人和印度人分别占人口的62.5%、22.0%和6.0%。马来西亚也有庞大的反华势力，通过制造对华不利的社会舆论和游行来反对华人的一切事项，中国油气企业在马来西亚的投资难免遭受反华势力的排斥和干扰，在一定程度上造成阻碍。

马来西亚恐怖组织势力猖獗，主要有"伊斯兰国极端组织"，以及菲律宾"阿布沙耶夫"，恐怖分子在马来西亚国内制造叛乱，对在马来西亚的中国人员造成安全威胁。并且马来西亚油气勘探主要在海上，油气管道成为恐怖组织破坏的对象，一旦恐怖组织袭击海上油气作业，定会带来巨大的危险，中国的油气企业也难逃"厄运"。

（五）中国在文莱油气投资的安全风险

文莱的安全风险整体来说较低，拥有"东南亚迪拜"称号的文莱，经济发达，社会福利政策突出，国内没有较大的暴乱。文莱国内信奉伊斯兰教，伊斯兰教的文化渗透文莱生活的方方面面，中国油企的本国员工一定要尊重文莱国民的宗教文化，以免造成文莱国民的不满而导致反华事件的发生。

文莱富含石油和天然气的区域大多位于海上，因此海上安全对于中国与文莱的油气合作至关重要，海上作业面临的风险就是海盗袭击和海上油气设施的防护，一旦发生海盗或者油气设施安全事件，将会造成严重的损失。

五、中国在南亚地区油气投资的安全风险分析

(一) 中国在巴基斯坦油气投资的安全风险

根据中石油集团公司国际设计部发布的《海外社会安全形势周报》显示，巴基斯坦在海外各国社会安全风险等级中处于较高的风险区域。

"中巴经济走廊"西线经过俾路支省和开普省，前一省份聚居着对华不友好的俾路支民族，本就反对接受一切外国投资的俾路支解放军尤其排斥中国对巴基斯坦的投资，更不必说允许开展中巴经济走廊建设、中国在巴基斯坦的油气投资等经济活动。被巴基斯坦政府认定为恐怖组织的信杜德什革命军总部设立在巴基斯坦信德省，无论何种形式的中国投资该组织都坚决抵制，中巴经济走廊建设首当其冲。这些项目的建设，必然会遭到当地人民的反对，甚至伤害中国的工作人员。

另外，巴基斯坦存在着较大的自然灾害风险，2022年夏季巴基斯坦发生了自2010年以来最严重的全国性洪灾，一半以上的国土都遭到洪水的侵袭，大量房屋、道路和桥梁被冲毁，造成严重的人员伤亡和经济损失。历届巴基斯坦的政府和地方政府虽曾出台防灾计划，但最终政策都未能有效落实，国内经济状况也进一步限制了政府救灾能力。可见，当地自然灾害也威胁着在巴基斯坦的工作人员的生命安全。

同时，巴基斯坦现已处于经济崩溃的边缘，政府面临财政破产的同时，也极大地增加了在巴基斯坦的中国公民、企业的安全风险。2023年2月中国外交部发布公告，提醒中国公民谨慎前往，警告驻巴基斯坦的中国企业和公民，全面排查安全风险。因为巴基斯坦是中东恐怖组织长期盘踞的大本营之一，若巴基斯坦财政破产，国内内乱势必加剧，恐怖组织势必趁乱坐大，极大地对巴基斯坦的境内的中国公民形成潜在的生命财产威胁。

(二) 中国在印度油气投资的安全风险

印度社会治安问题是威胁外投资的最大隐患，宗教矛盾、分离主义与恐怖主义严重打击各国投资热情。印度国内目前存在以下几种恐怖主义类型，第一种为民族分离型恐怖主义，主要活动于印度东北部和西北地区；

第二种为宗教极端恐怖主义，分为伊斯兰教、锡克教、印度教极端恐怖主义，在印度北部、西北部地区势力猖獗；第三种为左翼极端恐怖主义，集中爆发于不发达的印度中部地区。国内恐怖主义的盛行极大地威胁着中国油气企业的安全，恐怖分子会通过袭击油田来制造暴乱，并且容易发生抢劫事件威胁着中国油企员工的人身安全。

（三）中国在阿富汗油气投资的安全风险

阿富汗作为多民族的国家，99.7%的阿富汗人信奉伊斯兰教，其余包括印度教、锡克教、拜火教和犹太教，各教派之间存在不同程度的矛盾冲突。阿富汗的恐怖组织多不胜数，塔利班、哈卡尼网络、"基地"组织和"伊斯兰国"最为猖狂，并控制了阿富汗国内大部分的农村地区，以此扰乱阿富汗国内的安全形势，油气作业人员遭遇绑架抢劫已成家常便饭，甚至随时陷入武装暴乱、路边炸弹、地雷爆炸、火箭弹袭击等恐怖事件中，极大地阻挡了中国在阿富汗人员的安全。2012年春季以来，阿富汗北部地区潜入大批恐怖、武装分子，油气作业区附近伊朗、巴基斯坦塔利班交错出现，大量不明武装分子集结密布，工业产区安全形势迅速恶化。在外援中断、美西方制裁、俄乌冲突等诸多外部因素，以及常年干旱、夏季特大洪水和地震等国内自然灾害的双重夹击下，阿富汗陷入空前人道主义危机。因此，当下这种政治稳定、安全可期的"低暴力和平"或将出现逆转。实际上，2022年12月初以来喀布尔出现诸多暴恐袭击，已在预示着这种巨大风险。

同时，伊塔、巴塔频繁组织间谍活动，通过组织人员混入产业队伍、深入作业工区的方式窃取重要情报，最终达到对工作计划、项目建设、生产作业等多方面策划突然袭击的邪恶目的。恐怖分子对油气作业区的袭击和入侵不仅威胁着人员的安全，同时造成项目资料的丢失，增加了潜在的经济损失。阿富汗国内安全的动荡，加大了中国企业在阿富汗的投资运营风险。

六、中国在西亚地区油气投资的安全风险分析

（一）中国在卡塔尔油气投资的安全风险

卡塔尔居民中外来人口数量庞大，所以外来劳工工资待遇成为社会主

要问题，相关利益群体组织的抗议活动频频发生，社会治安难度日益加剧。卡塔尔在国际战略上亲近西方，周边政治环境并不友好，增加了安全风险。政治野心日益庞大的卡塔尔试图与沙特、埃及一较高下，既想角逐摘取阿拉伯"老大"之位，又想取代二者独自协调阿拉伯地区事务，"阿拉伯之春"运动后，卡塔尔与沙特在伊斯兰势力、穆斯林兄弟会相关事件中更是表现出截然不同的态度与立场，进一步激发国家之间的矛盾。虽然国内安全形势较稳定，但卡塔尔与周边国家的矛盾使得国内油气设施易遭到袭击，给卡塔尔的国内安全带来恐怖主义的威胁。

（二）中国在也门油气投资的安全风险

也门长期的分裂状态滋生了多种恐怖主义，"基地"组织便是其中代表，也门不仅是该组织头目拉登的诞生地，还是该组织的主要巢穴之一，所以极端势力活动非常频繁，极大威胁着也门的安全。前总统萨利赫下台后，也门政治陷入僵局，出现了前胡塞力量和反胡塞集团的军事对垒，北部胡塞主义者叛乱不断加大的同时，南部分离主义运动也异常活跃，爆炸事件、袭警事件、破坏油气运输设施事件时有发生。

根据联合国计划署 2021 年 11 月 23 日报告，也门战争截至 2022 年底超过 370000 人死亡，也门 3000 万人中有大约 80% 需要人道主义援助，也门正经受着全球最严重的人道主义危机。也门持续的战乱以及封锁导致医疗水平下降，还出现了甲型 H1N1、白喉、霍乱等疫情，虽然世界卫生组织已经提供了大量防治药品，但仍无法满足需要，燃气等基本生活物资也难有保障，中资企业也应提高防范意识。近年来，也门逐渐沦为"基地"组织聚集人力、积累物力的大后方，"伊拉克战士""阿富汗战士"便多来自也门，与美国合作项目的增加反而致使西方游客不幸成为该组织的主要袭击对象，对石油设施的破坏也从未间断，战乱对中也油气合作的挑战无疑是两国共同面临的首要风险。

（三）中国在阿联酋油气投资的安全风险

阿联酋在社会安全形势上无突出的危险和冲突来源，社会风气良好，犯罪率只有 1.5%，是中东地区治安状况较好的国家之一。根据美国和平基金会公布的 2020 年脆弱国家指数，阿联酋的民族宗教冲突烈度为 2.5/10 分，反映出宗教族群矛盾比较缓和。从主要城市安全状况上看，包括阿布扎比在内的主要城市较少发生大规模抗议和骚乱事件。此外，阿联酋本国劳动力不足，大量外籍人员进入阿联酋国内工作，形形色色的外国务工人员增加了阿联酋的社会的不安全性，容易使阿联酋的国民深受外来务工人员的宗教影响。

阿联酋主要的安全威胁同样来自于恐怖组织。民族、宗教矛盾，能源、水资源争端，是中东地区国家间爆发纷争的主要诱因，国际关系紧张又加剧了包括阿联酋在内的中东地区国家安全风险，如伊拉克乱局、叙利亚危机、也门内战等历史遗留问题，以及沙特阿拉伯与伊朗断交、卡塔尔断交危机、美国退出伊核协议等时下难题，均无法在短时间彻底整治。这些安全风险不仅会对在阿联酋的中国人员造成安全威胁，还会对中国在阿联酋的油气建设工程造成破坏的风险。

（四）中国在科威特油气投资的安全风险

科威特是实施高福利政策的富裕型国家，安全风险等级相对较低。该国主要经济收入来自于区域内丰富的石油资源，但并不意味着中国油气企业在科威特的投资没有安全隐患。科威特外来务工人员诸多，印度、埃及、孟加拉国、巴基斯坦、菲律宾等是主要来源国，至 2020 年底，科威特劳动力总量多达 238.6 万人，繁杂的人口带来的不仅是不利于当地人员的就业，也带来了多种文化与安全威胁，外来务工人员中有可能夹杂恐怖组织人员，给科威特带来安全风险。目前科威特主要的安全风险为"伊斯兰国"组织，"伊斯兰组织"的存在会对在科威特的中国务工人员造成人身安全威胁，还会对油气设施造成破坏，给中国在科维特的油气投资造成影响。

（五）中国在叙利亚油气投资的安全风险

叙利亚国内安全风险等级极高，2011 年内战后叙利亚局势呈现出史无前例的新特征：首先，依据"教派"与"民族"的不同，内战中的各武装组织、政治派别重新分为不同阵营；其次，国内各反政府武装派别不仅关系复杂，又因缺乏有序领导而混乱不已。国内复杂的安全形势给叙利亚带来多方面的损失，石油和天然气产量下滑。同时，叙利亚内战造成难民问题，国内紧张的形势，对中国在叙利亚的油气企业造成了严重影响，叙利亚国内的油田成为了极端组织袭击的对象。2022年年中及2023年初，中国领事服务网发布公告，称叙利亚战事仍在进行，武装冲突频繁，安全形势不容乐观，提醒中国公民近期暂勿前往，可见叙利亚国内安全形势仍较为严峻，会在一定程度上给中国的油气投资造成较为严重的影响。同时，驻叙利亚的中方企业及公民也需注意防范当地的自然灾害及公共卫生安全风险，保障自身安全。

第五章 "一带一路"沿线国家油气投资的风险评估

近年来，全世界经济状况不景气，原油的价格经常上下波动，在此影响下，全球经济的碰撞导致现如今各国经济、政治格局都在发生很大的变化。我国深入推进"一带一路"倡议，旨在同欧亚大陆各国建立一个政治互信、经济融合、文化包容的利益共同体、命运共同体和责任共同体。但是，只有在全球各个国家一起努力的前提下，才可以实现和平共处，"一带一路"倡议稳健推进的同时仍有多个领域需要关注的问题。美国 The Heritage Foundation 建立的 China Global Investment Tracker 数据库显示，在"一带一路"沿线国家投资中，我国有几十例案例均投资不成功，涉及金额达百亿美元。所以，现在针对"一带一路"沿线国家的投资风险进行评估，是非常必要且迫切的。本章将对以上章节提出的国家进行风险评估。

第一节 "一带一路"沿线国家油气投资的政治风险评估

"一带一路"沿线有的国家油气资源比较丰富，但有的国家政体不稳定现象也很严重，投资环境也不好，投资风险很大，这对我国投资油气项目的安全性和稳定性产生不好的影响。21世纪以来，部分国家政治格局被打破，民族与种族矛盾更加难以化解，结构性危机难以解决，部分国家政治局势受到他国势力影响，甚至政治发展中出现了三分天下的格局。还有一些国家社会分裂、局势动荡等问题也长期存在。而一些发展中国家内部腐败问题也会增加中国投资的成本以及投资风险。事实上，这会导致结构性危机，国家的政治将会再次陷入政治紊乱，并在短时期内难以改善。政治风险事件的发生将影响我国"一带一路"战略的实施,给开展国际油气投资与合作带来了许多风险和难度。政治风险的估计主要从地缘政治、政权更迭的角度估计。

政权稳定风险等级是由三个子成分的总和组成的,选取的三个子成分是政府统一、立法的强度和民众的支持。每个子成分的最大得分为4分,最小得分为0分。4分表示风险非常低,0分表示风险非常高,满分12分。表5-1数据反映了一个国家的政权稳定情况,数值越大则代表一个国家的政权越稳定;反之,则说明这个国家政权不稳定。

表5-1 2017—2021年政权稳定数据

国家	2017年	2018年	2019年	2020年	2021年
文莱	8.46	8.50	8.92	8.50	8.44
印度	8.21	6.88	6.67	7.08	6.88
印度尼西亚	6.92	8.38	8.33	8.00	7.00
伊朗	7.00	7.67	6.79	6.92	6.81
伊拉克	6.58	6.00	6.42	6.88	6.56
哈萨克斯坦	8.00	8.00	7.83	7.67	8.31
科威特	6.04	6.04	6.04	6.46	6.44
马来西亚	6.29	6.46	7.21	7.29	6.50
缅甸	7.63	6.75	6.92	7.25	7.00
巴基斯坦	6.38	6.29	5.41	6.33	6.44
卡塔尔	10.50	9.92	9.50	9.50	9.18
俄罗斯	8.50	8.50	8.25	7.21	7.63
沙特阿拉伯	8.00	7.75	7.83	8.29	9.50
新加坡	9.54	9.50	9.50	9.25	8.44
叙利亚	6.29	7.04	7.54	8.00	8.13
阿联酋	10.00	10.00	10.00	10.00	9.69
也门	5.29	6.50	6.50	6.50	6.50

数据来源:ICRG。

通过表5-1可知,2017—2021年,中东地区的伊朗、伊拉克、科威特、叙利亚、也门的政权不稳定,导致风险较高;东南亚国家的缅甸、巴基斯坦近几年的政权有不稳定因素,其他国家的政权还是相对稳定的。

第五章 "一带一路"沿线国家油气投资的风险评估

一、中国在中亚地区油气投资的政治风险评估

(一) 中国在哈萨克斯坦油气投资的政治风险评估

哈萨克斯坦自 2006 年以来实行总统制共和国,近十几年来政体保持稳定。但哈萨克斯坦在地缘政治风险面前也存在问题。21 世纪以来,全球政治油气储备丰富的国家,其经济格局都在不断地进行变革,谈判导致的政治问题时有发生,这些国家的政治开始波动,一些严重的国际突发事件接连不断。

美国 2009 年 7 月提出了"重返亚太计划"。美国制定的"重返亚太"计划,在军事和政治上也给予了哈萨克斯坦很大的帮助,其本质就是为了遏制中国以及俄罗斯的发展,中国"一带一路"的开展更是加大了美国的恐慌,美国更是制定了"新丝绸之路"计划妄图阻碍中国的发展。伴随着 2015 年俄罗斯提出的"欧亚经济联盟"战略,哈萨克斯坦作为其中的一员,无疑加剧了地缘政治的博弈。对哈萨克斯坦来说,在总统的治理下,运用充分的政治经验及卓越的外交技巧,哈萨克斯坦抵挡住了西方一些国家的民主化影响,尤其是美国,但即使这样,美国依然对中亚地区不断地进行民主化影响。2021 年 11 月,首任总统努尔苏丹·纳扎尔巴耶夫宣布将执政党——祖国之光党主席职务移交给现任总统托卡耶夫。2022 年 1 月以来,哈萨克斯坦因政府长期承担过大的财政补贴压力,最终决定让国内油气价格市场化,导致液化天然气价格在 2—3 年上涨了 3 倍左右等引发大规模抗议活动,多地抗议示威在政府军队没有及时平叛的形势下逐渐演变成暴力骚乱。近年来,随着资源枯竭、国际石油价格下降,扎瑙津的能源产业收益降低,产生了大量失业人员。几年前,扎瑙津也暴发过抗议活动,这里属于哈萨克斯坦国内的一个"病根"。总结近 10 年(2013—2022 年)哈萨克斯坦发生的大规模政治活动 8 起,影响范围过万人的 3 起,概率相对较低,且在 2022 年的政治事件发生后政府提出了政治改革方案,但仍然面临"颜色革命"的危险。因此,中国企业在哈萨克斯坦的油气投资政治风险相对稳定。

(二)中国在土库曼斯坦油气投资的政治风险评估

多年来,土库曼斯坦国内政治环境比较稳定,社会秩序良好。1995年12月,土库曼斯坦的中立国地位得到联合国大会185个成员国的承认。当今世界上有8个中立国,但土库曼斯坦是唯一一个以联合国大会决议形式承认的中立国,受联合国的尊重和保护。

土库曼斯坦的国家权力执行机关是内阁,由总统直接领导,权力高度集中,市场机制不发达,政府机构经常对外资企业或涉外合作项目进行行政干预、执法随意性强,这对外资企业实施项目来说存在一定风险。在2014年前土库曼斯坦有很强的官僚主义,腐败现象普遍,政府在2014年第一天使用新的国家财务报告准则,同年4月议会通过了反腐败法,拥有了完善的法律体系,其明确禁止政府官员收受贿赂。土库曼斯坦大力地和中国以及俄罗斯建立友好关系,2014年,别尔德穆哈梅多夫接受媒体采访时声称中国已经是土库曼斯坦的重要战略合作伙伴之一。自2011年以来,中国一直是土库曼斯坦第一大贸易伙伴国。2021年,两国签署的《中华人民共和国政府和土库曼斯坦政府5年合作规划(2021—2025年)》,为两国各领域战略合作明确了路径。2022年土库曼斯坦政局继续保持稳定,近10年基本没有发生大规模的政治事件,因此,对其投资的政治风险很低。

(三)中国在乌兹别克斯坦油气投资的政治风险估计

19世纪90年代以来,乌兹别克斯坦一直实行多方面外交政策,以"不依靠任何人"为目标,擅长在大国之间维护利益。在经济建设方面,以自己国家的资源为主。对"三股势力"采用强硬手段,国家政局稳定。2015年俄罗斯提出"欧亚经济联盟"计划,乌兹别克斯坦积极加入,这个计划的实施必然会对中国在乌兹别克斯坦的油气投资造成障碍,再加上中国日渐发展的国际地位,不得不让乌兹别克斯坦感到恐慌,有了俄罗斯及其他国家的支持,会让乌兹别克斯坦出台一系列不利于外国投资者的政策,中国作为乌兹别克斯坦的合作伙伴之一,必须要把握乌兹别克斯坦的需要,才能更好地发展"一带一路"的油气投资。

2022年7月1日,大批卡拉卡尔帕克斯坦自治共和国的民众聚集在首都努库斯市中心的农贸市场，抗议乌兹别克斯坦政府的修宪行为，国际分析该抗议事件背后存在一些势力的煽动，这对中国"一带一路"的油气投资合作造成一定风险。总体来看，近10年乌兹别克斯坦政治较为稳定，但是腐败问题比较严重，例如，卡里莫夫总统的女儿通过违规行为帮助寻求工作的人进入政府就职。乌兹别克斯坦政府官员进行一系列地下措施，如对采购招标和拍卖进行干预，以便希望中标的企业进行行贿。有数据表明，乌兹别克斯坦在2020年被送交法院的腐败刑事案件共3769起，与案件相关的人员共5483人。与2020年相比，被送交法院的腐败刑事案件共增加2621件，被起诉人员增加3760人。仅2020年，乌兹别克斯坦因为腐败犯罪而遭受的损失超过5000亿苏姆，相当于2.8亿元人民币。而2021年物质损失更是超过102万亿苏姆，即6.9亿元人民币。乌兹别克斯坦存在的腐败问题将会使中国的投资者望而却步，也会对中国在乌兹别克斯坦的油气投资造成影响。

二、中国在俄罗斯油气投资的政治风险评估

2012年3月，俄罗斯选举普京为总统，政治地位稳固。2015年的民意调查结果显示，俄罗斯人对总统普京的信任程度升至85%，创历史新高，且多年来一直有超出半数以上的俄罗斯人对总统普京表示信任。总体来说，俄罗斯近十年来政治更迭风险较小。

但是俄罗斯近十年来地缘政治紧张的状态一直存在，美国一直把中国和俄罗斯视为威胁自己世界地位的重要风险目标。2009年7月美国制定的"重返亚太"计划以及"新丝绸之路"计划，目的是一方面遏制中国和俄罗斯的发展，另一方面保持自己在中亚地区的地位。近几年，各个国家之间政治谈判日益严重，乌克兰危机会加大俄罗斯的压力，并且这种危机暂时不会解除。除此之外，中国近年来加大了与中亚地区的能源合作，使俄罗斯政府对其在中亚地区的地位产生危机，中国成为俄罗斯在中亚地区的竞争对手，难免会让俄罗斯政府严控能源出口政策。2015年俄罗斯政府发起的"欧亚联盟"正是俄罗斯对中亚地区主权的示威，压制中国在中亚地区的发展，再加上俄罗斯的能源完全属于政府掌控，政府对能源百分之百

的掌控具有某些政治战略,中俄两国能源合作的地缘政治风险加大了中国在俄罗斯的油气投资风险。随着 2020 年 4 月 3 日俄罗斯导弹部队击落美军战机事件,使得美俄关系再一次恶化。2022 年俄乌战争持续升级,世界许多地区能源价格飙升,全球油气供应链大幅调整,欧洲局势不容乐观,对于中俄合作来说政治风险和安全风险均大大增加。目前来看,俄罗斯的地缘政治风险激增,可能会导致其外交政策发生变化,投资的政治风险偏高。

三、中国在中东地区的油气投资的政治风险评估

(一)中国在伊朗油气投资政治风险评估

伊朗长期遭受到别国制裁,国内强硬保守派和温和保守派、改革派之间存在争执,国内外环境极差。伊斯兰革命和两伊战争后,伊朗国内相对安全,大规模的反动斗争均没发生过,和别国也未发生过战争,就伊朗邻国而言是很安全的,伊朗政权也很稳定。2013 年鲁哈尼总统上台后,实行一系列政策,国内发展经济稳中有序,其经济形势在往好的方面发展;国外温和外交,合作国家有礼貌,国际环境越来越好。

与伊朗进行投资或贸易,除了地缘政治和宗教冲突可能会影响外资企业的运营外,由于伊朗开发核能源、发展核武器的态度,使得美伊关系、美国及其他国家对伊朗的制裁成为重要的风险因素。2016 年以后,伊朗一直遭受美国等西方国家的经济制裁,致使伊朗油气产业受损。2018 年 5 月上旬,特朗普宣布,美国退出伊核协议,并签署总统备忘录,美国将继续实施经济制裁,专门用于针对伊朗政权;给伊朗政权施加压力,其针对伊朗政权的经济制裁的方法是将全国原油出口收入减少到零,美国政府要求在 2018 年 11 月 4 日前,全球所有国家包括美国的一些盟友国家全部拒绝从伊朗出口的石油,任何一个国家如果不这么做,美国都会采取措施。其中,除人道主义物资,如食品、药品外,几乎经济领域内所有行业:金属、石油石化、冶金有色、建筑、矿业、制造业等都被纳入了制裁范围,伊朗本土的千余家实体、个人和运输工具等也被列入 SDN 名单,因此,投资伊朗的风险进一步上升。此外,由于伊朗企业背景复杂,股权结构透明

度较低，所以外资企业在伊朗投资合作时极易与被制裁对象产生联系，遭到美国"报复性制裁"的风险系数较高。

伊朗在美国的制裁下即使拥有丰富的油气资源也无法取得很好的经济收益，这不仅限制了伊朗发展的脚步，而且也让伊朗市场的需求和机会大大降低。此外，美国对与伊朗有业务合作的企业进行业务限制甚至制裁，还可能产生法律纠纷，这也使得许多其他国家的企业寻找替代市场，避免与伊朗进行业务往来。

在美国的多项制裁举措下，伊朗的发展深受影响，与伊朗进行业务合作的企业也会有更多考虑。对伊朗近几年吸引的外国投资、贸易以及中伊双边经贸规模进行分析，可以看出各个国家的企业在与伊朗进行投资、贸易时都更为谨慎。而在苏莱曼尼被定点清除、伊朗对驻伊拉克美军基地实施报复后，特朗普宣布加大对伊制裁的背景下，美伊关系的不确定性使得更多的企业对伊朗投资及经贸合作时更多考虑相关风险，谨慎合作。

自2017年底以来，境外势力的介入使得伊朗国内多次爆发大规模反政府集会示威，产生了一系列矛盾冲突。而美国对伊朗进行持续性制裁，不仅限制伊朗的发展，其国内民生问题也将持续引发周期性抗议示威。2019年，伊朗因为汽油和生活必需品的大幅涨价、地震之后政府反应缓慢导致了一系列的大规模游行示威和反政府运动，伊朗政府采取了强硬镇压的方式，虽然抗议平息，但是也造成了大量的平民伤亡。2022年9月，以22岁女子玛莎·阿米尼（Mahsa Amini）的离奇死亡为导火索，伊朗多地连续爆发了长时间的全国性示威并引起巨大骚乱，截至2022年12月底已导致300多人丧生。此外，在伊朗的边境，如西部和东部等地区，存在分离主义、极端主义或激进主义等武装组织，使得其境内的安全威胁始终存在。伊朗西北与相邻的伊拉克边境地区经常发生冲突事件，冲突双方为安全部队与库尔德激进组织以及犯罪团伙。由此可见，伊朗长期经受美国的打压，政治环境比较动荡，我国对伊朗投资的政治风险也是较高的。

（二）中国在伊拉克油气投资政治风险评估

伊拉克政体极其不稳定。2010年伊拉克通过议会进行选举，改变了原来的政治格局，重新构建了新的政权。直到今天，伊拉克当前的政治维稳，但依旧是不堪一击的。

从2012年底至今，伊拉克发生了多起民间组织的示威游行。战争以后，逊尼派、什叶派和库尔德人三派在伊拉克的政治发展中不断较量，已经逐渐成形并稳固，在短时间内这种三分天下的局面基本不会发生什么改变。实际上，这种三分天下的格局也会导致伊拉克的政权统治长时期的混乱，并不利于伊拉克政治的重新建立。自2021年10月伊拉克议会选举结束，该国政治僵局持续了一年多。2022年10月，伊拉克国民议会选举拉希德为新一任总统。10月27日，议会通过了候任总理苏丹尼提交的内阁成员名单，苏丹尼及其21名部长宣誓就职，在伊拉克持续一年多的政治僵局正式结束。

2019年底，伊拉克国内大批暴徒袭击伊朗驻伊拉克领事馆，并且有组织地破坏公共设施，开枪袭击军警，骚乱不断升级，持续了几个星期，至少有65余万名伊拉克人死于战火。另外，巴士拉省等南部省份因为资源、经济、宿怨等纠纷发生部落暴力冲突事件。2022年7月27日，伊拉克首都巴格达当天爆发大规模抗议活动，数百名支持伊拉克什叶派宗教领袖萨德尔的抗议者闯入议会大楼，他们打出"反对腐败"的旗号怒斥不公正，并反对竞争对手"协调框架"联盟在议会补上"空缺"，指出伊拉克长年遭受腐败和治理不当的折磨，现在必须有人负责。很显然，政治僵局从短期来看难有破解的可能，如果持续下去，未来或将爆发更多抗议活动。政治僵局还严重影响了伊拉克的经济和社会民生。此外，2022年12月14日至22日，伊拉克迪亚拉省、基尔库克省和萨拉赫丁省遭遇4次恐怖袭击，造成至少22人死亡。近10年来伊拉克的政治事件频繁且无力解决，而伊拉克同样面临着国际动荡和周边环境带来的发展安全问题，这严重阻碍其国内商业环境的发展。其中，俄罗斯与乌克兰的冲突问题，不仅给伊拉克带来了更多的能源收入，也让伊拉克国内的粮食安全、通货膨胀高等问题更加严重，对其社会稳定不利。因此，中国企业对伊拉克油气投资的政治风险非常高。

（三）中国在沙特阿拉伯油气投资政治风险估计

沙特政府于2007年3月组成，在2009年2月经历了对内阁的调整，从 2014 年 11 月到 2016 年 6 月,"伊斯兰国"已经在沙特境内实施了 26 起恐怖袭击事件。2017 年沙特开始了大规模的反腐败行动,数十名王子、高官和知名人士被捕。与此同时,一些沙特王室成员或是"坠机身亡"或是被解除职务,在短时期内,如此大规模的"反腐"行动,使得世人为之震惊。沙特的地缘政治存在风险,沙特与伊朗作为中东地区重要的油气资源国,在多方面存在斗争,尤其在 2015 年伊朗"伊核协议"签署之后,更是引发了沙特的不满,2023 年 3 月 10 日,沙特与伊朗达成和解协议,两国之间一直以来的对立状态得到解决,而中东地区一直存在的其他问题也由此迎来缓解以及解决的契机。沙特与俄罗斯继续争夺石油市场,沙特以折扣和特别优惠的价格向俄罗斯开价,沙特和伊朗及俄罗斯作为中国"一带一路"重要的合作伙伴,其关系的紧张势必会让中国与这些国家油气合作时更加严谨。除此之外,沙特阿拉伯的地理位置,使其面临埃及、伊拉克、叙利亚等国内的政治动荡与战乱。因此,近 10 年沙特的政权更迭不顺畅,政治事件频繁,政治风险较高。

四、中国在东南亚地区的油气投资的政治风险评估

(一)中国在印度尼西亚油气投资政治风险评估

导致印尼社会分裂的部分原因是 2014 年的总统大选,至此印尼的政治均相对平稳。家族政治现象使得印尼内部存在严重的腐败问题和社会贫富过于悬殊的局面。2005 年的政治经济风险评估机构调查数据显示,印尼是亚洲腐败严重最高的国家,2011 年,根据国际透明组织对世界 183 个国家的调查结果显示,印尼是排名第 100 位的最贪污的国家,并且贪腐印象指数是"非常恶劣"。中国企业对印度尼西亚进行油气投资要注意其对华政策,2010 年美国与印尼签订协议,美国十分看重印尼,美国这样做的目的还包括达到对中国的遏制;日本对印尼关系的密切加深有助于日本能源的获取,而日本与中国长期存在对抗,日本与印尼的合作对中国与印尼的油气合作也会带来影响;中国未能成为印尼天然气和石油出口的主要对象,很大一部分原因在于竞争国家对"中国威胁论"的传播,导致印尼对中国误会颇深,加上印尼与中国在南海争端上一直持有强硬的态度,与中国产

生多次冲突。因此，印尼与中国的油气合作具有多方面的政治风险，从而影响中国在印尼的油气投资。

（二）中国在缅甸油气投资政治风险评估

缅甸政局的不确定性。在缅甸，佛教徒与穆斯林的矛盾持续不断，如果他们的矛盾得不到解决，马德岛和皎漂市这两个地方，一个是油气码头所在的地点，一个是存放附属设施，他们的物资供给能否顺利进行将不能保证；并且还存在着巨大的政治风险，因为管道必须经过克钦邦，而克钦邦现在的内部战争还没有终止。2010年11月，缅甸大选后发展并不顺利。2021年2月，缅甸军方突然扣押缅甸的多名高层领导人，包括缅甸总统温敏、国务资政昂山素季、伊洛瓦底省和掸邦首席部长、克耶邦党主席、部分重要选区议员及一些政治激进分子，这场军事"政变"，可谓是对相关各国政治智慧的一次"大考"，既是对美国和西方国家的考验、对东盟各国的考验，也是对中国的一大考验。而之前签署中国油气管道项目的时候，缅甸政治还没有转型，因此也将面临着严重风险。

在西方国家有意散布的"中国新殖民主义"的言论的煽动下，部分缅甸民众出现了排斥、抵制中国的倾向，还有部分极端民族主义者向缅甸政府施压，部分项目因为缅甸民众的投诉以及大规模抗议事件被缅甸政府叫停不得不中断建设工作，而在中缅油气管道经过的部分地区也开始出现缅甸民众组织的抵制活动。2011年9月，密松大坝的建设工作被突然叫停，该项目的停止将中国企业正在面临投资的政治风险暴露出来，也成为近年来高速增长的中国在缅甸投资的转折点。

2021年3月，联合国人权调查员呼吁对缅甸油气公司进行制裁，禁止缅甸获取相关收入，4月英国颁布了《2021年缅甸制裁条例》。除此之外，缅甸积极推行大国平衡外交战略，缅甸外交的不稳定性使中国在缅甸的油气合作势必造成困难。基于以上分析，缅甸的地缘政治冲突仍然存在，并存在较大政治风险。

（三）中国在新加坡油气投资政治风险评估

新加坡是议会共和国制，国内外政治稳定，极少出现冲突，政府建立了有效的监督网，不容忍腐败现象的出现。中国在新加坡油气投资的政治风险主要包括来自日韩美三国方面的竞争，新加坡在地理位置上毗邻马六甲海峡，而马六甲海峡是东亚地区石油运输的必经之路，因此对于美国与新加坡的能源合作来说，有助于接触东盟国家从而控制马六甲海峡，控制日本、俄罗斯和中国的海上贸易，并且美国借助"亚太的平衡"对中国进行施压。2022年，新加坡的"小国大外交"进行了重大调整，和李光耀时期主动塑造外部环境确保均势不同，目前新加坡外交更加谨慎，以自保为主要目的。因为中美之间的竞争已非新加坡可以影响控制的，但目前其仍能清楚地看清局势、不盲目站队，依据国家利益作出最合时宜的外交决策。但总体看，新加坡政体政局相对稳定，投资的政治风险相对较低。

（四）中国在马来西亚油气投资政治风险评估

马来西亚地缘政治风险较低，但存在潜在的政权更迭风险。马来西亚有40多个注册政党。2022年2月，总理马哈蒂尔宣布辞职，执政党"希望联盟"也随之解散。马哈蒂尔已经找国家元首苏丹商量组建新政府。"希望联盟"其他成员党党魁也拜会了马来西亚苏丹。同年11月，安瓦尔·易卜拉欣任职马来西亚新一任总理，目前政局尚稳定，但巫统党争和六州选举的结果仍然对当前稳定的政局构成威胁。马来西亚对华态度一直有所排斥，一方面中国与马来西亚存在着南海争端；另一方面美国实施的"重返亚太"计划中把马来西亚作为合作的重点，认为中国积极扩展海上能源会对该计划造成影响，因此加深了在马来西亚的能源投资，并鼓吹中国威胁论的影响，对中马能源合作造成阻碍。另外，20世纪日本就参与了马来西亚能源开发的上游领域，并且在2016年日本东京燃气公司与马来西亚石油公司（Petronas）子公司签署了备忘录，日本与马来西亚的深化合作对中国来说将是强大的竞争对手。

（五）中国在文莱油气投资政治风险评估

文莱的政体是君主专制，主张建立一个民主的国家，近10年来文莱政治稳定，没有发生政治事件。2013年1月，文莱政府在时任总统阿基诺三世的带头"撺掇"下，纠集一群活跃在国际社会上的反华人士，炮制了一出南海仲裁的闹剧。所以，中国企业对文莱进行投资时还是要小心，中国在文莱进行油气投资的地缘政治风险主要来自大国竞争的风险以及南海问题的阻碍，总体来看，中国对文莱油气投资政治风险相对较低。

五、中国在南亚地区油气投资的政治风险评估

（一）中国在巴基斯坦油气投资的政治风险评估

巴基斯坦采用议会制共和制的政治体制，近10年内国内政体比较稳定，2018年，以伊姆兰·汗为首的争议运动党取得巴基斯坦大选的胜利。伊姆兰·汗成为巴基斯坦的新任总理，巴基斯坦前总统、穆盟领袖涉腐接连被捕，又掀起了巴基斯坦政治波澜，巴基斯坦政治上"三足鼎立"、唇枪舌剑令人应接不暇。2013年4月，巴基斯坦人民民族党当天晚上在西北部城市白沙瓦的一场政治集会遭到自杀式炸弹袭击，造成至少15人死亡，另有45人受伤。日益激烈的政治纷争让巴基斯坦国内政局发生巨大变化，2022年4月10日，巴基斯坦国民议会174票通过了对总理伊姆兰·汗的不信任动议，罢免了伊姆兰·汗的总理职位，为此，巴基斯坦上万民众涌上街头，举行示威活动抗议巴基斯坦国民议会罢免伊姆兰·汗的决定。此外，包括芝加哥、迪拜、多伦多和英国在内的其他地区也举行了反对伊姆兰·汗下台的抗议活动。伊姆兰·汗也不甘心被罢免，他试图通过前往各省发表演讲来煽动支持自己的选民，再一次组织民间力量，并重新夺回总理之位。然而，伊姆兰·汗在旁遮普省发表抗议演说时被枪手击中，这一事件的发生让巴基斯坦的政治斗争变得更加激烈。另外，巴基斯坦内部腐败问题严重，巴基斯坦正面临破产危机，无法偿还所有的债务。

在地缘政治方面，巴基斯坦与印度战争是长期存在的，2013年1月6日，某印军哨所和附近的村庄遭受攻击，巴军对印军及村庄展开偷袭，此次袭击并没有什么导火索。印军受袭突然，两军此次对战大约开展了一个多小时。2018年5月30日，印巴两方均同意按照此前2013年就签署的停火协议的规定去履行，在克什米尔地区停止战争。2020年6月22日，印度与巴基斯坦再次进行对战，对战原因是"克什米尔实控线"问题，这次交战过程中1名印度士兵伤亡。由此可见，巴勒斯坦的政局稳中有荡，地

缘政治关系比较复杂，存在一定的政治风险。

（二）中国在印度油气投资政治风险评估

印度对外的经济政策开放，政治体制也相对稳定，国家领导人针对中国和印度经济发展的问题十分关注，予以重视，印度政治的外交环境大局势下也平和稳定。但是印度政府的办事过程复杂缺少效率，对于廉政建设也有所欠缺，政务的工作并不透明，这些会加重我国企业在印度进行投资的政治风险。

在地缘政治方面，长期以来，中国和印度的政治关系一直复杂且曲折。很多问题都使得中印两国的政治信任建立困难。例如，在印度历年油气资源工程项目招标过程中，中方公司即便有优势，也均未中标。长期以来的竞争油气资源很大程度上加大了两国的油气合作难度。2007年美印签署协议，印度可以获得美国帮助，用于本国的民用核工业，并且印度没有签署《核不扩散条约》。2011年7月，美国国务卿访问印度时提出"新丝绸之路"计划。日印的合作明显在抵制中国，而印度与中国在多方面存在矛盾，日本抓住机会趁机拉拢印度，例如2006年12月，日印关系从全球伙伴关系转化为战略合作伙伴，双方签署多份协议，能源合作很紧密。俄印的合作也排斥中国。2020年6月15日，在中印边境，印军违背承诺，主动发起矛盾进行挑衅并攻击中方，导致人员伤亡。近年来，中国与印度冲突不断，这无疑给我国企业在印度投资带来极大政治的风险。

（三）中国在阿富汗油气投资政治风险评估

位于亚洲腹地的阿富汗地缘政治风险较高，是一个近代史上多灾多难的国家，在过去的200年间，阿富汗先后5次遭遇外来强权干涉，内部改革一次又一次被打断，阿富汗国内局势持续动荡和武装冲突不断的主要原因，就是因为美国领导的联军发动的大规模侵略阿富汗战争，尤其是阿富汗战争结束后美军仍然留在阿富汗，并从政治和军事诸层面继续干预阿富汗内政和局势，试图从地缘政治和军事战略层面长期控制阿富汗，阿富汗政治和平谈判和战后重建就很难重启。另外，阿富汗南部周边都是油气国家，以美国为首的西方国家推行重返亚太战略，积极进行军事部署，阿富汗也是这盘棋中美国打算遏制中国发展的"棋子"。

阿富汗国内的政治风险较高。2001年以来，阿富汗全国上下动荡不安、战争不断，起因是美国干涉阿富汗，引起战争，并推翻了塔利班政权。2005年以后，塔利班再次集结，重新干涉阿富汗政权，阿富汗人民的安全不能得到保证，事情更加严峻，战争、炮火、恐怖袭击等事情不断。美军在阿富汗战争中经常误杀平民百姓。联合国报告显示，2018年阿富汗的百姓在战争中死亡多达4000多人，这次战争是平民死亡人数最多的一次。联合国阿富汗援助团发布的最新报告显示，2020年上半年，援助团共记录了3458起平民伤亡事件，其中1282人死亡、2176人受伤。虽然数字比2019年同期下降13%，但对平民而言，阿富汗冲突仍是全球最为致命的冲突之一。美军和北约联军于2021年5月开始从阿富汗撤军，塔利班在这之后发动大规模军事行动，并在8月中旬控制了总统府。在成立了临时政府之后，阿富汗国内的冲突事件有所减少，但塔利班与反对派的冲突、恐怖袭击、族群冲突等暴力冲突造成的伤亡依然严重。根据联合国阿富汗援助团发布的报告，在塔利班占领总统府之后的10个月之内，援助团一共记录了2106名平民伤亡，其中700人死亡，1406人受伤。同年，美国和塔利班进行谈判，这导致阿富汗安全威胁进一步加深，阿富汗平民百姓十分渴望和平。无论是地缘政治关系还是国内政体问题，阿富汗都具有很大的不确定性，政治风险极高。

六、中国在西亚地区的油气投资政治风险评估

（一）中国在卡塔尔油气投资政治风险评估

卡塔尔自独立以来，经历过三次政权更替。但是令世界震惊的是，其中有两次都是"不流血"的政变。卡塔尔在埃米尔哈马德执政期间（1995—2013年），积极参与国际事务，使卡塔尔以小国之身赢得国际关注。2013年6月，埃米尔哈马德将王位传给其三子塔米姆，权力平稳过渡。塔米姆上任后，协商委员会责任加大，开展政治改革，提高政府工作效率和透明度，要职岗位由负责的皇室成员担任。改革对百姓更有利，阿勒·萨尼家族占主导地位，政局稳定得到保证。2017年6月5日，卡塔尔

违反国家法和睦邻友好原则,支持恐怖主义,沙特、巴林、埃及、阿联酋、也门、利比亚及马尔代夫七国宣布与其断交。但是卡塔尔并不惧怕,卡塔尔有美国最大的军事基地,还是世界上最富有的国家之一。总体来看,近年来卡塔尔国内政体和地缘政治并未发生政治事件,该国的政权更迭以及地缘政治风险均比较低。

(二)中国在也门油气投资政治风险评估

也门实行民主共和的制度,人民是权力的来源和主体,人民行使政治权力时采用投票形式。2011年初,也门卷入"阿拉伯之春"运动,爆发大规模反政府示威,反对政府修改宪法、经济不景气以及贪腐。2012年2月,长期执政的总统萨利赫正式下台,把权力移交给原副总统哈迪。2022年4月7日,也门总统哈迪宣布辞职,同时宣布罢免副总统穆赫辛的职务,将权力移交给新建立的总统委员会。也门有46个政党,政党冲突也时常发生,政权更迭风险较高。

也门冲突是自2015年开始的,冲突与伤亡持续存在,国内政治动荡。2022年4月,也门冲突各方达成临时停火协议并两度延期,而后未能再次完成停火协议延期。也门地缘政治也不稳定,也门与阿拉伯、卡塔尔、科威特发生过战争。2014年9月,什叶派胡塞采用武力攻占萨那市,也门和沙特对伊朗赞同胡塞采用武力试图干预也门政权提出质疑和指责,但伊朗并没有承认。2015年10月2日,也门政府宣布与伊朗外交关系终止。2017年6月5日,也门决定与卡塔尔断交。由此可见,在也门投资的政治风险偏高。

(三)中国在阿联酋油气投资政治风险评估

阿联酋涉及的投资风险大部分取决于政治环境较动荡。阿联酋本国的一些反对派在政治的秩序格局方面不断试探挑衅。自2011年以来,阿联酋国内的一些宣称政治自由的行动时有发生,以必须放宽政治权力为要求,穆斯林兄弟会是典型代表,这些行为进一步改变了阿联酋的政治。还有,外籍劳动工人不断增多,种族歧视问题严重,人民等级差异明显,这些问题都使得底层劳动人民的权益保护迫在眉睫。

在地缘政治方面，阿联酋也存在着很大的压力。阿联酋和伊朗两国的关系十分密切，长期合作。阿伊两国之间的经济政治活动交流过程中，阿联酋始终坚持实用主义。阿伊之间的贸易关系使得伊朗十分重视阿联酋，尤其是伊朗在被国际制裁的大环境下。所以，任何情况下伊朗都不可能在阿联酋地区发动战争，攻占阿联酋，除非伊朗自取灭亡。不过，伊朗和什叶派在中东地区的势力逐渐变大，沙特和邻国对此也是日渐担忧，阿联酋在外交问题上也困惑不已。2015年3月底，阿联酋改变了以往坚持的中立态度，被迫站队，这是因为阿联酋加入了沙特对也门的袭击。此外，阿联酋积极发展与美国的关系，但由于美国、以色列与伊朗的敌对关系在短期内很难彻底解决，他国之间的冲突会影响到阿联酋。阿联酋在放弃了中立地位之后，容易受到周边国家冲突的影响，更容易卷入地区争斗中，对国内社会的稳定造成影响，为中国在阿联酋的投资增添不确定因素。总体上，阿联酋的政治局势相对较稳定，政治风险也不高。

（四）中国在科威特油气投资政治风险评估

科威特国家采用君主世袭制度，国家的法律、外交问题、签署协议等均由国家元首决定。1991年2月27日，科威特恢复国家独立和主权，科威特宣扬民族独立、保证国家主权和领土的完整、对人民采用福利较高的制度，着重发展民族的经济。海湾战争后，科威特立即开展重建国家经济、社会、服务，同时强化国防。伊拉克战争结束后，科威特政府把经济建设问题放在重要地位，加强社会基础设施等建设。萨巴赫家族在科威特的地位稳固，科威特政府执行力良好，国家安全问题可以保证。1991年8月2日，伊拉克进攻科威特，并说科威特是伊拉克的一部分，引起全国震惊，并产生危机。1992年1月17日，海湾战争爆发。1994年11月，对于科威特的国家主权领土，伊拉克正式承认。伊拉克外长宣布，伊科达成共识并签署协议，并承诺伊拉克今后不会再侵犯科威特。萨达姆倒台后，国际社会是否要取消针对伊拉克的经济制裁，科威特持赞同态度，并帮助伊拉克重建家园。2002年6月28日，驻伊拉克联军把权力移交给伊拉克临时政府，伊科两国恢复外交关系。近年来，科威特与周边国家并未发生政治事件，地缘政治关系稳定，投资的政治风险整体较低。

(五) 中国在叙利亚油气投资政治风险评估

叙利亚内战从 2011 年持续至今,政治动荡的状态没有明显好转,持续危机已将该国变成一个地缘政治战场。2013 年,叙利亚经济损失惨重,高达 484 亿美元,占叙利亚 GDP 的 80% 以上。据统计,仅国家建设设施损失 2 万亿叙镑,叙利亚的 2.4 万个家庭受到迫害。自 2020 年以来,袭击事件几乎每天都在发生,范围和规模都在扩大。由于战争,叙利亚的学校遭受破坏多达 2326 个,仅修复了很小部分,部分学校不能正常教学。北部阿勒颇省仅有 11% 学校正常开学。民生损失惨重,其他的社会基础设施均受到破坏。

另外,叙利亚与土耳其等也存在国家地缘冲突。除此之外,美国和俄罗斯在 2011 年叙利亚内战开始就一直重视叙利亚问题。美国虽然已经实现能源自给,但叙利亚境内分布的石油和天然气管道对美国来说极其重要,特朗普表示美军可以保证叙利东部石油产区安全。美国对叙利亚的控制一方面是为了保持自己在中东地区位置,另一方面是为了避免叙利亚和伊朗的交好对自己造成威胁。此外,欧盟为了摆脱对俄罗斯天然气的依赖,制定了南线计划,可见叙利亚对欧盟的重要性。美国和欧盟的插足势必会导致中国在叙利亚的政治难题,对中国在叙利亚的油气投资造成竞争。

结合事件与数据分析可得到以下结论(见表 5-2 至表 5-6)。

表 5-2　　　　　中亚地区及俄罗斯油气政治风险评估

政治风险	哈萨克斯坦	土库曼斯坦	乌兹别克斯坦	俄罗斯
地缘政治	中	低	低	中
政权更迭	中	低	中	低

表 5-3　　　　　　　中东地区油气政治风险评估

政治风险	伊朗	伊拉克	沙特阿拉伯
地缘政治	高	高	高
政权更迭	中	高	高

表5-4　　　　　　　东南亚地区油气政治风险评估

政治风险	印度尼西亚	缅甸	新加坡	马来西亚	文莱
地缘政治	低	中	低	低	低
政权更迭	低	中	低	低	低

表5-5　　　　　　　南亚地区油气政治风险评估

政治风险	巴基斯坦	印度	阿富汗
地缘政治	中	高	高
政权更迭	中	低	中

表5-6　　　　　　　西亚地区油气政治风险评估

政治风险	卡塔尔	也门	阿联酋	科威特	叙利亚
地缘政治	中	高	低	低	高
政权更迭	低	高	低	低	高

第二节　"一带一路"沿线国家油气投资的经济风险评估

经济风险的评估一方面要看沿线国家的经济状况，另一方面要看沿线国家的油气经济环境。表5-7为选取的国家的经济状况，以便评估各个国家的经济风险。据统计，"一带一路"发展中国家占大多数，经济水平差异明显。部分国家经济结构单一，且增长速度缓慢；通货膨胀严重，失业率高，抵御外部经济风险能力非常弱，为中国收回投资的成本和收益增加了不稳定的因素。从目前来看，受新冠疫情的影响，全球油价大幅度下跌，给我国油气投资企业在海外的投资带来了经济风险。

表5-7　　　　　　　2017—2021年经济状况数据

国家	2017年	2018年	2019年	2020年	2021年
文莱	9.25	9.25	9.67	10.62	8.76
印度	5.50	5.08	5.46	5.75	5.50
印度尼西亚	5.67	6.42	8.17	8.46	7.50

续表

国家	2017年	2018年	2019年	2020年	2021年
伊朗	6.38	6.50	6.50	6.50	6.19
伊拉克	0.71	1.04	2.83	3.34	3.69
哈萨克斯坦	7.00	7.13	7.50	7.54	7.31
科威特	8.50	9.25	9.50	9.67	8.76
马来西亚	9.58	10.25	10.29	9.79	9.57
缅甸	4.92	4.88	5.04	5.38	5.63
巴基斯坦	5.88	6.17	5.88	6.00	5.51
卡塔尔	8.00	8.00	8.46	8.50	7.94
俄罗斯	6.00	6.38	7.38	7.29	6.82
沙特阿拉伯	6.00	6.04	6.25	7.38	7.69
新加坡	9.08	9.00	9.25	9.33	8.75
叙利亚	3.54	4.13	4.39	4.50	3.19
阿联酋	9.50	9.50	9.50	9.50	9.38
也门	3.00	3.00	3.00	3.00	3.00

数据来源：ICRG。

社会经济情况分配的风险等级是三个子成分的总和组成，这三个子成分分别是失业率、消费情况以及贫穷。每个子成分最高4分，最低0分。一个4分等于非常低的风险，0分等于非常高的风险。由此说明，数值越高代表面临的经济风险越低；反之，数值越低说明面临的经济风险越高。

通过表5-7可知，中东国家中的伊拉克、叙利亚、也门这三个国家的经济风险较高，南亚国家中的印度以及东南亚国家中的缅甸经济情况不容乐观。其他国家的经济情况相对这几个国家有所改善。

一、中国在中亚地区油气投资的经济风险评估

（一）中国在哈萨克斯坦油气投资经济风险评估

哈萨克斯坦主要开发石油天然气、采矿、煤炭和农牧业，其他方面占比较少，发展速度缓慢。大多数的日常用品从别的国家进口。哈萨克斯坦独立以后，积极推进经济改革。从国内生产来看，哈萨克斯坦是连体经济

发展最快的国家之一。由于哈萨克斯坦拥有丰富的能源资源，许多发达国家和地区如美国、日本、欧盟等，以及发展中国家如印度等，都看好这个地区的油气资源，这会使得各个国家在该地区的竞争十分激烈。石油价格是中国石油企业参与国际竞争、实施跨国经营的重要风险。2018年下半年油价开始持续下降，油价波动对哈萨克斯坦的大部分项目造成影响；另外，哈萨克斯坦货币汇率与俄罗斯卢布也有关联。根据事件发生的强度，认为对其油气投资经济风险较高。

（二）中国在土库曼斯坦油气投资经济风险评估

土库曼斯坦独立后，经济曾一度陷入危机之中，经过政府努力在经济接轨过程中，主张走稳步改革之路已经取得了一定的成果。经过改革后，对外贸易发展迅猛。天然气出口占据土库曼斯坦出口总值的90%以上，我国作为其天然气最大的出口国，为其经济发展提供了很大的帮助。也正是因为修建了管道，使得土库曼斯坦的经济迅猛发展，已进入全球增长最快的经济体行列。由于土库曼斯坦是内陆国家，其经济的结构转型以及运输和过境走廊的发展将刺激该国的经济增长，并使其融入国际商品流通。国内南北和东西路线的发展扩大了土库曼斯坦的基础设施以及过境能力。2020年7月，土库曼斯坦正式成为世界贸易组织观察员，也成为第25个获得该地位的国家，事实证明，土库曼斯坦的经济风险目前较低。

（三）中国在乌兹别克斯坦油气投资经济风险评估

乌兹别克斯坦经济增长稳定，乌兹别克斯坦每年的GDP增长速度在8%以上，2015年超过600亿美元，今后5年乌兹别克斯坦的经济增速都在7%以上。乌兹别克斯坦在矿业方面和一些基础设施的建设方面都有了很大提高，让外资企业对乌兹别克斯坦在投资方面有很大兴趣。但是进行油气投资时，油气对外开放程度低。乌兹别克斯坦对外合作主要是天然气，但因为国家干预，开采范围较小。2017年3月乌兹别克斯坦发行面值1万苏姆的纸币，紧接着2017年8月又发行了面值5万的苏姆纸币，并且乌兹别克斯坦央行表示将会发行面额更大的苏姆纸币，这将导致乌兹别克斯坦国内通货膨胀压力增强，经济形势不好。2017年乌兹别克斯坦国内的通货膨胀率为14.4%，数值远高于其他独联体国家，通货膨胀率的居高不下对于中国企业在乌兹别克斯坦的油气投资来说将会支付更多的苏姆币，这对于企业来说并不是一件好事。另外，乌兹别克斯坦国家的银行在兑换货币时异常困难，通常不给予正常的货币兑换，对于中国企业的油气投资更是难上加难。据统计，乌兹别克斯坦的灰色经济占比很大，2018年1月，乌兹别克斯坦经济部第一副部长表示，灰色经济收入在乌兹别克斯坦GDP中占比一半以上，灰色经济会导致国家经济数据不真实，资源难以合理配置，税收难收等很多不利影响。这将不利于中国企业获取重要的投资信息，进而影响企业的利润率，中国企业对乌兹别克斯坦油气投资的经济风险较高。

二、中国在俄罗斯油气投资的经济风险评估

俄罗斯的经济转型对外的依赖度较高，俄罗斯历史遗留下来的是畸形的产业结构，主要表现为国民经济军事化、产业结构不合理、产业结构级次落后等问题。2008—2020年，俄罗斯经济发展曲曲折折，增长速度变慢，中间甚至还出现过负增长。这种衰退态势，是由多种因素造成的。俄罗斯金融体系不够完善，面临发生金融危机的风险，历史上卢布贬值在1998年、2008年、2014年都有发生。2014年在卢布贬值速度非常快的时候，2014年年末几天人民币兑换美元的贬值速度也非常快，2014年人民币总共贬值2.42%。2014年是自2009年以来第一次出现年度贬值情况。2009—2018年，俄罗斯GDP年均增长仅为0.9%，大大低于世界经济3.2%的年均增长率，经济总量从2013年峰值时的2.29万亿美元，缩水至2019年的1.69万亿美元，在全球经济中占比为2.0%，排名已从第6位降至第11位。据俄罗斯国家统计部门提供的数据显示，在新冠疫情肆虐的背景下，该国经济2020年收缩3.1%，为11年来最大降幅。俄乌战争后对经济的影响更为深远，自2022年3月开始，俄罗斯的实际GDP增速出现大幅下滑，至11月已连续8个月位于负区间，并且自俄罗斯与乌克兰之间的战争爆发开始，俄罗斯实际工业生产同比从2022年4月开始转负，截至2022年12月已经连续9个月为负。其中油气行业跌幅超过10%。因此，

从以上角度综合衡量，该国油气投资的经济风险目前较高。

三、中国在中东地区油气投资的经济风险评估

（一）中国在伊朗油气投资经济风险评估

伊朗石油发达，是世界第四大石油生产国。伊朗的主要经济来源之一是石油，伊朗的外汇收入石油占大部分。伊朗经济保持稳步增长，但是伊朗遭受了美国从1990年起长期的经济制裁，国家经济发展形势不容乐观，国内经济不景气，经济遭受了严重的破坏。美国对进出伊朗的美元资金严格监控，一旦怀疑与伊朗有关系，立即冻结。即使"伊核协议"让美国取消了对伊朗的制裁，2012年伊朗第一次被排除出SWIFT系统时，当年的GDP增长率为-7.4%。随后的2013年、2014年，开始回升。2015年伊核协议达成；2016年伊朗被重新接入SWIFT系统，当年，伊朗GDP增长率高达13.4%。而制裁重启后的2018年，伊朗再次被切断SWIFT系统，2018年和2019年，伊朗的GDP增长率则跌落到-6%左右。在多种措施的综合作用下，伊朗的石油出口收入下跌一半以上。2019年伊朗与欧盟双边贸易规模暴跌了85%，而伊朗的总体对外贸易损失也超过30%。美国制裁必然导致政府无力支付国际石油公司庞大的劳务费，最终引起投资风险。还有美国"页岩革命"的爆发导致国际油气价格下降；以及2020年新冠疫情引起的油气下跌对于一直以来靠能源出口获得经济支柱的伊朗来说更是雪上加霜，总之在伊朗油气投资的经济风险较高。

（二）中国在伊拉克油气投资经济风险评估

伊拉克在2002年萨达姆统治时期的GDP为189.7亿美元，到了2014年已经达到2346亿美元。伊拉克经济在战后十年间确实增长了8倍，到2017年，伊拉克国内生产总值达到1868亿美元，人均国内生产总值为4958亿美元，10年时间翻了8倍。但由于安全局势的持续动荡以及打击极端组织的战争支出，伊拉克在2013—2018年的经济损失高达360亿美元。另外，伊拉克通货膨胀问题严重，通过观察伊拉克2000—2018年的通货膨胀率，发现伊拉克2000—2007年的通货膨胀问题极其

严重，到目前为止伊拉克的通货膨胀问题虽有所缓解，但是通货膨胀率还是有上升的趋势。伊方信用证付款方式，中国国内银行出于疑虑不直接托收，需要中东或欧美著名银行进行担保，导致程序复杂和交易延误；而且伊拉克目前财政紧张，外汇挤兑压力大，美元转存取均有不确定性。综上所述，对伊拉克投资的经济风险适中。

（三）中国在沙特阿拉伯油气投资经济风险评估

沙特阿拉伯实行自由经济，沙特总收入75%来自石油，四成GDP来自石油，九成出口收入来自石油。沙特最重要的经济领域是石油，但是2020年受新冠疫情和维也纳联盟协议流产的影响，油气的价格直线下降。根据相关的报道，沙特油气一个月巨亏了120亿美元，中国企业对沙特阿拉伯的投资不容乐观，风险较大。沙特也面临着通货膨胀的风险，沙特近几年的通货膨胀率，超过了安全指标，从目前来看，在沙特油气投资的经济风险较高。由于沙特经济主要依赖于石油，工业发展缓慢，近几年经济增速缓慢，特别是2015年后油价暴跌，沙特经常账户及财政均呈赤字状态，外汇储备下滑严重。自2015年到现在，由于石油价格下降的原因沙特经常账户转变为赤字。2016年经常账户赤字较2015年减少了58.0%，占GDP比重的6.8%，较2015年减少了1.9个百分点。通货膨胀现象加重，一是政府出台政策，如饮料价格增加、烟草价格调高、收外籍居住收入等，来增加非油收入；二是成品油价格提高很多。沙特外籍劳动力多，本土人员就业情况不好。这几年，沙特1/10以上人员处于失业状态，外籍劳动力占比重，本土女性普遍难就业。

在货币金融方面，利率不断提高。沙特货币相关政策和美国保持同步。国际货币基金组织数据显示，2021年沙特国内生产总值从2020年4.1%的负增长中恢复。在2014年前沙特拥有非常多的资产，因其经常账户有大量盈余。但未来沙特经常账户赤字会减少，因为油价正在回升。财政收支方面，财政赤字下降。这几年，沙特财政赤字迅速上涨是因为石油收入大面积减少。为了解决这一问题，沙特实施了一些政策，如减少政府财政支出、征收外籍人员居住费等，已经有了些成果。沙特政府规划在2023年收支达到平衡，投资的经济风险相对适中。

四、中国在东南亚地区油气投资的经济风险评估

(一) 中国在印度尼西亚油气投资经济风险评估

在自然资源方面,印度尼西亚天然气、石油储存丰富,已探明石油13.1亿吨,天然气24230兆亿立方米,但随着油气价格的下跌,印尼的油气经济势必受到一定的影响。印尼在开采石油方面主要靠国外公司。近些年,印尼在经济方面进步非常大,但是印尼面临比较严重的通货膨胀以及汇率不稳定的问题依然存在。印尼2019年GDP增速为5.02%,虽然国内经济增速放缓,但印尼的经济水平依然可观。根据印尼统计局(BPS)最新数据,印尼2019年的通货膨胀率2.72%,创过去20年来最低水平,印尼央行四次调低利息来促进国民消费,利率的降低有利于中国油气企业吸收贷款获得更多的投资,但较低且不稳定的通货膨胀会使得中国油气企业利润不稳定,会造成实质债务增加、企业资产下降和经济需求减少的不良影响。印尼的汇率从2020年1月7日振幅为13.4增长到2020年3月14日振幅56.7,印尼汇率波动较大。所以,中国企业到印尼发展,也面临较高的经济风险。

(二) 中国在缅甸油气投资经济风险评估

缅甸油气资源丰富,缅甸的经济主要来源之一是石油,缅甸的年产量能达到100万吨,但是国际油价的下跌,给缅甸带来了巨大的损失。中国为缅甸第一大贸易伙伴。中国商务部贸易数据显示,2021年1至6月,中缅贸易额90.7亿美元,同比增长7.0%。以中缅天然气管道项目为例,中缅油气管道于2010年6月开工,其中天然气管道于2013年投产运行,原油管道2017年投产运行。从公司决策者角度看来,用管道解决"马六甲"困境才是较好的方法,可以确保能源安全、扩大地缘政治影响。但在实施过程中出现了许多问题,主要是项目盈利前景不容乐观,因不可控的资源以及不断发生的民族冲突,给我国油气企业投资带来较高经济风险。

(三) 中国在新加坡油气投资经济风险评估

新加坡经济很好，但国际油价下跌，新加坡也受到不小的影响。新加坡的两家海上钻井平台企业，在面对石油天然气行业不景气时，都通过关停产能和裁员的方法去面对。由于新冠疫情的影响，大批企业破产倒闭，国家经济遭受重创，大批新加坡人失业。根据新加坡人力部最新数据，新加坡15岁以上居民的就业率，从2020年的65.2%，下降至64.5%，达到6年来的最低水平。由此可见，对新加坡油气投资经济风险还是相对较高的。

(四) 中国在马来西亚油气投资经济风险评估

马来西亚是把国家利益放在首位的相对开放的新兴工业化国家。近十年，马来西亚的经济保持持续增长。2013年，油气工业收入占GDP的8%左右。GDP年均增长率约为5%，2020年增长率上升到7%，2022年增长率达到8.7%。国家通过实施计划，在经济方面干预指导，但重要程度不如之前。然而马来西亚吉特汇率不稳定，可能会影响中国企业对马来西亚的投资，但总体来说对其投资的经济风险较低。

(五) 中国在文莱油气投资经济风险评估

文莱国家财政收入主要来自石油和天然气，没有外债，美元储备300亿元左右。文莱石油和天然气占出口收入九成以上，占国内生产总值六成以上。文莱重视油气下游产品开发，希望外资投资，帮助国家多元化全面发展。2014年，国内生产总值约150.32亿美元，国内生产总值增长率为-2.3%，人均国内生产总值约2.42万美元。文莱和其他国家比起来相对富有，2016年人均GDP超过2.5万美元，世界排名第26位。2022年，文莱GDP同比下降1.6%，油气行业产值同比下降6.2%。但是目前文莱与美元的汇率出现降低趋势，从2019年8月的1.385持续降低到2020年1月的1.351，跌幅2.5%，文莱汇率的下跌意味着货币的贬值，国内物价上升，通货膨胀水平提高，将会导致石油和天然气的出口利益降低，对于中国在文莱的油气企业来说是一个不利的影响。除此之外，目前国际油价在2020年2月28日出现大跌，跌幅超过3.5%，对油气投资造成了一定的影响。多因素分析来看，在文莱的油气投资风险较为适中。

五、中国在南亚地区油气投资的经济风险评估

（一）中国在巴基斯坦油气投资经济风险评估

巴基斯坦国内政治较动荡，国外石油公司不敢轻易合作。巴基斯坦能源稀少，油气主要依赖国际，资源也较少，能力不足，厂房短缺。随着中巴经济走廊建设，中国企业可以在油气产业链投资方面下功夫，既可以发展油气来源渠道，还可以推动与巴基斯坦的合作。通过观察巴基斯坦2000—2021年的通货膨胀率，发现其通货膨胀率一直远高于安全水平，并且还有上升的趋势，通货膨胀会抬高融资成本。巴基斯坦金融市场制度不健全，卢比不可用于国际支付，美元储备不富足。因外汇问题，中国企业在投资时容易发生亏损。就外汇来说，中巴有过相关约定，但没有具体细则。所以，项目合作过程时，可能发生汇兑溢价，这是因为巴基斯坦没有足额外汇。但是考虑到新冠疫情期间，中巴的经济走廊建设并未受到太大的影响，中国是巴基斯坦最大直接投资国，综合评估其投资经济风险相对较低的。

（二）中国在印度油气投资经济风险评估

根据世界银行的数据，在世纪之交印度国内生产总值（GDP）约为4590亿美元（1美元约合6.9元人民币）。2017年的GDP为2.726万亿美元，略低于法国的2.778万亿美元。石油产品出口占印度出口总额的10%以上，其中以矿物燃料出口收入最高，主要是汽油、柴油、石脑油、燃油和润滑油。2018年，该国出口了价值约483亿美元的石油产品，其中大部分是精炼产品。当前，由于人民币兑换不便，跨国企业自主经营权受限等原因使印度存在经济风险。对于资本流动、汇率波动、资本价格变动，油气企业应对策略较固定。跨国投资油气企业受资本管制、汇率波动、通货膨胀和市场秩序混乱等多方面影响，但印度市场潜力和机会都很大，中国对印度油气投资的经济风险属于适中水平。

(三)中国在阿富汗油气投资经济风险评估

长期以来,阿富汗经济严重依赖外国援助,世界银行的数据显示,2020年阿富汗所获外来援助总额占其国内生产总值(GDP)的42.9%。阿富汗GDP的增长基本上都发生在2012年美军增兵结束时,此后便停滞不前。至2017年,阿富汗的失业率已上升至23.9%。而且阿富汗没有原油储运、销售和炼化方面的例子。同时,又由于基础设施不健全,导致外国投资者在原油面前有困难。原油品质、运输和销售渠道对原油销售的可行性、经济性影响较大,原油出口运输、存储和清关程序复杂,各部委之间协调难度大,市场经济风险较大。塔利班执政虽然成功缓解了阿富汗的经济困境,但未来的发展依旧艰难。

六、中国在西亚地区油气投资的经济风险评估

(一)中国在卡塔尔油气投资经济风险评估

卡塔尔能源富足,出口液化天然气排名第一。卡塔尔在经济上主要依靠资源出口,油气经济占GDP五成以上。经济依靠油气资源,油气价格波动,经济也会波动,经济不稳定。美国发动的页岩油革命、开发新能源产业对原油市场有影响。2014年起国际油价变动很大,一些资源经济国家受到较大影响,油价降低使得收入减少,将导致政府财政紧缩,投资风险增加。2021年卡塔尔经济恢复性增长低迷,按平均汇率计算,卡塔尔名义GDP折合1795.71亿美元,同比增长24.3%;人均名义GDP折合71688美元,同比增长36.5%。

卡塔尔一些国有企业有特权或实行垄断。如电力自来水总公司垄断水、电。油气被政府全资的石油公司垄断。建材供应市场垄断现象严重,没有竞争力。另外,卡塔尔保护本国企业,尤其在政府采购、招投标方面。银行、保险领域需征得政府同意,卡塔尔当地企业占领资本市场。在商业代理和房地产方面外资不允许进入。折算风险、交易风险和经济风险构成汇算风险。在国际交易中,汇率经常波动,可能导致实际收益和预计收益有差距,发生亏损现象,其他货币汇率均受美元影响。但从目前来看,中国与卡塔尔一直

存在油气合作，并未造成损失，因此短时间内油气投资的经济风险较低。

（二）中国在也门油气投资经济风险评估

也门相对于其他中东国家油气资源并不丰富，再加上这个国家国内外冲突不断，整体经济形势不好。也门自 2014 年以来 GDP 呈现负增长率，由 43229 百万美元下降到 2021 年的数亿美元，人均 GDP 的负增长率远高于国内生产总值的负增长率，可见也门经济并不是很景气。油气在也门国内生产总值占三成，是七成以上的国家财政收入和八成以上的出口总额，因此，也门对国际石油价格极为敏感。也门国内通货膨胀水平较高，物价上涨严重，这不仅仅不利于国内人民的生活，对中国在也门的油气投资的经济风险也极高。

（三）中国在阿联酋油气投资经济风险评估

阿联酋油气资源比较丰富，经济快速增长，石油资源是这个国家的经济支柱。2019 年阿联酋全社会完成的 GDP 为 15466.45 亿迪拉姆，折合 4211.4 亿美元，在全球排 30 名左右。按照约 950 万人口计算，2019 年阿联酋人均 GDP 约为 4.43 万美元。近年国际油价波动对阿联酋的经济收入发挥着重要影响力，国内经济具有较高的开放度。在给阿联酋带来丰富经济的同时，本国经济对世界经济的依赖加重，容易被国际经济影响。阿联酋没有其自己的货币政策，汇率随着美元变动而变动，零利率也是跟着美国改变。总体上来看，中阿合作密切，中国油气企业也从中获得了丰厚的利润，并未带来太大的损失，因此油气投资风险较低。

阿联酋各酋长国之间有一定的差异性，这种差异性体现在经济实力和发展速度方面，并且呈现出逐渐扩大的趋势，不断变大的差异冲击着阿联酋内部的政治和经济的稳定性。其中，阿布扎比酋长国和迪拜酋长国两地的国内生产总值占阿联酋国内生产总值的比例达到八成以上，是实力最大的两个酋长国，过于强大的经济实力对其他经济较弱的小酋长国无形中形成了强大的压力，因此，这些小酋长国追求政治多元化的目标，并认为酋长国之间贫富差距过大会给国家政局稳定带来一定风险。

阿联酋经济结构存在虚拟经济与实体经济比例不平衡的现象。由于阿联酋的政策并没有对外来劳工的配额进行限制，因此不论是在私营企业还是政府机构，外来劳工的占比都极高。据统计，私营企业和政府机构中超过九成的职位由外籍劳工任职。阿联酋内部虚拟经济占比和外来务工人员占比过高以及经济建设过程中过于依赖外来劳动力和技术人员的现象，使得国内面临了更大的经济风险。阿联酋的经济情况更加难以抵抗金融危机或者地区冲突。例如，2008年全球金融危机对阿联酋的各个酋长国造成了剧烈的打击，外国资本不断撤离阿联酋，并且大量的外籍劳工也离开阿联酋去往其他国家，甚至国家的资金储备规模也发生了大幅下降。

（四）中国在科威特油气投资经济风险评估

石油天然气是科威特主要的经济支柱，因为石油天然气科威特的经济情况也比较乐观，石油收入仍占该国经济三分之二和政府九成收入，其中2021年下半年油价上涨对科威特财政收入提供了有效支撑。2021年科威特国内生产总值1332亿美元，人均国内生产总值2.79万美元，经济增长率为2.7%，虽然科威特通货膨胀问题仍然存在，但是在"一带一路"倡议的推动下，中国企业并没有减少与其合作，反而合作得更加密切，短期内油气投资的经济风险较低。

（五）中国在叙利亚油气投资经济风险评估

叙利亚政府从2011年起就停止报告经济数据，但是估计数据显示，2011年至2013年间，叙利亚实际GDP大约萎缩了40%至50%。七成左右叙利亚人民生活困难，十分贫困，收入支出不成比例，最基本的温饱要求都达不到，甚至有饿死人的现象出现。战争不断导致叙利亚经济落后，政府财政下降、严重的通货膨胀现象、货币贬值迅速，石油产量远远不够，叙利亚经济因为战争几乎回到30年前。研究估计叙利亚因战争导致的经济亏损超过2500亿美元。若在未来叙利亚依旧战火不断，其经济损失将超过1.3万亿美元。2021年叙利亚经济正面临严重的困难，预算仅为8.5万亿叙利亚磅（约合27亿美元），同比暴跌27%（调整通胀后），同时也降到了2011年以来最小规模。叙利亚目前通胀率为83%，货币贬值一年内超过50%，失业率为78%，因此，中国在叙利亚油气投资的经济风险很高。

第三节 "一带一路"沿线国家油气投资的运营风险评估

运营风险是指油气项目在运营过程中，由于外部环境的复杂性和变动性以及主体对环境的认知能力和适应能力的有限性，而导致的运营失败或使运营活动达不到预期的目标的可能性及其损失。运营风险并不是指某一种具体特定的风险，而是包含一系列具体的风险，主要有人力资本、运营机制和经营策略等。被投资国的政策变更会影响企业的运营状态，从而带来一定的经营风险。

一、中国在中亚地区油气投资的运营风险评估

（一）中国在哈萨克斯坦油气投资运营风险评估

哈萨克斯坦虽然在外交上的多元化外交策略加大了对油气资源的出口，但同时为了使本国资源首先为本国发展，哈萨克斯坦政府制定了一些制约外国企业的政策，并且这些政策随着国内政权的更迭不断发生改变，政策变动风险高。如税收方面，哈萨克斯坦为了达到保护本国企业和制约外国企业的目的，在税收政策方面做出了一些调整，例如加强对油气能源加工行业的税收比例，这一政策的调整看似能够增加哈萨克斯坦本国的税收，实则不利于我国油气能源行业的发展。哈政府加强对国内环境监督，出台严厉的环境保护条款，尤其加大了对油气能源行业的污染标准，规定如果企业油气生产过程中的排放气体超过一定标准，或者排放指标不符合国家规定，将取消企业的矿产开采权，这一政策的出台有利于哈萨克斯坦国内的环境，加大了我国企业在哈萨克斯坦的经营难度。

（二）中国在土库曼斯坦油气投资运营风险评估

土库曼斯坦的内部国家治理机制不稳定，随意性较强，政府干涉外资企业的投资项目，这些干预引起了土库曼斯坦的合作方单边停止了合约的

履行，例如，2007年中土签订协议，协议规定每年土供应给中300亿立方米天然气，供应30年。2017年冬至2018年春，土供应的天然气严重减少，属于违约。2018年1月末，土方天然气供应量为0.7亿立方米/日，原本约定的为1.3亿立方米/日。土方解释是因为其设备损坏，维修资金不到位，本国的天然气需求增加。土库曼斯坦的政府对外资企业的干预，以及国内政治的不稳定性严重打消了外资企业的积极性，这对于中国在土库曼斯坦的油气投资将会造成严重的影响。同时土库曼斯坦的政府在与中国的合作中出现过违约的情况，土国政府违约风险的存在更是加大了外资企业对土库曼斯坦的恐慌，中国企业在土库曼斯坦油气投资的运营风险将会增加。

（三）中国在乌兹别克斯坦油气投资运营风险评估

乌兹别克斯坦腐败问题比较严重，腐败问题将会使中国的投资者望而却步，会对中国在乌兹别克斯坦的油气投资造成影响，2020至2021年间，共有十多起贪污腐败案。前州长朱拉耶夫违背职责，勒索财物。2018年，有81起试图向检察院行贿的案件被总检察院查处，81起案件的行贿总额共达2.81万美元和4900万苏姆，如果在此期间能够认真对待并提前做好政府相关部门工作，其运营风险还是能够合理规避的。

二、中国在俄罗斯油气投资的运营风险评估

俄罗斯的市场环境不够友好。2014年10月10日，俄罗斯的货币贬值和债务违约再次出现，俄罗斯为了保护卢布，开始耗用外汇储备。另外，俄罗斯腐败现象较为严重，尽管俄政府制定法律严管腐败现象，但对于长期存在腐败现象的俄罗斯仍然没有好转，严重的腐败使得中方企业投资壁垒加大，需要付出大量不必要的成本来公关运营。据俄罗斯相关报道，2019年俄罗斯14万起贪污受贿案件被查处。2018年23万起相似案件被查处；2016年24.5万起相似案件被查处。俄罗斯办事效率居在欧美国家中属于中等水平，2014年及2022年均出现了较大轰动的违约事件，这主要是由于战争及制裁所致。

三、中国在中东地区油气投资的运营风险评估

(一) 中国在伊朗油气投资运营风险评估

哈梅内伊掌权期间,经常利用宗教权力来影响经济政策,表面上有很强的号召力,但在没有对政治体制进行根本变革、权力不受到有效制约的前提下,不论权力是以宗教的面目还是政党的面目出现,都会导致腐败和不公。尽管伊朗已经大力地进行反腐败,但是效果不甚理想。据统计,在伊朗申请公司,需要16个办理手续;注册资产,需要办理9个手续长达1个月之久;申请破产可能要长达5年。政府办事的低效率对于外来企业在伊朗进行投资带来困难,不利于吸引外部投资。

(二) 中国在伊拉克油气投资运营风险评估

据世界银行2020营商环境指数,可见伊拉克的营商环境对于外国投资者来说并不是非常友好。伊拉克官僚主义和腐败现象严重,行政效率低,这些问题都提高了伊拉克商业环境的运营风险。据官方统计,2003年伊拉克因腐败损失超3000亿美元。2014年,在非政府组织"透明国际"的排行榜中,伊拉克排倒数第六名,进入到世界最腐败国家名单中。除此之外,伊拉克中央政府和伊拉克库尔德政府在油气开发权限上存在争议,导致形成了两套独立的油气管理制度,制度的混乱,容易带来违反当地规定的风险[1]。中央政府签署的对外石油合作项目都是技术服务合同,规定政府在约定产量的基础上支付给公司服务费,但服务费严重失衡,不平等的利润分配导致油气企业不能获得尽可能多的利润,运营风险将大大增加。

(三) 中国在沙特阿拉伯油气投资运营风险评估

沙特阿拉伯政府官员的不作为加大了外资企业在政策审批上的困难,进而影响企业的经营进程。沙特政府实施一系列措施来提升就业率,要求所有

---

[1] 范体军,张莉莉,常香云,等. 中国海外石油开发利用的国家风险评估 [J]. 管理学报,2021,8 (6): 943-948.

沙特企业都要招聘沙特籍员工，数量要达到规范，完成好的企业将会受到奖励，没有按照规定要求的将受到处罚。2012年12月，沙特就劳动法进行修改，规定私有行业员工每周工作40小时，较原来缩减5小时，周末休息；员工在其单位工作4年以上，或劳动合同超3次续约，应当签订无固定期限合同；用人单位不得要求劳动者连续工作超过5小时，连续工作时要有吃饭和祷告时间，在半小时以上；工作日时长在8小时以内等。腐败现象频出，2020年，沙特多名高级官员因为贪污被查处，腐败问题将会带来社会范围内的运营风险，国外企业想进行投资，相对就要面临较大的运营风险。

四、中国与东南亚地区油气投资的运营风险评估

（一）中国在印度尼西亚油气投资运营风险评估

印度尼西亚政府存在违约风险。违约风险的存在，迫使中国企业在项目实施上造成损失。印尼还面临腐败问题，2019年10月16日，印度尼西亚根除腐败委员会以受贿指控为由逮捕了北苏门答腊省棉兰市市长 Dzulmi Eldin。该名官员同时也是执政联盟中的专业集团党（Golkar）委员会成员。此前，其他六名涉案人员于10月15日晚在北苏门答腊省各场突击行动中被捕。调查人员已扣押2亿卢比。印度尼西亚根除腐败委员会的调查数据显示，Dzulmi Eldin 于2019年3月申报个人财产203.9亿卢比（约合150万美元）。此外，印度尼西亚根除腐败委员会逮捕了5个城市的数十名贪腐官员。印尼庞杂繁琐的审批法规、低下的办事效率、过于严苛的劳工保护条例，让世界各地的许多投资者望而却步。因此，运营风险相对较大。

（二）中国在缅甸油气投资运营风险评估

缅甸政府存在违约的风险，缅甸政府政权交替，造成现任政府不满前任政府的决策，任意篡改已商定好的投资方案，给中国企业带来损失。例如，密松大坝水电站项目，遭到缅甸联邦政府和联邦议会的否决搁置，密松大坝水电站项目的搁浅，属于严重的政府违约行为，让我们不得不深思，如果油气项目遭到缅甸政府违约，对我国企业在缅甸投资所造成的损失是无法估计的。

缅甸专业时政评论员介绍称，缅甸官员存在腐败现象不是近期才出现的①。曾经的军政府执政时期，从政府高级官员到底层为百姓服务的工作人员，这种腐败现象皆有存在，甚至大家并不觉得有哪里不对。缅甸官员的亲人拥有巨额财富，但这些财富是不可能仅通过官员的工资等收入获得的。缅甸的中层官员，他们一般通过钻法律的漏洞来获取利益。

（三）中国在新加坡油气投资运营风险评估

据新加坡调查局统计，2020年起查处多起腐败案例，调查局在"腐败解密"展览启动仪式上公布了统计数据。其中政府官员腐败的案件仅占一成，剩下的九成均为私人案件。新加坡之所以成为世界上腐败案件最少的国家之一，因为领导人抵制腐败、法律健全对腐败现象严惩、社会风气正直对腐败"零容忍"。研究发现，亚洲国家中，新加坡办事效率最高，香港排名第二。总体来看对新加坡油气投资运营风险较低。

（四）中国在马来西亚油气投资运营风险评估

据全球营商环境报告，马来西亚全球排名第12位，营商环境比较良好。马来西亚一直以来面临的较为严重的腐败问题。除此之外，中国企业还面临马来西亚政府违约的风险。2018年新任马来西亚政府上台就终止了新马铁路计划，导致中国方面面临巨额损失，政府违约风险的存在给中国油气企业带来经营风险。2017年3月，中马合作的第一个项目是中国交建中标的东海岸衔接铁道（简称：东铁），2018年8月，东铁项目开始启动，这是我国高铁的新突破②。但2018年马哈蒂尔上台，财务部开始彻查前政府签署的大型合作，"东铁"也受到了一些影响，马方觉得"东铁"在资金方面存在困难，宣布暂停合作，并重新与中国谈判。中与马的谈判经历半年时间，2019年1月26日马国经济事务部长阿兹敏宣布"东铁项目"正式作废。虽然这些项目违约了，但是中国企业都得到了应有的补偿，总

---

① 郭思佳，方伟，曾金芳，等. 中东地区油气资源投资环境评价及优选［J］. 资源与产业，2022，14（6）：93-100.
② 杨海恩. 基于AHP的中国石油企业海外投资环境评价［J］. 经济问题，2019，（3）：81-84.

体来看运营风险较低。

（五）在文莱油气投资运营风险评估

全球营商环境报告显示，文莱 2020 年排名第 66 位，排名低于大多东盟国家，中国油气企业在文莱进行投资，需要做好事前调查规避风险。由于文莱部门设置烦琐，有的项目经过许久才审批，但综合来看对文莱油气投资运营风险较低。

五、中国在南亚地区油气投资的运营风险评估

（一）中国在巴基斯坦油气投资运营风险评估

据营商环境报告统计，巴基斯坦营商便利整体水平较低。巴的税法经常变动，税收政策不透明，税负对企业有压力，税务部门有不按照法律处理问题的现象。例如，巴税务部门曾对中国公司提出要求其预缴大额税款很多次，目的是达到巴年度税收目标，这导致企业税负和现金流负担加重；征税方面，存在强制封锁银行账户、强制划账甚至跨管辖区域征税等问题，相关政策落实情况仍不乐观，并且巴在供电方面不行，首都伊斯兰堡经常限电，影响企业正常开工，而油气资源的开发与勘探需要用到大量的电力供应，不能及时提供电力供应和电力的回收加大了中国企业的投资风险。

巴基斯坦长期以来过高的通胀率影响经济运行与发展。2013 年以来在国际油价下调以及大宗商品价格低迷的背景下，巴基斯坦成功将通胀率控制在 4% 左右的水平。但在国际油价和大宗商品价格开始回升之后，在政府不断削减补贴和加大征税力度等措施下，巴基斯坦通胀率不断升高，至 2022 年 12 月已高达 24.5%。巴基斯坦《新闻报》报道，巴在全球国家的贪腐印象指数排名提高 4 位，位列 122 名。经过三年反腐行动，即使反腐效果较好，但腐败情况依然时有发生，巴政府应该进一步加大反腐制度建设和执法力度。总体来看对巴基斯坦油气投资运营风险较高。

（二）中国在印度油气投资运营风险评估

印度在世界经济体中排名第 100 位，可以看出，印度的营商环境较低。

印度政府办事效率低，腐败问题严重，在印度办理相关手续时政府机构自主性较强，严重影响企业的运作效率，在印度还存在大规模停电问题，计划投资印度企业的成本增加，经常断电让公司生产过程变难。印度疫情问题严重，是第三大疫情国。因为疫情，印度经济停滞3个月之久。2020年6月30日印度对管制政策逐渐放松，但还需要一段时间才能全面"重启"经济活动。疫情导致印度亏损近3.5亿美元的贸易总额[①]。印度第一大进口来源国是中国，印度经济受到重创，将提高中国向印度出口的风险，经济下滑可能使印度进口企业在付款方面存在问题，提高违约风险。总体来看对印度油气投资运营风险较高。

（三）中国在阿富汗油气投资运营风险评估

据《2020年全球幸福指数报告》显示，阿富汗位列第173位，共190个国家和地区参与。阿富汗清廉指数倒数第4位，共180个国家和地区参与。阿富汗的腐败现象加强了投资者的成本支出和时间消耗，极大地影响到其投资信心。除此之外，阿富汗的油气资源多在盆地地区，地势环境险恶，开采难度极大。此外，阿富汗由于长期遭受战乱的袭击，现今正处于战后经济恢复阶段，各项基础设施比较落后，在阿富汗国内电力供应不能满足工业部门的需求，常常出现断电的时候，断电造成的油气作业暂停，将会带来不必要的成本损失。安全局势不清，产业发展不平衡，农业投入较少，工业发展缓慢，服务业迅速崛起，基础设施不完善，办事效率不高，总体来看对阿富汗油气投资运营风险较高。

六、中国在西亚地区油气投资的运营风险评估

（一）中国在卡塔尔油气投资运营风险评估

卡塔尔是君主制国家，君主拥有至高无上的权力，这样就会造成在卡塔尔的中国油气公司面临政策随意更改的风险。中国在卡塔尔投资遇到的

---

① 陈亚强，穆龙新，翟光华，等. 海外油气项目多目标投资组合优化方法 [J]. 系统工程理论与实践，2017，37 (11)：18-24.

困难中还包括施工进度缓慢。在卡塔尔开办企业并不容易,但和其他中东国家比较,卡塔尔相对还好。此外,卡塔尔地方保护主义强烈,当卡塔尔国内的企业与外商之间发生矛盾时,卡塔尔的司法机构往往会偏袒当地的企业,这就使得中国企业可能遭受不平等的待遇,中国企业对卡塔尔油气投资的运营风险适中。

(二)中国在也门油气投资运营风险评估

也门在《2020营商环境报告》可看出存在的主要问题是腐败问题。2019年全球腐败排名第178位。也门违约风险也较高,2006年,北京某集团中标也门萨那国际机场新航站工程,标价比其他竞争对手低一亿元人民币,工程中标价为1.15亿美元,2006年4月1日项目开工,计划两年半左右完工,但合作过程中,合作方拨款不及时,北京某集团认为对方是政府部门,违约风险较低,继续合作。工程基本完工时,对方才支付了几百万美元的工程款,甚至对方拿出合同对我国进行索赔,我方损失巨大[①]。总体来看,中国企业对也门油气投资的运营风险较高。

(三)中国在阿联酋油气投资运营风险评估

阿联酋拥有丰富的天然气,但含硫程度较高,开发过程难度大,造成国内天然气供应不足,需引进处理高含硫气技术,中国对此技术也存在问题。2015年末,中国对阿联酋直接投资存量46.03亿美元。2017年2月19日,中国石油与阿布扎比国家石油公司签署陆上油田开发项目合同,合同期40年。成功合作此项目,意味着中国成为阿布扎比的重要合作者。中国石油在阿联酋的工程、技术和物资方面取得新进展,总体来看,对阿联酋油气投资的运营风险较低。

(四)中国在科威特油气投资运营风险评估

科威特的营商便利度各项指标与阿联酋差距较大,主要是因为科威特

---

① 王信敏,丁浩. 海外主要油气产国油气投资环境及影响因素演化[J]. 经济地理,2017,37(4):107-116.

的国内市场运营以及国内市场环境所致。科威特的基础设施指数排名第64位,处于海合会成员国的末尾,较为落后的基础设施给油气勘探以及油气运输造成影响。科威特是最早与中国建交的海湾阿拉伯国家,建交47年来,中科经贸关系发展迅速。目前中国是科威特的非油类最大贸易伙伴,而科威特是中国最重要的原油提供国之一,运营风险相对偏低。

(五)中国在叙利亚油气投资运营风险评估

叙利亚的营商环境较为落后,较差的营商环境不利于中国企业在叙利亚的投资。叙利亚政府对进口商品受限,过程变得繁琐复杂,用此方法保护本国产品。进口成品和半成品间税率差距过大,成品关税比半成品关税多六七倍以上①。叙政府严格控制进口,尤其是建材、汽车、新科技产品等,增加企业投资风险。尽管叙利亚战争正在解决,但边境地区战争依旧不断发生。外资企业最关注的仍是安全问题。政府部门职责不明确,官员相互推脱,办事效率低。招商引资政策不透明、不公开,对外国企业在参与重建工作上没有激励政策,对接部门和服务窗口没有及时设立,政府对重建招商工作没有做好准备,投资者存在风险。对外资企业政策不友好。政府在办理手续时不使用国际语言,企业之间沟通困难,效率低下。总体来看中国企业对叙利亚油气投资运营风险较高。

结合数据及事件得出以下结论(见表5-8至表5-12)。

表5-8　　　中亚地区及俄罗斯油气营运风险评估

营运风险	乌兹别克斯坦	哈萨克斯坦	土库曼斯坦	俄罗斯
违约风险	低	高	高	高
办事效率	中	中	中	高
腐败程度	高	高	高	高

表5-9　　　中东地区油气营运风险评估

营运风险	伊朗	伊拉克	沙特阿拉伯
违约风险	低	高	中

---

① 王信敏,刘丙泉,孙金凤. 国际油气投资环境潜力演化和差异变动趋势研究 [J]. 世界经济研究,2015,(2):105-114+129.

续表

办事效率	低	低	低
腐败程度	低	高	低

表5-10　　　　　　　东南亚地区油气营运风险评估

营运风险	印度尼西亚	缅甸	新加坡	马来西亚	文莱
违约风险	中	高	低	高	低
办事效率	低	低	高	低	低
腐败程度	高	高	低	高	低

表5-11　　　　　　　南亚地区油气营运风险评估

营运风险	巴基斯坦	印度	阿富汗
违约风险	中	高	低
办事效率	低	低	低
腐败程度	高	高	高

表5-12　　　　　　　西亚地区油气营运风险评估

营运风险	卡塔尔	也门	阿联酋	科威特	叙利亚
违约风险	中	高	低	低	高
办事效率	低	低	高	中	低
腐败程度	低	高	低	低	高

第四节　"一带一路"沿线国家油气投资的法律风险评估

法律风险是指投资所在国的法律环境是否完善，即法律制度是否完备、法律体系是否健全、执法是否公正、合同是否能够受到法律保障等影响油气投资安全要素。本部分认为，法律风险一方面要看一个国家油气政策相关法律体系是否完善、公平公正；另一方面对于"一带一路"而言主要指当风险发生时被投资者是否有完善的法规来保护相关企业的合法资产，或者对外来的投资是否有优惠政策。

法律秩序风险等级是一个由单一的部分组成，但它的两个要素是分开评估的,每个元素得分从 0 到 3 分,满分 6 分。表 5-13 数值越高代表法律秩序风险越低,数值越低代表法律秩序风险越高。

通过表 5-13 数据的分析,中东国家中的伊拉克、也门以及东南亚国家中的印度尼西亚这 3 个国家的法律秩序风险较高,其他国家相比于这 3 个国家法律秩序风险较低。

表 5-13　　2017—2021 年相关国家法律秩序情况

国家	2017	2018	2019	2020	2021
文莱	5.00	5.00	5.00	4.33	4.00
印度	4.50	4.50	4.50	4.50	4.50
印度尼西亚	2.50	2.50	2.50	2.50	2.50
伊朗	4.00	4.00	4.00	4.00	4.00
伊拉克	1.50	1.50	1.50	1.50	1.50
哈萨克斯坦	3.50	3.50	3.50	3.50	3.50
科威特	4.00	4.00	4.00	4.00	4.00
马来西亚	4.00	4.00	4.00	4.00	4.00
缅甸	3.00	3.00	3.00	3.00	3.00
巴基斯坦	3.00	3.00	3.00	3.00	3.00
卡塔尔	5.00	5.00	5.00	5.00	5.00
俄罗斯	3.00	3.00	3.00	3.00	3.00
沙特阿拉伯	5.00	5.00	5.00	5.00	5.00
新加坡	5.00	5.00	5.00	5.00	5.00
叙利亚	4.50	4.50	4.50	4.50	4.50
阿联酋	4.00	4.00	4.00	4.00	4.00
也门	2.00	2.00	2.00	2.00	2.00

数据来源:ICRG。

一、中国在中亚地区油气投资的法律风险评估

(一)中国在哈萨克斯坦油气投资法律风险评估

2003 年 1 月哈萨克斯坦发布《哈萨克斯坦共和国投资法》,对以往的法律进行了大量的修改与完善,减少了政府干预等情况,与多项法律共同搭建了哈国国际投资法的立体框架。2005 年 4 月,哈修改了投资法,之后

哈的投资法就没有改变。《投资法》重新规范了国家对于引进投资的奖励与鼓励，还解决了各种问题，其中包括因为工作人员原因导致的损失等给予的补偿。由此可见，哈萨克斯坦油气投资风险法律较低。

（二）中国在土库曼斯坦油气投资法律风险评估

土库曼斯坦的经济体制正由计划经济转为市场经济过渡期，因此其法律法规变化较大，市场环境也较为特殊。土库曼斯坦对于国外企业的资金输入对石油能源有紧密联系的法律，包括《一般经营法》《油气资源法》，还有《土地法》等一些相关法律，而这些相关的法律的落实，给石油能源和天然气资源的开发与利用提供法律保护。外国公司想要在土库曼斯坦完成注册，需要经过繁琐、复杂的注册手续，注册过程中也经常出现各种各样的问题，使得注册时间远超预期。土库曼斯坦税收体制也较为复杂，中国企业应提前了解并做好充分准备。总的来说，土库曼斯坦对于国外企业资金流入与投资的优惠政策比较大[①]。但土民众法律意识不高，优惠政策还常有所变动，国内法律还需要进行重新更进，通过以上来看土库曼斯坦的投资具有非常不确定因素。

（三）中国在乌兹别克斯坦油气投资法律风险评估

自 2020 年 1 月 27 日起，《投资和投资活动法》（《On Investmentsand Investment Activity》）正式施行。该法律是由过去在外商领域施行 20 多年的三法《外国投资法》《外国投资人权利保障和保护措施法》《投资活动法》合成的。《投资和投资活动法》共计 12 章、69 条，全面规定了投资行为、投资保护、投资管理、投资促进、投资优惠政策、外商投资、对外投资等基本制度，在保留原三法优惠措施外，新增投资税收贷款、投资补贴两项优惠措施。外国投资在乌兹别克斯坦获得的收益可以用于再投资活动或根据投资者的意愿确定；外资在投资活动结束后返还给投资者，保证投资者没有政治或其他风险。综上所述，乌兹别克斯坦法律法规较为完

---

① 王信敏，孙金凤. 基于证据理论的中东地区油气投资环境演化分析 [J]. 中国石油大学学报（社会科学版），2015, 31 (4)：1-6.

善,但缺乏实施细则,执法者自由裁量权较大,容易出现权力寻租现象,但总体来说,乌兹别克斯坦的法律风险较低。

二、中国在俄罗斯油气投资的法律风险评估

俄罗斯外商油气投资的相关法律经过几次修改,目前俄罗斯外商油气投资的相关法律有《俄罗斯联邦外国投资法》《俄罗斯联邦地下资源法》《俄罗斯联邦产量分成协议法》和《俄罗斯联邦大陆架法》等。俄罗斯有关油气开发与投资的法律法规已基本健全,形成了以联邦法律法规为主、联邦主体和地方法律法规为辅的法律法规体系。该体系涵盖了陆上、海上油气资源及其勘探、开发、运输、销售等多个领域,使得俄境内油气资源的勘探开发等相关活动已基本做到有法可依。但由于俄罗斯目前能源形势还不是特别稳定,相关法律变化较大,国家法律特别是联邦法律仍存在一定的漏洞[1]。俄罗斯外商(油气)投资法律法规是俄罗斯吸引外资的产物,给予了外国投资者较大的优惠和方便,但从矿产资源的相关法律可以看出,俄罗斯对于外资进入还是设置了很多的限制。而且俄罗斯石油产品税包括 MFT 和出口税,这两个税从 2011 年起到 2020 年还是在频繁变化,可见油气投资的法律风险较高。

三、中国在中东地区油气投资的法律风险评估

(一)中国在伊朗油气投资法律风险评估

伊朗政府为了大力引进国外先进技术,不断地逐步完善法律法规,增加对外资的优惠政策。2015 年 7 月,伊朗核危机全面协议达成以后,其政府为鼓励外资投入油气领域。在原本法律的基础上,修订出新的法律《鼓励和保护外国投资法》[2]。成本的超额支出是合资企业按照股份比进行责任

---

[1] 杨炘,王鸿冰,邢云,等.中国国际石油投资模糊数学综合评价方法[J].清华大学学报(自然科学版),2016,(6):855–857.
[2] 赵亚博,刘晓凤,葛岳静."一带一路"沿线国家油气资源分布格局及其与中国合作中的相互依赖关系[J].地理研究,2017,36(12):305–320.

的划分，企业在原来勘探的地区没有发现石油或天然气在邻区具有优先勘探的权利，还出台了一系列行业鼓励政策，如赋予外国投资者和国内的石油化工工业还有同类型公司都具有这样的权利，准许国外企业来投资国有石化股份。这些法律没有频繁的变动，油气投资法律风险较低。

（二）中国在伊拉克油气投资法律风险评估

伊拉克目前的油气开采活动无法可依，而且可以操作的石油和天然气行业规范不完善。伊拉克政府每年都会根据经贸数据，如国内预算、产值等情况，对某些税种的税率和征税对象做出调整，对某一行业或地区实施新的税收优惠政策，或临时颁布专门的税收法规，给外国投资者带来一定影响。因此，伊拉结法律风险较高。

（三）中国在沙特阿拉伯油气投资法律风险评估

沙特阿拉伯贸易投资相关的法律文件为《税法》《进口许可指南》《劳动法》等。这些法规并没有频繁的变动，但是这些法律过于维护本国的利益，不利于外国投资者投资。按照沙特《外国投资法》的规定，外国资本可以在沙特国内成立全资子公司或分公司，并且与沙特本国的法人公司享受同等待遇。但在实际的市场中，中资企业并不能很容易享受到和沙特当地法人公司同等的待遇。此外，虽然沙特投资业有严格的法律制度并且运作较为规范，但其国内的仲裁机构时常偏袒当地企业。总之，在中国企业不违规的情况下，油气投资的法律风险较低。

四、中国在东南亚地区油气投资的法律风险评估

（一）中国在印度尼西亚油气投资法律风险评估

印度尼西亚油气相关主要的投资法律有《投资法》《石油和天然气工业法》等。2020年10月，印度尼西亚议会通过的《创造就业法综合法》对2007年的《投资法》进行了大幅度修改，并于2021年2月颁布《新投资清单》，对能源等行业的影响主要体现在两个方面：一是放宽外商投资准入，二是简化许可流程。在成立的初期，对相关法律改动频繁，但是现

在趋于成熟，法律风险适中。

（二）中国在缅甸油气投资法律风险评估

没有统一相关的政策遵循，增加了投资的风险性，缅甸各级政府曾以不合理的理由限制中国油企从中国进口生产材料的事件发生，缅甸政府虽然做出了极大的调整，但缅甸的有关能源方面的政策还是落后于其他国家，内部腐败问题也使得缅甸政府缺乏有效的执行能力，缅甸与投资相关的法律还具有延续性不足的特点，政策多变且不能及时通知外商给予缓冲时间，造成外商不能及时做出调整而收到政府的违法通知单，由此可见对缅甸的油气投资法律风险较高。

（三）中国在新加坡油气投资法律风险评估

新加坡与贸易相关的主要法律有《商品对外贸易法》《进出口管理办法》《商品服务税法》《自由贸易区法》等。这些法律在一段时间内并没有频繁变动。新加坡鼓励投资、出口、增加就业机会、对开发新产品予以鼓励。如对一些特殊产业公司给予税收优惠和资金帮助。除国防相关行业及个别特殊行业外，新加坡对外资并没有过多的限制。总体来看，对新加坡油气投资的法律风险较低。

（四）中国在马来西亚油气投资法律风险评估

投资法律有《合同法》《公司法》《所得税法》《劳资关系法》。马来西亚法律制度完善，对成品油的监督十分完善，法条没有频繁更改，由于政府干预等情况的发生，使得在执行法律的过程中以及司法的独立性还有待提高。总体来看，马来西亚的石油和天然气等资源方面的投资风险较低。

（五）中国在文莱油气投资法律风险评估

文莱政府规定可以直接用英国法律相关规定来代替某些缺位法，其中就包括投资招标领域的部门法，法律体系的不健全以及法律制度的多变性给中国油气企业带来较大的风险。文莱的法律制度透明度不够。文莱设有的立法会在更多时候没有实权，法律法规的颁布与执行均由国王苏丹决定，立法会长也由苏丹任命，所以对文莱油气投资的法律风险较高。

五、中国在南亚地区油气投资的法律风险评估

(一) 中国在巴基斯坦油气投资法律风险评估

巴基斯坦的法律法规较为完整，油气上游业务的相关法律主要有先后颁布的《油田（联邦控制）法》和《巴基斯坦石油（开采）法》。巴基斯坦对外资企业制定了较多的优惠政策，包括外商投资企业的全部资本和利润等可以汇回、外商投资企业进口设备时享受5%的关税、企业可以进口原油以及货币可以自由兑换等。巴基斯坦政府在进口原油方面每年所需资金较大，特别是在油价上涨的情况下，巴基斯坦政府更加重视开发巴基斯坦本土的油气资源，接连出台新的优惠政策吸引投资者来巴基斯坦。可见，在巴基斯坦油气投资法律风险较低。

(二) 中国在印度油气投资法律风险评估

印度的外资制度是一种以政策为导向的制度体系，印度国内没有专门针对外商投资的法律，多数是以政策通过媒体告知群众，这种以政策为导向的制度体系修改更换的频率也较高，对于中国油企来说将会面临政策频繁更迭的风险，一旦政策出现大幅度的修改，意味着企业需要改变或者重新制定发展规划和项目进展程度，将会造成成本的增加。据统计，印度法院解决问题的效率低下，是全球国家倒数第六位。由于人员不够和技术不先进的原因，印度法院案件积压过多，难以处理应对。由此可见，对印度进行油气投资的法律风险较高。

(三) 中国在阿富汗油气投资法律风险评估

阿富汗因为想规范石油的勘探与开采，便出了规范外国石油公司缴纳企业所得税的《私有投资法》、针对国外石油企业本地化规范的《劳动法》等，一系列新的政策法律的出台说明阿富汗政策法律的多变性，多变的法律会给外国的石油公司带来不确定的法律风险，不过可以肯定的是，油气投资法律风险较高。

六、中国在西亚地区油气投资的法律风险评估

（一）中国在卡塔尔油气投资法律风险评估

卡塔尔虽然实行三权分立，但由于中东地区的国情较为特殊以及法治传统的缺乏，国家的元首拥有绝对权威，能够较大程度地影响国家的行政、立法、司法。与之相比，司法机构在行政、立法方面的权力相对较弱。而处在法治进程中的卡塔尔的司法体系并不完善，外国投资者想要在当地寻求司法救助并不代表能够得到公平的对待，而是可能会遭遇不公平的结果。在石油、矿业等资源开发领域，通常是卡塔尔政府负责相对大型的项目，也就是说，外国投资商想要在这些领域投资，需要与卡塔尔政府进行合作并签订项目合同，由于合同主体中的一方是外国私人投资者，另一方是政府，双方并不平等，当东道国政府不想继续执行合同内容或者想要征收为国有时，外国投资者很难通过法律手段进行抗争，从而使得外国投资者会处于不利地位。

卡塔尔没有油气法，但是有《卡塔尔投资法》。对外油气合作依据主要是标准合同，合作双方为卡塔尔政府和承包商，期限25年，期满可以按承包商意愿结束或延续。《卡塔尔投资法》表现在关税、资源开发利用以及工程咨询和技术服务等方面。但是由于没有油气法，可能存在违约的情形，因此油气投资法律风险适中。

（二）中国在也门油气投资法律风险评估

也门于1991年颁布《投资法》，并于1995年、1997年、2002年、2010年、2013年先后进行了修订，将引资纳入法制轨道。该法就投资准入、投资保障和投资优惠等方面进行了具体规定。在国际争端解决机制方面，《解决国家与他国国民间投资争端公约》（《华盛顿公约》）自2004年11月20日对也门生效。也门尚未加入《承认与执行外国仲裁裁决公约》（《纽约公约》）。根据国际投资争端解决中心的统计数据，目前也门与投资者的投资争端案件为3件，均已处理完毕。但也没有专门针对油气的相关法律，法律秩序较差，存在腐败和索贿现象，对其进行油气投资法律风险适中。

(三)中国在阿联酋油气投资法律风险评估

阿联酋的最高石油委员会分工明确,法律秩序比较稳定。《外国直接投资法》相关油气法规比较健全,法律条款稳定,变动不频繁。2020年11月,阿联酋修改了《阿联酋商业公司法》,允许外国国民在该国拥有100%的商业公司所有权,取消商业公司须由阿联酋公民或本地公司作为注册代理的规定,修正案已于2020年12月1日开始生效。由此可见,在阿联酋、油气投资法律风险比较适中。

(四)中国在科威特油气投资法律风险评估

科威特的法律秩序还是比较完善的,科威特具有比较健全的法律,其中与国外资本投资方面的法律有:《外国资本间接投资法》《自由贸易区法》等,这些法律并没有频繁的变动。但是由于埃米尔和国会关于合同管理的分歧,特别是涉及外国公司和项目物流方面的合同,使科威尔频繁出现大能源项目延期,不能按时完成合同的约定,就会带来油气投资法律风险,法律风险适中。

(五)中国在叙利亚油气投资法律风险评估

叙利亚对外贸易体系中已颁布的法规包括:《贸易法》、第51号《统一合同法》《境外企业在叙利亚指定代理注册法》《境外企业在叙利亚分支机构注册法》《公司法》《工业产权法》《竞争法》以及《仲裁法》等,2021年,新《投资法》颁布,但中国油企也必须对叙利亚的政策持谨慎态度,战后复苏的叙利亚很多法律政策并不是特别完善,存在频繁更换的可能性,一旦对新政策知道得不及时,就有可能触犯叙利亚的法律法规。由此可见,在叙利亚的油气投资法律风险较高。

第五节 "一带一路"沿线国家油气投资的安全风险评估

"一带一路"沿线国家面临着各种各样的安全风险。虽然一些地区的油气资源十分丰富,但是这些地区安全形势却十分复杂。从统计结果可知

20世纪70年代后,暴力犯罪事件呈增长趋势,2004年之后5年呈现出非常明显的增长趋势,一直到2011年更是大幅度递增。在IEP测评的160个国家或地区中,参与"一带一路"油气合作的受恐怖主义威胁的国家分别有菲律宾、泰国、巴基斯坦、印度。恐怖主义的出现必然给我国"一带一路"战略带来威胁。"一带一路"沿线国家民族冲突问题一直存在,很多方面体现在南亚。南亚是民族和宗教多元化地区。如印度,印度大约有100多个民族,400多个部族。多数民族和少数民族之间很容易产生矛盾,还牵扯经济文化发展等一些问题,这都是"一带一路"沿线多个地区和国家普遍存在的问题。而这些问题也是"一带一路"相关国家存在的安全风险。

图5-1至图5-3中的数据是通过所发生事件统计得出的结论,柱状图越高说明面临的风险越低,柱状图越低说明面临的风险程度越大。国家外患的最主要原因由战争的爆发、国与国之间的冲突、外国压力子成分组成,12分即为满分。宗教冲突以及种族冲突都是一个单一的组成部分,满分为6分。

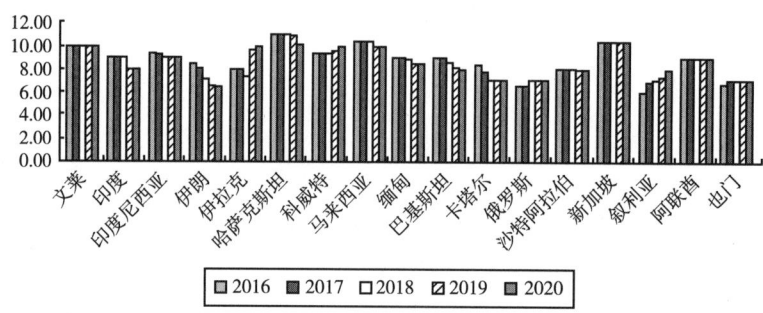

图5-1　2016—2020年相关国家外部冲突风险情况

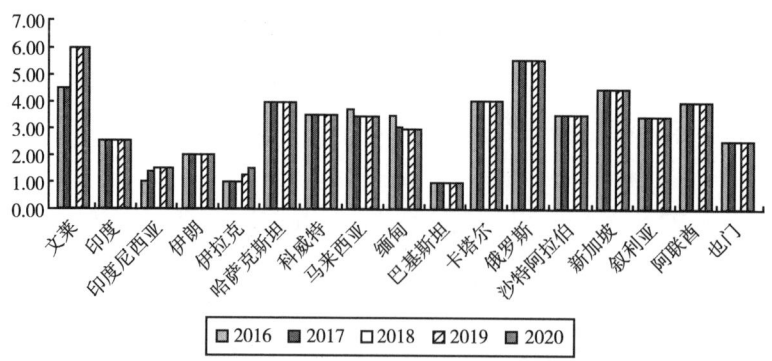

图5-2　2016—2020相关国家宗教冲突情况

第五章 "一带一路"沿线国家油气投资的风险评估

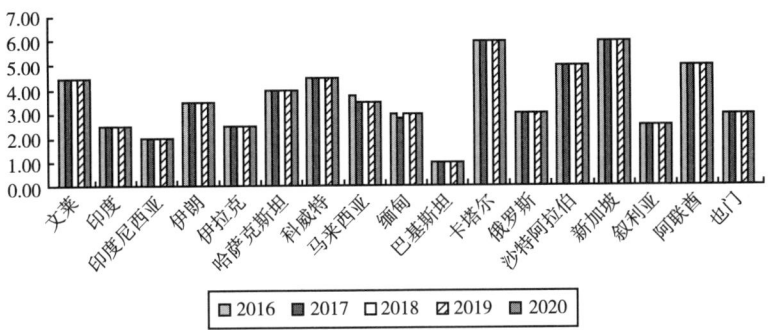

图 5-3 2016—2020 年相关国家种族冲突情况

通过图 5-1 至图 5-3 的分析可知，油气投资的安全风险主要集中在叙利亚、巴基斯坦等一些国家。

一、中国在中亚地区油气投资的安全风险评估

（一）中国在哈萨克斯坦油气投资安全风险评估

哈萨克斯坦国内治安较好，但偶尔还是会发生暴力袭击事件。目前，哈萨克斯坦盗窃案占比例61%。交通事故大多数是因为司机原因的事故有3468起，而司机酒驾或毒驾所导致的事故为93起。另外，哈萨克斯坦列车脱轨事件频繁发生，2014年4月到5月仅一个月的时间，哈萨克斯坦连续发生3次列车脱轨事件。哈萨克斯坦面临一定的社会治安风险。前些年恐怖袭击事件在哈萨克斯坦经常发生，由此哈萨克斯坦针对此事件进行严厉打击，效果显著，恐怖事件不再频繁出现，但暴力冲突的行为仍存在。哈萨克斯坦国内极端组织的活动范围主要在其国内南部与西部相对比较贫困的地区，这些组织的袭击目标主要集中在各个地区的政府大楼与执法人员等，并不针对外籍人员进行袭击。近5年来，哈萨克斯坦恐怖袭击事件鲜少发生，暴力冲突事件也逐渐减少。总体来看，哈萨克斯坦安全风险适中。

（二）中国在土库曼斯坦油气投资安全风险评估

从恐怖主义发生的情况来看，土库曼斯坦排名十分靠后，位列第130位，说明土库曼斯坦受恐怖主义的影响很小。土库曼斯坦面临的安全风险

主要是管线问题引发外部势力争夺。一方面,俄罗斯要保证对国内外充分提供天然气,土库曼斯坦主要依靠管道运输天然气,俄罗斯希望成为唯一对土库曼斯坦提供天然气的国家,这是俄罗斯在巩固地位的一个方法。另一方面,美国干预俄罗斯在中亚的资源利益,并想方设法参加土库曼斯坦能源资源产业,为美国找到更好的能源供应,且欧盟不想再从俄罗斯进口能源,也想寻找其他可以提供能源的国家,所以对土库曼斯坦的能源很感兴趣。

土库曼斯坦的大多数人属于一个民族,因此民族之间出现问题的可能性很小。但是土库曼斯坦却面临着宗教冲突的风险。有土伊之间的逊尼派与什叶派矛盾,还有土库曼斯坦的周边国家宗教的渗入。土库曼斯坦的民族宗教问题在未来一直会存在,而且土库曼斯坦现在还面临着伊斯兰运动的影响。总体来看,中国企业对土库曼斯坦投资的风险较低。

(三) 中国在乌兹别克斯坦油气投资安全风险评估

从恐怖主义发生的情况来看,乌兹别克斯坦排名在第135位,这一数据表明乌兹别克斯坦相对比较和平,只是受到恐怖分子的轻微影响。政府严格禁止当地居民持有枪支,国内无反政府武装组织。乌兹别克斯坦邻国频繁战争,但乌兹别克斯坦一般不会受到波及,有"世界最安全国家"之称。乌兹别克斯坦政府一向对恐怖分子行为零容忍,态度强硬,为了保护国民安全,社会稳定,政府采取强烈的政策进行打击,在社会治安方面,政府每年都确保警方规模,最大限度地保护社会安全。乌兹别克斯坦政府这样做,才让乌兹别克斯坦远离战争,国家安定,百姓幸福。近年来,乌兹别克斯坦安全形势和治安状况良好,犯罪率较低,对其投资的安全风险相对较低。

二、中国在俄罗斯油气投资的安全风险评估

俄罗斯恐怖袭击几乎只有一个来源,那就是内部的车臣分离主义者,他们多次谋划暴力犯罪事件。2011年1月下旬,莫斯科机场出现暴动,近200人受伤,其中37人死亡。2013年12月29日和30日,两名恐怖分子在火车站和无轨电车上进行恐怖袭击,导致34人死亡。2014年12月,一

群非法分子驾车冲入俄罗斯车臣共和国首府格罗兹尼，制造了一起爆炸事件，其中有19人遇难。2017年4月，圣彼得堡地铁连续两次发生爆炸事故，导致14人死亡、49人受伤。2018年5月20日，俄罗斯一个教堂出现恐怖袭击，造成包括2名警察在内3人死亡。在过去10年，车臣分离主义者共计策划了6起大型恐怖袭击，造成死伤近400人。俄罗斯的恐怖袭击除车臣分离主义者策划外，还有其他恐怖主义分子策划，但是频率较低。总体来看，俄罗斯恐怖袭击风险适中。

俄罗斯社会治安情况，从2018年Rosstat更新的统计档案来看，俄罗斯除了克里米亚地区，10万人中就有1000余名人员犯罪，犯罪的概率为0.01356，安全系数非常高，俄罗斯和其他欧美国家相比较，社会治安方面普遍好很多。俄罗斯相对而言是个比较封闭的国家，外来人员不多，社会治安较好，且远离中东这个恐怖主义温床，没有武装冲突。2022年，俄乌战争仍在持续，安全风险的评估值无疑会直线上升。

三、中国在中东地区油气投资的安全风险评估

（一）中国在伊朗油气投资安全风险评估

伊朗面临的严重恐怖主义主要是境内的分裂势力造成的。而恐怖暴力事件大多出现在伊朗的西北部。据统计，伊朗2014年发生了4起恐怖袭击事件。2015年4月，伊朗军队的几名士兵在锡斯坦—俾路支斯坦省战斗中阵亡。2018年8月21日，伊朗的库尔德武装"伊朗库尔德斯坦民主党"（PDKI）与伊朗革命卫队在靠近伊拉克边境的奥什维耶爆发了激烈的火力对峙，造成10余名伊朗籍士兵失去生命。2018年伊朗的一个阅兵仪式上出现恐怖袭击行为，导致29人死亡。2022年10月，在伊朗境内的设拉子市发生了枪击事件，有一名枪手在一处什叶派宗教场所内向人群开火，极端组织"伊斯兰国"在之后宣布制造了此次袭击事件，此次事件造成十余人死亡，另有数十人受伤。近5年来，伊朗发生了5起恐怖袭击和武装冲突事件，结合伊朗所处的环境，伊朗的安全风险相对极高的国家来说比较适中。

(二)中国在伊拉克油气投资安全风险评估

伊拉克面临严重的恐怖主义。2015年1月,伊拉克公布一则统计报告,7年以来死亡人数最多的是2014年,伊朗境内在极端主义袭击和恐怖分子袭击中丧生的人数已高达15000余人。伊朗2015年初到当年5月发生了30余起袭击事件。2018年的调查显示,恐怖主义袭击次数最多的国家是伊拉克,指数为9.746。据报道,2019年5月,"伊斯兰国"组织两次袭击了伊拉克的萨拉赫丁省。2020年5月,伊拉克多次出现恐怖行为。据统计,近5年伊拉克恐怖袭击和武装冲突事件发生的频率非常高。总的来说,伊拉克面临的安全风险极高。

(三)中国在沙特阿拉伯油气投资安全风险评估

沙特阿拉伯面临的风险,一是外部安全环境恶化。沙特外交政策态度发生转变,逐渐变得强硬,这可能会影响社会安全稳定。也门胡塞武装导弹袭击沙特事件在2017—2019年仍不断发生,威胁着沙特的安全。二是恐怖分子的威胁。即使沙特采取行动打击恐怖行为,近年来恐怖行为出现的次数也较少,但这种安全风险并没完全消失。仅2014年11月至12月,就发生了4起恐怖主义袭击事件。经官方统计,仅2016年,沙特阿拉伯遭受袭击事件30余例。2017年6月,沙特阿拉伯麦加大清真寺遭受恐怖分子的破坏,共计11人受伤。2019年4月21日,沙特恐怖袭击者试图驾车闯楼被击毙。2022年3月,沙特阿拉伯多处能源和海水淡化设施遭遇了也门胡塞武装发动的一系列导弹和无人机袭击,沙特防空系统成功拦截并摧毁了1枚弹道导弹和多架无人机。总体来看,恐怖袭击事件发生的频率在降低,沙特面临适中的安全风险。

四、中国与东南亚地区油气投资的安全风险评估

(一)中国在印度尼西亚油气投资安全风险评估

印度尼西亚受恐怖分子极端主义的胁迫,社会不稳定因素仍长期存在。2005年、2003年、2002年,共发生三起爆炸案,两次巴厘岛爆炸案

和雅加达万豪酒店爆炸案尼使馆爆炸案。2000—2014 年，印度尼西亚共有 900 余人疑似参与恐怖主义。2015 年 2 月，根据印度尼西亚国家安全部门的预估，有 300 余人加入了"伊斯兰国"极端组织。2017 年 5 月，印度尼西亚雅加达地区巴士站发生多起炸弹袭击事件。2018 年 5 月 13 日，印度尼西亚第二大城市泗水发生基督教堂遭恐怖袭击的事件，造成 14 人死亡。2019 年 5 月，印度尼西亚出现多次恐怖行为；13 日，泗水市一家 6 口用自杀式炸弹炸毁三座教堂，导致 13 人死亡，40 余人受伤；14 日，泗水市一家 5 口再次发起恐怖炸弹袭击行为，对标警察局，导致 10 人受伤，其中包括 6 名警察；16 日，4 名恐怖分子袭击印度尼西亚另一处警察局，导致 1 名警察死亡。近 5 年来，印度尼西亚恐怖袭击的数量相对以前明显减少，规模也在减小。由此来看，印度尼西亚现在面临的安全风险适中。

（二）中国在缅甸油气投资安全风险评估

缅甸面临着少数民族武装冲突。2014 年 7 月，缅甸佛教徒与穆斯林之间再次持续发生冲突。2015 年 3 月，十余个重要少数民族反叛组织的领袖与缅甸方签署协议，协议内容为提议暂停战争的爆发和武装斗争。2017 年 2 月，缅军停止对孟都等地清剿行动，警察负责维护边境地区的安全。抛去正在爆发战火的少数民族区域，其他少数民族区域依然潜伏着巨大的安全隐患。同时，缅甸也面临着恐怖袭击风险。2016 年 10 月，缅甸 3 所边防警察哨所遭遇偷袭，缅甸政府认为此次事件为恐怖袭击。2017 年 8 月 25 日，若开邦孟都镇等地出现恐怖袭击行为，导致 20 余人伤亡，此次行为共有 79 名恐怖分子落网，其中 77 名被击毙。2018 年 2 月到 4 月间，缅甸出现多次炸弹袭击行为，导致多人伤亡。2018 年 2 月 21 日，缅甸腊戍市发生严重爆炸事件，导致 24 人受伤，其中 2 名女性死亡；一家银行营业厅受损最为严重，附近其他店面、车辆也受到影响。2018 年 2 月份，若开邦首府又一次发生炸弹袭击。隔天，缅甸 105 码贸易区的游戏厅发生爆炸，而在当天尼姑庵和一家烧烤店同样也遭受爆炸袭击。2018 年 2 月，当地民众又发现一枚爆炸装置，报警后被拆除。2020 年 4 月，缅甸北部发生武装活动事件，一座加油站在活动事件中被炸毁，战争的硝烟向着中国与缅甸的边境弥漫。

西方国家为了遏制中国对缅甸的影响力,通过缅甸的民间组织和 Facebook 社交网络等方式散布有关中国在背后支持缅甸军人政变的谣言,企图煽动缅甸民众的对华仇恨以及反华情绪,网上也出现了抵制中国商品和投资的舆论导向。2021 年,缅甸多地中资或者中缅合资的工厂被袭击。2021 年 3 月,在缅甸仰光的工业区内有多家中资或中缅合资工厂遭遇纵火打砸,导致多名中国员工受伤,部分员工一度被困;之后,位于伊洛瓦底的一中资工厂被炸弹袭击,甚至有激进分子在网上叫嚣预谋破坏中缅油气管道。为了避免让两国企业遭受更多的损失,使得外国投资者放弃在缅投资,缅甸对管道沿线的安全措施做了加强,并安排了军警人员在管道沿线站场和阀室进行值班守卫。2021 年 5 月 20 日,缅甸国防军总司令敏昂莱在接受中国香港凤凰卫视专访中表示,缅方会对所有外资企业提供保护,并认为缅甸民众没有敌视中国或者不友好。2021 年 5 月 29 日,电力与能源部长昂丹乌中缅油气管道公司进行视察,强调要继续做好管道安全防范工作。总体来看,近 5 年来,恐怖袭击事件共计 8 起,发生频率适中,对缅甸投资面临的安全风险适中。

(三) 中国在新加坡油气投资安全风险评估

新加坡作为东南亚地区唯一的发达国家,国内主要面临着恐怖主义威胁压力。2015 年马来西亚一名大学生阿菲尔被捕,被网络恐怖分子洗脑的他计划掌握飞往叙利亚的飞机飞行轨迹,并试想参加武装组织,去袭击新加坡并实行暗杀计划。2015 年 11 月,本地 27 名激进特工被捕,27 人均为孟加拉国特工,支持"伊斯兰国"组织宣扬的"圣战"思想,其中几人曾考虑前往中东地区加入武装行动,并计划在新加坡发动攻击,26 人最终被遣送回国。2016 年 2 月,4 名印尼激进分子被遣返,4 人是来自西爪哇的 3 名学校教员和一名 15 岁学生,为了方便日后前往叙利亚而假扮旅客到多处旅游。不合常理的路线引起新加坡海关的怀疑,最终 4 人被移交印尼反恐部门。2016 年 3 月,本地首名华族男子因有意前往海外参加武装冲突而被捕。他通过社交媒体了解到库尔德族并产生同情,在网络上联系到库尔德民兵组织,表达加入抗战行动的意愿;被知情者揭发,3 月底被遣送回新加坡,当局立即对他实行限制。2017 年 5 月,新加坡一名男子因涉嫌在菲律宾和恐怖分子有所往来被菲律宾警方击毙，该事件菲律宾警方以军事行动为目的，共击毙30余名武装分子。新加坡的恐怖主义事件没有造成大的危害，大多数被消灭在了萌芽中。新加坡面临恐怖主义分子所采取行动并设立防范的影响，这也为世界上其他国家和地区提供了很好的借鉴。总体来看，新加坡安全风险较低。

（四）中国在马来西亚油气投资安全风险评估

马来西亚主要面临着恐怖袭击。马来西亚警方在2017年7月至8月的57天内进行反恐抓捕行动，共逮捕19人。2018年2月21日，马来西亚警方共缉捕11名恐怖分子，是来自马来西亚和菲律宾，有多名不法分子涉嫌加入菲律宾阿布沙耶夫的极端组织。阿布沙耶夫极端组织势力大多活跃在菲律宾的南方地区，过去经常参与恐怖袭击行为，在政府采取措施下，势力大不如前。由此可见，马来西亚恐怖势力猖獗。马来西亚还面临着严重的反华势力。2015年9月17日，吉隆坡举行916大游行，几万人参加了游行示威，为总理纳吉布发声，以及对之前反纳吉布的示威表示抗议。马来西亚内部政争影响了社会安定，可能会引起反华行为，而且马来西亚种族矛盾依然存在。历史上还爆发过屠杀华裔事件。因此，中国企业在马来西亚投资时，要注意其对华态度。总体来看，中国在马来西亚投资的安全风险还是较低的。

（五）中国在文莱油气投资安全风险评估

文莱的社会文化环境稳定，文莱社会治安良好，有"和平之邦"之称。曾被评为，亚洲最安全的国家。文莱从未有过恐怖袭击活动。华人数量占文莱总人口的一成以上，在文莱的经济发展中华人的贡献功不可没，人民素质水平较高，对教育事业很看重。中国企业对文莱油气投资的安全风险低。

五、中国与南亚地区油气投资的安全风险评估

（一）中国在巴基斯坦油气投资安全风险评估

巴基斯坦是最危险的国家之一，因为常年被恐怖分子入侵，国内反恐

形势严峻。国内恐怖分子是由"巴塔"为首的各种势力,其势力遍布巴基斯坦全境,而宗教极端组织则是由卡拉奇和巴基斯坦当地黑社会所形成。

2013年之后,巴基斯坦爆发的极端组织和恐怖分子袭击事件数量有所上升。从全球恐怖主义数据库上面来看,2003—2013年,巴基斯坦已成为极端组织和恐怖分子袭击的第三高风险目标。2011—2014年,据不完全统计,恐怖分子对巴基斯坦造成的损失已高达280亿美元,和平成为巴基斯坦发展的主导因素,石油、天然气贸易的风险依旧是最高的。据相关统计,2018年10个月内巴基斯坦恐怖袭击事件多达80次。2019年2月18日,巴基斯坦俾路支省出现两次恐怖袭击行为,均针对安全部队发生,导致7人伤亡,还有多人受伤。2019年5月8日,巴基斯坦东部出现爆炸事件,几十人当场身亡,其中包括5名警察。2019年7月27日,巴基斯坦普什图省发生一起恐怖分子袭击事件,而在当天西南部同样也发生一起袭击事件,共有10名维和部队人员死亡。2020年6月29日,巴基斯坦的一家证券交易所被4名恐怖分子袭击,导致两名人员死亡。2022年12月23日,巴基斯坦首都伊斯兰堡 I-10 区发生的爆炸事件造成3人死亡,其中包括2名警察和1名平民,另有5人受伤。2023年1月13日晚,巴基斯坦开伯尔—普什图省白沙瓦市萨尔班德警察局发生一起袭击事件,导致3名警察死亡,2名警察受伤;据悉,警方和袭击者之间的交火持续到14日。巴基斯坦恐怖事件频发,伤亡惨重,巴基斯坦的安全形势严峻,中国企业在巴基斯坦投资的安全风险高。

(二) 中国在印度油气投资安全风险评估

印度宗教族群冲突时有发生。2014年6月,印度阿姆利则金庙内发生信徒之间的冲突,而后有2人受伤。2014年7月,印度的一座城市萨哈兰普尔区,锡克教和穆斯林之间爆发冲突,该事件造成23人伤亡。2014年9月9日,因脸谱网站的一篇文章引发古吉拉特邦瓦多达拉市印度教教徒与穆斯林冲突;在11月19日当天,北部的一支印度教派领袖藏入寺庙内,之后警察与信徒发生冲突,造成200多人伤亡。2015年1月1日,印度东区伊斯兰教教徒间发生大规模冲突,导致多个村落被毁。2020年2月29日,印度德里出现族群袭击事件,该事件导致40余人死亡。从发生的频率来看，近5年来，宗教族群数量减少，但是印度依然面临着一定宗教冲突风险。

印度面临恐怖势力威胁风险。2016年1月，极端组织突然对印度驻阿富汗领事馆发起攻击。2016年1月2日，恐怖分子袭击了印度北部的一个空军基地，枪声至少存在了两天，导致至少7名士兵死亡。2019年5月10日IS首次宣称在印度境内建"邦"，要重建"国家版图"。2019年2月14日，印度的印控克什米尔地区发生了恐怖袭击事件，中央储备警察部队车辆在高速公路上遇袭，最终导致数十名警察部队人员死伤。而恐怖组织"穆罕默德军"宣布对此次袭击事件负责。2020年2月，支持和反对印度《公民身份法》修正案的人员在德里东北部发生矛盾甚至引发暴乱，这次事件导致20人死亡、200多人受伤。2020年6月15日，在中印边境加勒万河谷地区，印军没有遵守约定，越过实控线进行非法活动，故意挑衅，双方发生冲突，导致人员伤亡。自2020年初至今已发生3起武装冲突事件，再加上近年来中印冲突不断，这无疑给我国企业对印度投资带来了风险。总体来看，对印度投资的安全风险适中。

（三）中国在阿富汗油气投资安全风险评估

2020年全球安全指数说明，阿富汗是世界上最不安全的5个国家之一。而影响阿富汗重建的最主要的问题就是安全性，虽然阿富汗的重建取得了很大的进展，但是从零散的恐怖袭击来看，阿富汗的安全问题还是不太稳定的，面对严峻的形势，恐怖势力对邻近国家的威胁还是很巨大，尤其是在阿富汗的南部和东部地区依然活动密集，并且武装分子还向北部不断地扩展，这让本就严峻的局面更是雪上加霜。

巴基斯坦塔利班和伊朗武装分子在2012年之后开始大批侵入阿富汗北部，巴基斯坦塔利班和伊朗武装分子互相更迭，武装部队开始集结于石油气工业区附近，当地的安全性急剧降低。巴基斯坦塔利班和伊朗武装分子所派遣的特工和间谍插入当地的施工队伍，获取施工建设的图纸和设施位置等一些有利情报，为计划恐怖袭击进行布置。恐怖分子对油气作业区的袭击和入侵不仅威胁着人员的安全，同时造成项目资料的丢失，增加了潜在的经济损失。自从阿富汗发生战乱之后，2014年是迄今为止最为不安的一年，不仅在国内造成平民伤亡，塔利班还频繁发起对外国人的恐怖袭击。在2019年9月，阿富汗帕尔万省以及喀布尔同时出现炸弹攻击事件，该事件发生后塔利班第一时间给出回应宣称计划实施了该起事件，根据统计结果共有40余人死亡。据联合国援助团报道：该事件平民死亡人数中有72%是塔利班和其他极端组织所杀害的。

阿富汗恐怖袭击事件仍呈高发状态。经统计，2015年初到5月共计发生了32件恐怖袭击事件，伤亡惨重。2018年11月20日，阿富汗首都一所教堂内发生袭击事件。2019年9月，阿富汗卡特拉市发生炸弹爆炸事件，此事件致使伤亡81人。2019年9月中旬，阿富汗帕尔万省以及喀布尔同时出现炸弹攻击事件，此事件致使死亡46人。2020年5月由《阿富汗时报》刊登，阿富汗2020年5月12日发生两起炸弹袭击人群事件，共导致124人伤亡。2020年8月3日，阿富汗政府发出公告：阿富汗安全部队与极端组织在阿富汗东部监狱暂停战争。期间共计30余人死亡，50人受伤，还有一些囚徒趁乱逃狱。2020年，阿富汗因恐怖袭击死亡人数高达6617人。阿富汗的安全形势严峻，中国企业对阿富汗投资的安全风险极高。

六、中国与西亚地区油气投资的安全风险评估

（一）中国在卡塔尔油气投资安全风险评估

2020年全球安全指数卡塔尔位居世界第1位。卡塔尔与沙特阿拉伯边界问题一直存在。卡塔尔埃米尔塔米姆并于2020年1月中旬出使伊朗，和伊朗总统探讨地区问题。卡伊双方签订协议，共同维护海湾地区安全。目前来看，卡塔尔近年来安全形势较为乐观，安全风险较低。

（二）中国在也门油气投资安全风险评估

也门安全形势极其严峻，面临着极其严峻的武装冲突和恐怖袭击的风险。2014年4月29日，也门马里卜省出现袭击事件。据统计，2014年也门发生的恐怖事件造成7000多人伤亡。2015年1月7日，也门首都萨那的警察学院附近发生恐怖事件，一辆汽车在学校正门发生爆炸，车上有爆

炸装备，当时几百名学生正在办理手续准备入学，导致至少 50 人死亡、100 人受伤。据阿拉伯半岛电视台报道，也门南部城市亚丁 2017 年 11 月 5 日发生两起恐怖袭击事件。据"大赦国际"组织的研究报告，截至 2018 年 6 月，也门战争已造成 6000 多人死亡，10000 多人受伤，大批民众居无定所，民不聊生，超过一多半的也门人需要帮援，也门国家人民正饱受战乱之苦。2020 年 5 月 27 日，也门中部马里卜省的一个国防人员工作地点受到导弹袭击，事件波及 20 余人，其中至少 7 人死亡。2021 年 8 月 29 日，也门临时首都亚丁北部的阿纳德军事基地遭遇袭击，造成至少 30 人死亡，60 人受伤。近 5 年来，也门安全事件频发，也门也面临着较高的恐怖袭击和武装冲突风险。

（三）中国在阿联酋油气投资安全风险评估

从《按国家划分的犯罪指数》数据上来看，阿联酋的安全指数为 84.55。阿联酋面临的安全风险，主要是中东地区国家之间纠纷不断，而"伊斯兰国"组织发动的恐怖袭击依然不断，这对叙利亚以及伊拉克产生很大的负面影响，国局动荡，民不聊生，这导致未来中东各国的安全风险变大。2022 年 1 月 17 日，胡塞武装在阿联酋首都阿布扎比连续制造油罐车爆炸和机场起火事件，造成 3 人死亡，6 人受伤。从总体来看，中国企业对阿联酋油气投资的安全风险较低。

（四）中国在科威特油气投资安全风险评估

科威特主要的安全风险为"伊斯兰国"组织。"伊斯兰国"组织的存在会对在科威特的中国务工人员造成人身安全威胁，还会对油气设施造成破坏，给中国在科威特的油气投资造成影响。2015 年 6 月 26 日，什叶派清真寺被一群武装分子袭击，该爆炸导致 20 余科威特人伤亡，222 人受伤。近年来，科威特国内的"伊斯兰国"组织并未发生恐怖袭击事件。科威特属于温和的伊斯兰国家，社会安定，犯罪率较低。总体来看，对其投资安全的风险较低。

（五）中国在叙利亚油气投资安全风险评估

叙利亚面临着"伊斯兰国"组织、恐怖袭击的风险。2005年，因为担心叙利亚的政治危机，加拿大石油公司便将代尔祖尔油田的股份进行抛售，中国某石油集团力排众议购买了该油田的股权，不过由于叙利亚内战的爆发，油田被当地极端组织"伊斯兰国"强行占为己有，中国这家石油集团只能选择放弃。自2011年以来，叙利亚国家内部战争不断。政府和反对派争夺国家统治权力，不断地发动战争，数不清的平民丧失生命，失去家园，国家也因战争破败不堪。随着内部战争的爆发导致15万人丧失生命。6·11叙利亚袭击事件是指2016年6月11日，叙利亚赛达·宰纳卜镇发生了炸弹袭击事件。该事件已导致12人死亡，50余人负伤。2018年1月7日傍晚，叙利亚发生一起炸弹袭击事件，涉及100余人，其中30人死亡，周围设施也受到波及，受损严重。联合国数据显示：2017—2020年，有关医疗的恐怖事件在叙利亚共发生494起，有68%左右的袭击事件发生在叙利亚西北部，其中2019年八成以上的袭击事件均出现在西北部。在叙利亚西北部有三个地区还没有收复，分别是伊德利卜、阿勒颇和哈马三省。世界卫生组织表示，这次袭击共导致470人死亡，有66%左右的袭击事件发生在西北部，共309起，这次恐怖事件近1000人受伤。从2020年至今，发生在叙利亚西北部的恐怖袭击事件共9起，造成10人死亡、35人受伤。通过上述统计可知，叙利亚的安全形势极其恶劣，对其投资的安全风险极高。

结合数据及事件可得到以下结论（见表5-14至表5-18）

表5-14　　　　　中亚地区及俄罗斯油气安全风险评估

安全风险	哈萨克斯坦	土库曼斯坦	乌兹别克斯坦	俄罗斯
武装冲突	低	低	低	低
恐怖袭击	低	低	低	中
治安风险	中	低	低	低

表 5-15　　　　　　　　中东地区油气安全风险评估

安全风险	伊朗	伊拉克	沙特阿拉伯
武装冲突	中	高	低
恐怖袭击	中	高	中
治安风险	低	高	低

表 5-16　　　　　　　　东南亚地区油气安全风险评估

安全风险	印度尼西亚	缅甸	新加坡	马来西亚	文莱
武装冲突	低	高	低	低	低
恐怖袭击	高	高	中	中	低
治安风险	低	中	低	低	低

表 5-17　　　　　　　　南亚地区油气安全风险评估

安全风险	巴基斯坦	印度	阿富汗
武装冲突	高	中	高
恐怖袭击	高	中	高
治安风险	中	高	高

表 5-18　　　　　　　　西亚地区油气安全风险评估

安全风险	卡塔尔	也门	阿联酋	科威特	叙利亚
武装冲突	低	高	低	低	高
恐怖袭击	低	高	低	低	高
治安风险	低	高	低	低	高

本章运用事件概率法从政治风险、经济风险、运营风险、法律风险和安全风险五方面对"一带一路"沿线的 20 个油气资源国家进行了初步评估，结合前面章节的投资环境分析和风险识别，总体上得出风险存在的强度结论，为后面的章节风险评价提供现实角度的支撑。

第六章 "一带一路"沿线国家油气投资的风险评价

随着中国能源战略的全球化发展，中国的油气企业开始走出国门，在国际投资合作中不断突破与创新，"一带一路"倡议更是为中国海外油气投资提供了历史性的机遇，创造了企业参与到世界范围内能源产业的竞争、合作、博弈中的机会。近年来，国际局势变化诸多，影响油气投资的因素复杂多样，中国在"一带一路"沿线国家油气投资项目大多面临投资失败率高、投资收益率低的风险。所以，在频繁激烈的产业竞争中，中国油气企业必须针对油气投资环境动态变化、风险规避相关措施进行详细研究。为了向中国油气企业提供合理可靠的信息进行投资规划、战略规划，需要运用科学合理的方法构建投资风险评价体系，这样油气企业才能够根据所投资国家的实际情况进行风险分析，针对自身的实际情况作出投资选择，从而确保最大限度上降低投资风险。

第一节 "一带一路"沿线国家油气投资的风险评价体系构建

中国油气企业针对"一带一路"沿线国家油气投资战略规模不断扩大、投资合作程度不断深化，这种变化为我国油气产业的战略选择、投资决策等方面提供了充分的选择空间与发展空间。如果要对"一带一路"沿线国家的油气投资风险进行合理的分析，首先需要归纳出与"一带一路"沿线国家进行油气投资合作时可能产生与面对的风险，而后构建相应的综合风险评价体系。然而，对某个国家开展油气投资活动并不仅是简单的资金投入，风险往往以多样的形式存在于整个投资环节中。在当前油气发展前景不明以及外部因素多变且不稳定的情况下，相关的风险研究应该是一个综合、全面、系统的有效指标体系。构建油气投资风险评价体系，是"一带一路"沿线国家油气投资风险评估的基础性研究工作，能够带动"一带一路"沿线国家油气投资实践活动，并推动中国油气企业在未来对"一带一路"沿线国家进行投资时作出更加谨慎的投资决策，由此发挥油气投资风险评价体系的投资导向作用。

"一带一路"倡议由中国发起并全力推广，虽然倡议实践时间并不长，但是针对"一带一路"沿线国家在油气资源领域的投资活动理论研究已经取得了相当丰硕的成果。国内外学者均对"一带一路"倡议进行了研究，从理论与实践两方面着手，运用单一评价方式或综合研究方式进行多样化的系统科学分析。然而，目前的研究方法未能摆脱传统理论视野和方法局限，固有理论架构和传统评价指标导致理论研究、实践研究未能进一步深入，伴随而生的传统认知也是制约油气投资风险体系进一步发展的阻碍之一。所以，需要构建更为科学合理的"一带一路"油气投资风险评价体系，从而提高油气投资风险体系的可靠性。

一、"一带一路"沿线国家油气投资评价指标的选取

通过查阅相关文献、征询专业人士意见、对已有油气投资风险评价指标统计分析后，结合前面章节关于"一带一路"沿线国家政治风险、经济风险、运营风险、法律风险、安全风险的详细研究，在已确定的一级指标下同时选取多项二级指标，共同构建"一带一路"沿线国家油气投资风险评价体系。

（一）政治风险指标

政治风险指标由地缘政治指标和政权更迭指标两部分构成。

地缘政治指标是指国家之间的地理环境与国际政治关系的指标。地区局势的紧张将会导致国家之间的角逐，而油气相关产业自身价值的特殊性会成为国际博弈的重要内容之一。因此，国家之间的友好程度、稳定程度关系到能否为中国油气企业提供安全稳定的投资环境、营商环境，能否保

护企业生产经营活动免受政治纷争干扰、他国恶意迫害，这对油气企业而言十分重要。

政权更迭指标是指目标国的领导机构发生变化的指标。领导机构稳定才能保证相应法律政策、经济发展、国际合作的持续性与有效性，才能把控风险使油气企业避免因政策逆转、政治压力等人为干扰对油气投资活动造成的阻碍。政权更迭发生的风险越高，国家内部的政治局势越不稳定，中国油气企业可能会面对合同违约问题，最终退出目标国的油气市场。

（二）经济风险指标

经济风险指标由经济增长指标、汇率风险指标和经济稳定指标三部分构成。

经济增长指标是指在一个较长的时间跨度上，一个国家的人均产出水平持续增加的指标。经济增长率是衡量一国经济实力增长速度的标志，如果经济总量长期维持在同一个水平，说明国家的经济发展动力不足、生产力扩张难度系数较大，难以有更多资金用来发展油气相关产业，科技、教育等一系列配套设施也将会逐步落后，不利于开展长期的油气投资活动。

汇率风险指标是指在一定时期的国际经济交易当中，以外币计价的资产与负债随着汇率的波动而使其价值发生涨跌可能性的指标。油气企业作为投资风险的承担者极易遭受汇率波动所带来的损失，在汇率变动的情况下将会产生更多的成本，从而造成不必要的资金支出。根据目标国汇率历史变动情况，企业可以预测目标国经济发展状况、汇率变动走向，并决定是否进入目标国进行投资。

经济稳定指标是指在实现充分就业、物价稳定、国际收支平衡的同时，保持经济持续、稳定、协调发展的指标。若经济波动较大，最为直接的后果就是诱发就业率下降、犯罪率上升等多种风险，致使社会治安效果下降，从而导致社会陷入动荡，甚至造成国家分裂，并同时伴随着工业产能不足、能源消费减少的经济恶性循环，如此便难以保证国家经济平稳发展，中国的油气企业投资前景也不复明朗。

(三) 运营风险指标

运营风险指标由违约风险指标、办事效率指标和腐败程度指标三部分组成。

违约风险指标是指无法履行合同从而造成违约致使交易双方遭受损失可能性的指标。如果违约风险较高，中国油气企业在签订相关合同后极有可能面临难以履行全部合同、甚至无法履行合同的情况。违约风险也受其他风险的综合影响，如政治风险、安全风险等均有可能成为投资中断的原因，不仅会带来经济上的损失，还会浪费前期的准备工作。

办事效率指标是指政府机关执行行政命令和相关手续时所花费时间的指标。对外投资通常需要同时面对国内外繁杂的办理手续和行政流程，相关部门办事效率低下就会造成时间成本、人力成本的浪费，并且难以避免其中存在的腐败问题，从而增加经济成本，多项不必要的支出于无形中增加中国油气企业投资成本，带来经营压力。

腐败程度指标是指国家政治制度内的政府官员的廉洁程度和受贿情况的指标。由于油气资源本身的价值特殊性、数量有限性，使得相关部门中具有特权的行为个体不惜滥用国家权力、扭曲经济金融环境、降低企业政府效率来谋求个人利益。一方面，折损目标国政府自身的收益；另一方面，加剧了中国油气企业进入目标国市场的难度。

(四) 法律风险指标

法律风险指标主要由法律完善与透明度指标、油气投资促进法规指标和法律公平性指标三部分构成。

法律完善与透明度指标是指目标国的法律法规是否全面以及法律被公众所了解程度的指标。如果目标国的法律体系不够完善或有所缺陷，就会出现可操作的灰色空间，那么中国油气企业在运用法律时就会遭到不公正的待遇，也很有可能被目标国企业利用法律漏洞进行恶意竞争，不利于构建公平稳定的营商环境，打击中国企业油气投资活动。

油气投资促进法规指标是指目标国所设置的有利于油气投资相关规定的指标。部分目标国家为了促进外国投资会实施一系列的投资促进政策。目标国出台促进政策的可能性越大，吸引海外企业投资的可能性就越大，中国油气企业也能够降低进入目标国市场的成本，可以说投资促进政策在展示目标国友好态度的同时，调动企业投资热情，是一种双赢的选择。

法律公平性指标是指法律能够保障的主体全面性和法律条款正义性的指标。目标国的法律如果不能充分体现其公平性，中国油气企业在对外投资过程中很难利用相关法律维护自身合法权益，加上海外投资企业本就属于投资活动中的弱势群体，若目标国政府依据不公平、不明确的法律条文对争端问题进行判决，则判定结果的可靠性、公平性有待商榷。

（五）安全风险指标

安全风险指标主要由武装冲突指标、恐怖袭击指标和治安风险指标三部分组成。

武装冲突指标是指国家间相互使用武力但未构成法律上战争状态的武装敌对行为的指标。结合国际形势来看，武装冲突发生的风险相对较高，并会造成国家局势动荡，严重危害国民人身财产安全。对于油气资源企业来说，油气生产需要稳定的政治经济环境，所以武装冲突作为破坏最为严重、造成经济损失最大的一种行为，会导致相关国家紧急采取石油禁运、国家制裁等多种措施，为油气投资带来巨大的不确定性。

恐怖袭击指标是指极端分子人为制造的针对但不仅限于平民及民用设施的不符合国际道义攻击方式的指标。众所周知，恐怖袭击作为一种偶发性、局部性、无差别性的迫害行为，往往会伴随着严重的设施破坏和财产损失，严重威胁人权保障及实现，并影响正常的油气生产秩序，是中国油气企业在投资过程中难以预测并精准防控的重大难题之一。

治安风险指标是指危害国家安全与政权稳定、危害社会秩序、损害人民生命及财产安全、造成社会紊乱可能性的指标。由于油气企业的生产地域相对固定，所以投资所在地的长期治安状况至关重要。如果治安风险较高，说明社会状况不稳定，这就难以保证相关人员的生命健康与财产安全，严重影响正常的油气生产活动，也会导致企业需要投入额外的、大量的资金来进行安全保障，由此提高油气资源生产成本。

结合前面章节所明确的一级指标以及本节所确定的二级指标,"一带一路"沿线国家油气投资的风险评价指标体系见表6-1。

表6-1　"一带一路"沿线国家油气投资风险评价指标体系

目标层	准则层	指标层
"一带一路"沿线国家油气投资风险	政治风险	地缘政治 政权更迭
	经济风险	经济增长 汇率风险 经济稳定
	运营风险	违约风险 办事效率 腐败程度
	法律风险	法律完善与透明度 油气投资促进法规 法律公平性
	安全风险	武装冲突 恐怖袭击 治安风险

二、"一带一路"沿线国家油气投资风险评价方法的确定

国内外有关油气投资风险评价的方法众多,常用的方法有风险因素分析法、模糊综合评价法、内部控制评价法、分析性复核法、定性风险评价法、风险率风险评价法等。对于比较直观的问题,能够运用上述方法进行简单地比较直接得出相应的结论;但是对于结构复杂的评价对象,为克服研究中遇到的多种内外因素造成的实验误差,得到较为科学客观的结论,需要从多角度入手构建评价体系,同时运用多种指标进行综合评价,即利用综合评价方法进行数据处理及评价分析。

综合评价方法利用一定的统计指标体系和特定的评价方法与模型,对被评价对象多个方面的数量特征进行综合,并转化为综合评价值,以此达到确定现象的优劣、类型以及对现象进行排序的效果。虽然目前使用的综合评价方法众多,但是在方法的选择中又涉及消除指标量纲、确定指标权

重、进行项目评价排序等多个处理过程，这意味着每个环节中都有着多种分析方法的排列组合，在多种方式的组合处理下就必定会产生不同的结论，情况严重时还会出现评价结论差距过大、甚至完全相反的情况，这样就会导致多方法产生结论的非一致性。其实风险评价方法本身并无偏好性，而且都是经过多位学者长期应用后总结出的科学方法，但是评价者在选用方法进行评估的时候会不由自主地添加主观情感，从而使风险评价方法成为个人价值导向的载体，因此得到的评价结果最终成为评价者价值判断的集中体现。评价者运用不同的方法就会产生不同结果，如果想要得到最为科学的结论，就需要选择合适的评价方法以保证评价结果客观性的最大化。

综合评价方法不仅要实现评价目标的要求，还要提高油气投资评价结论的可靠性，所以对数据进行处理、赋予权重时选用层次分析法、熵权法作为风险指标主要分析方法，并综合使用优劣解距离法、灰色关联度分析法、可拓物元评价法、模糊综合分析法对风险指标数据进行预处理，最终通过矩阵理论中的奇异值分解技术对多评价结论进行组合集结，以实现目标要求。该方法根据多评价结论的共性信息，来削弱极端评价结论的影响，最终形成趋向一致的多评价结论。此外，对于评价体系中出现的部分极端情况导致的评价结论非客观性的情况，该方法也可以进行相对弱化，实现对信息一致化调整过程中的柔性控制，做到最大限度保证评价结果的客观性。

为保障评价方法的科学性、系统性，进一步开展油气投资风险评价研究，对于多种方法的集合需要按照一定的顺序进行处理，即在层次分析法、熵权法的基础上分别开展进一步研究工作。在层次分析法的基础上引入适用于指标权重主观性较强的可拓物元评价法和模糊综合分析法进行风险评价，在熵权法评价的基础上引入适用于指标权重客观性较强的优劣解距离法和灰色综合评价法两种方法进行进一步的数据处理。

（一）层次分析法

由于油气投资风险评价指标的重要程度不同，为了使后续研究中风险评价指标权重更具现实意义，需要采取层次分析法对所选风险指标数据进行定性与定量分析。该方法是将与决策有关的元素分解成目标、准则、方案等层次,以此进行定性和定量分析的决策方法。在油气投资评价体系中,虽然各个指标对于评价体系都有一定程度的影响,但不同因素的影响程度并不是完全相同,根据文献分析与专家意见可知,政治风险指标与经济风险指标是最为重要的两大影响因素,所占比重也是最大的,所以要通过赋予不同的权重,体现出各自的重要性。该方法主要是为了与熵权法互相结合以提高油气投资评价体系的科学性。如果单纯按照熵权法进行权重赋值,将会得到5个风险指标的权重基本相同、各指标间差距过小的问题,此时运用层次分析法能够着重考虑政治风险、经济风险所带来的影响,突出二者影响的重要性,以结合熵权法综合确定合理的风险指标权重。具体步骤如下:

1. 构建层次结构模型。将油气资源评价指标分组,划分为目标层(A)、准则层(B)、子准则层(C),假设每一组为一个层次搭建层次结构。

2. 构建判断矩阵。将风险评价指标进行两两比较判断重要性,并对判断的重要性赋值形成判断矩阵。采用1—9标度将判断结果定量化,具体含义见表6-2。

表6-2 判断值及其含义

标度	含义
1	表示两个因素相比,i、j两个因素同等重要
3	表示两个因素相比,i元素比j元素重要一点
5	表示两个因素相比,i元素比j元素重要得多
7	表示两个因素相比,i元素比j元素更重要
9	表示两个因素相比,i元素比j元素极端重要
2、4、6、8	上述两相邻元素判断矩阵的中间值,表示重要判断之间的过渡
倒数	表示两个因素相比,j元素比i元素的重要程度

3. 层级单排序确定本层次与各要素重要性权重值,从而计算判断矩阵特征向量和特征根。首先,计算判断矩阵每一行元素的乘积,如式(6-1):

$$M_i = \prod b_{ij}(i=1,2,\cdots,n) \qquad (6-1)$$

其次,计算M_i的n次方根,如式(6-2):

$$\overline{W_i} = \sqrt[n]{M_i}(i=1,2,\cdots,n) \qquad (6-2)$$

然后将向量 $\overline{W} = [\overline{W_1}, \overline{W_2}, \cdots, \overline{W_n}]^T$ 归一化，如式（6-3）：

$$W_i = \overline{W_i} / \sum_{i=1}^{n} \overline{W_i} (i = 1,2,\cdots,n) \tag{6-3}$$

则 $W = [W_1, W_2, \cdots, W_n]^T$ 即为所求的特征向量，最后计算最大特征根，如式（6-4）：

$$\lambda_{max} = \sum_{i=1}^{n} \frac{(AW)_i}{n W_i} \tag{6-4}$$

4. 检验判断矩阵的一致性，如式（6-5）：

$$CI = \frac{\lambda_{max} - n}{n - 1} \tag{6-5}$$

5. 将 CI 与平均随机一致性指标 RI 进行对比，如式（6-6）：

$$CR = \frac{CI}{RI} < 0.10 \tag{6-6}$$

当 $CR < 0.10$ 时，判断矩阵一致性令人满意；当 $CR \geq 0.10$ 时，需要调整判断矩阵直至达到满意。平均随机一致性指标见表6-3。

表6-3　　　　　　　　平均随机一致性指标

阶数	1	2	3	4	5	6	7	8	9	10	11	12
RI	0	0	0.58	0.90	1.12	1.24	1.32	1.41	1.45	1.49	1.52	1.54

（二）熵权法

采取熵权法确定油气投资评价体系中各指标权重，该方法利用各指标的熵值所提供的信息量的大小进行指标赋权的客观方法，用来确保建立的指标最大程度上反映绝大部分的原始信息。在进行综合评价的过程中，不同指标所带来的影响因素应该是有所差异的，例如，政治风险对油气投资带来的影响与经济风险带来的影响应该有所不同，所以要按照影响程度的不同进行赋权。根据量化后的有关油气投资风险的各项指标的熵值所提供的信息量的大小来决定指标权重，不仅可以将指标进行赋权，还可以避免人为因素干扰，也为后续的其他方法提供了依据。在层次分析法与主成分分析法对风险指标数据进行处理后，熵权法赋予的权重会更为客观与准确。具体步骤如下：

1. 构建原始矩阵。根据环境规制的相关评价指标，构建原始矩阵，如式（6-7）：

$$X_{ij} = \begin{bmatrix} X_{11} & X_{12} & \cdots & X_{1m} \\ X_{21} & X_{22} & \cdots & X_{2m} \\ \cdots & \cdots & \cdots & \cdots \\ X_{n1} & X_{n2} & \cdots & X_{nm} \end{bmatrix} \quad (6-7)$$

2. 将指标进行标准化处理，转化为[0，100]的指标值 y，处理方法采用极差变化法，极小型指标标准化公式，分别如式（6-8）所示：

$$Y_{ij} = \frac{X_{\max} - X_{ij}}{X_{\max} - X_{\min}} \quad (6-8)$$

极大型指标标准化公式，如式（6-9）：

$$Y_{ij} = \frac{X_{ij} - X_{\min}}{X_{\max} - X_{\min}} \quad (6-9)$$

3. 对处理后指标进行非负化处理从而进行对数计算。当 $Y_{ij} \leq 0$ 时，将 Y_{ij} 向上平移 d 个单位，具体非负化处理如公式（6-10）：

$$Y'_{ij} = Y_{ij} + d \quad (6-10)$$

上述公式中，Y'_{ij} 需满足大于 0 的条件，d 取值需略大于 $|(Y_{ij})_{\min}|$ 且是整数。

4. 原始数据变为规范化矩阵，如式（6-11）：

$$X = \begin{bmatrix} Y'_{11} & Y'_{12} & \cdots & Y'_{1m} \\ Y'_{21} & Y'_{22} & \cdots & Y'_{2m} \\ \cdots & \cdots & \cdots & \cdots \\ Y'_{n1} & Y'_{n2} & \cdots & Y'_{nm} \end{bmatrix} \quad (6-11)$$

5. 对矩阵中的 Y_{ij} 进行归一化处理，如式（6-12）：

$$P_{ij} = \frac{Y'_{ij}}{\sum\limits_{i=1}^{n} Y'_{ij}} \quad (6-12)$$

6. 计算风险指标中第 j 项指标的熵权，如式（6-13）：

$$e_j = -k \sum_{i=1}^{n} P_{ij} ln(P_{ij}) \quad (6-13)$$

上述公式中，常数 k 与样本数 n 有关，$k = \frac{1}{\ln(n)} > 0$，ln 为自然对数，

则 $e_j > 0$。

7. 在得出的熵权基础上，计算风险指标的第 j 项指标差异化系数，如式（6-14）：

$$g_i = 1 - e_j \tag{6-14}$$

8. 根据差异化系数进一步计算风险指标第 j 项的熵值，如式（6-15）：

$$W_j = \frac{g_i}{\sum_{j=1}^{n} g_i} \tag{6-15}$$

9. 最终计算得出风险指标的结果，如式（6-16）：

$$R = \sum_{j=1}^{m} W_{ij} X_{ij} \tag{6-16}$$

（三）优劣解距离法

优劣解距离法是一种通过构造正负理想解从而对于多个决策方案进行相应评分排序的方法。将油气投资风险的指标量化后，通过对各指标数据进行标准化处理，找出各风险指标中的数据最优值和最劣值，根据油气投资风险指标中各数据与指标中最优解和最劣解的距离，进而能够判断出其接近程度，作为评价国家投资风险高低的依据。具体步骤如下：

1. 将原始数据矩阵正向化。将极小型指标、中间型指标、区间型指标对应的数据全部化成极大型指标，以便后续计算具有统一性。极小型指标计算方式如式（6-17）：

$$X' = M - x \tag{6-17}$$

中间型指标计算公式如式（6-18）：

$$X' = \begin{cases} 2\dfrac{x-M}{M-x}, & m \leqslant x \leqslant \dfrac{1}{2}(M+m) \\ 2\dfrac{M-x}{M-m}, & \dfrac{1}{2}(M+m) \leqslant x \leqslant m \end{cases} \tag{6-18}$$

区间型指标计算公式如式（6-19）：

$$X' = \begin{cases} 1 - \dfrac{a-x}{a-a^*}, & x < a \\ 1, a \leqslant x \leqslant b \\ 1 - \dfrac{x-b}{b^*-b}, & x > b \end{cases} \tag{6-19}$$

2. 将正向化后的矩阵标准化，即通过标准化消除量纲的影响，如式（6-20）：

$$Z_{ij} = \frac{X_{ij}}{\sqrt{\sum_{k=1}^{n}(X_{ij})^2}} \tag{6-20}$$

3. 分别计算每个方案与最优解、最劣解的距离。第 i 个评价对象与最大值的距离计算方式如式（6-21）：

$$D_i^+ = \sqrt{\sum_{j=1}^{m} w_j (Z_j^+ - z_{ij})^2} \tag{6-21}$$

第 i 个评价对象与最小值的距离计算方式如式（6-22）：

$$D_i^- = \sqrt{\sum_{j=1}^{m} w_j (Z_j^- - z_{ij})^2} \tag{6-22}$$

研究对象 D^+ 值越大，说明与最优解距离越远；D^- 值越大，说明与最劣解距离越远，最理想的研究对象是 D^+ 值越小同时 D^- 值越大。

4. 根据最优解与最劣解计算得分并排序，如式（6-23）：

$$C_i = \frac{D_i^-}{D_i^+ + D_i^-} \tag{6-23}$$

D^- 值相对越大，则说明该研究对象距离最劣解越远，则研究对象越好；C 值越大，表明评价对象越优。

（四）灰色关联度分析法

考虑到优劣解距离法的评价对于数据要求的精准度较高、量化指标在处理过程中可能存在误差等问题，所以在熵权法确定权重的基础上引入对数据要求较少的灰色综合评价体系来进行国家的油气投资风险评价。灰色综合评价是在部分明确系统与环境的关系、系统结构和实现过程中，运用已知信息推断未知信息，基于灰色理论对信息匮乏系统进行综合评价的方法。"一带一路"沿线国家油气投资风险是由多种因素共同作用而决定的，虽然已经构建了一套相对完整的油气投资评价指标体系，但是仍需明确政治风险、经济风险、运营风险、法律风险、安全风险何为主要影响因素。根据量化的油气投资风险指标构建相应的序列曲线后，就可以根据几何形状的相似度来判断各风险间联系是否紧密。其中，曲线形状越接近、关联度越大；反之，则关联度越小。具体步骤如下：

1. 确定分析数列。分别确定参考序列以及比较序列，即母序列与子序列。参考序列（母序列）公式如式（6-24）：

$$Y = Y(k) \mid k = 1,2,\cdots,n \tag{6-24}$$

比较序列（子序列）公式如式（6-25）：

$$X_i = X_i(k) \mid k = 1,2,\cdots,n, i = 1,2,\cdots,m \tag{6-25}$$

2. 变量的无量纲化。分别进行初值化、均值化处理。初值化处理如式（6-26）：

$$X_i(k) = \frac{X_i(k)}{X_i(1)}, k = 1,2,\cdots n; i = 0,1,2,\cdots m \tag{6-26}$$

均值化处理如式（6-27）：

$$X_i(k) = \frac{X_i(k)}{X_i}, k = 1,2,\cdots n; i = 0,1,2,\cdots m \tag{6-27}$$

3. 计算关联系数，如式（6-28）。

$$\zeta_i(k) = \frac{\min\limits_{i}\min\limits_{k}|x_0(k)-x_i(k)| + \rho \cdot \max\limits_{i}\max\limits_{k}|x_0(k)-x_i(k)|}{|x_0(k)-x_i(k)| + \rho \cdot \max\limits_{i}\max\limits_{k}|x_0(k)-x_i(k)|} \tag{6-28}$$

其中，$\rho \in (0,\infty)$，称为分辨系数。ρ 越小，分辨力越大，当 $\rho \leqslant 0.5463$ 时，分辨力最好，通常取 $\rho = 0.5$。

4. 计算关联度，关联度计算方式如式（6-29）：

$$r_i = \frac{1}{n}\sum_{k=i}^{n}\zeta_i(k), k = 1,2,\cdots n \tag{6-29}$$

5. 进行关联度排序。

（五）可拓物元评价法

熵权法在结合优劣解距离法和灰色综合评价法后，能够在客观层面上保证评价结论的可靠性。但还需要在层次分析法所确定的指标权重基础上，使用可拓物元评价法和模糊综合分析法以使评价体系更为完善。其中可拓物元评价法是一种把事物的质与量有机结合的方法理论。在油气投资评价体系当中，只根据量化指标获得的数据难以判断出该国的风险程度高低。为了将所研究的"一带一路"沿线国家的油气投资风险进行有层次地划分类，就需要通过可拓物元评价法并结合相关的参考文献，将油气投资风险程度进行多个区间划分，确定经典域与节域，进而能够通过处理量化指标明确所属不同区间的比重，最后通过比较关联度大小，在进行加权综合后根据得分状况进行综合排名。具体步骤如下：

1. 确定物元 $c_1, c_2, \cdots, c_n$，则 n 个特征对应的量值为 $v_1, v_2, \cdots, v_n$，可表示为式（6-30）：

$$R = \begin{bmatrix} N & c_1 & v_1 \\ & c_2 & v_2 \\ & \cdots\cdots & \\ & c_n & v_n \end{bmatrix} = \begin{bmatrix} R_1 \\ R_2 \\ \cdots \\ R_n \end{bmatrix} \quad (6-30)$$

其中，R 为 n 维物元简记为 $R = (N, c, v)$。

2. 确定经典域。经典域是根据风险指标物元的特征及其量值所在的区间确定的，假设将评价等级分为 m 级，用 $N_j(j = 1\cdots m)$，表示第 j 个等级用 $c_j(j = 1\cdots n)$，表示第 i 个评价指标用 $v_{ij}(i = 1\cdots n)$，表示在等级 j 下第 i 个评价指标的取值范围区间 (a_{ji}, b_{ji})，则 N, c, v 以有序三元组的形式结合起来为经典域物元 R_j，如式（6-31）：

$$R_j = \begin{bmatrix} N_j & c_1 & v_{j1} \\ & c_2 & v_{j2} \\ & \cdots\cdots & \\ & c_n & v_{jn} \end{bmatrix} = \begin{bmatrix} N_j & c_1(a_{j1}, b_{j1}) \\ & c_2(a_{j2}, b_{j2}) \\ & \cdots\cdots \\ & c_n(a_{jn}, b_{jn}) \end{bmatrix} \quad (6-31)$$

3. 确定节域，其中 v_{pi} 为节域物元关于 c_i 的量值范围，如式（6-32）：

$$v_{pi} = (a_{pi}, b_{pi})(i = 1\cdots n) \quad (6-32)$$

则节域物元可表示为式（6-33）：

$$R_p = \begin{bmatrix} N_p & c_1 & v_{p1} \\ & c_2 & v_{p2} \\ & \cdots\cdots & \\ & c_n & v_{pn} \end{bmatrix} = \begin{bmatrix} p & c_1(a_{p1}, b_{p1}) \\ & c_2(a_{p2}, b_{p2}) \\ & \cdots\cdots \\ & c_n(a_{pn}, b_{pn}) \end{bmatrix} \quad (6-33)$$

4. 确定风险评价物元设有 y 个待评事物，把待评对象 N_x 的物元表示为 R_x，如式（6-34）：

$$R_x = \begin{bmatrix} N_x\ c_1\ v_1 \\ c_2\ v_2 \\ \cdots\cdots \\ c_n\ v_n \end{bmatrix}, x = 1\cdots y \tag{6-34}$$

5. 确定关联函数。假设某一点 x 到区间 x 的距离如式（6-35）：

$$\rho(x,X) = \left| x - \frac{1}{2}(a+b) \right| - \frac{1}{2}(b-a) \tag{6-35}$$

则关联函数 k 的定义为式（6-36）：

$$k(x) = \begin{cases} \dfrac{-\rho(x,X)}{|X|}, (x \in X) \\ \dfrac{\rho(x,X)}{\rho(x,X) - \rho(x,X)}, (x \notin X) \end{cases} \tag{6-36}$$

6. 确定关联度，关联函数公式如式（6-37）：

$$k_{xj}(v_i) = \begin{cases} \dfrac{-\rho_{ji}(v_{xi}, v_{ji})}{|v_{ji}|}, (v_{xi} \in v_{ji}) \\ \dfrac{\rho_{ji}(v_{xi}, v_{ji})}{\rho_{ji}(v_{xi}, v_{pi}) - \rho(v_{xi}, v_{ji})}, (v_{xi} \notin v_{ji}) \end{cases} \tag{6-37}$$

7. 确定权重。需要通过确定初始权重、归一化处理、计算熵值、计算熵权四个步骤计算 n 个指标对应的 n 个权重 $w_i(i=1\cdots n)$，该方法在实际应用时与熵权法结合使用，这四个步骤与熵权法计算方法一致，最终确定综合关联度。

（六）模糊综合分析法

为降低可拓综合评价法中风险区域划分的随机性对评价结果真实性的影响，在层次分析法的基础上引入模糊综合分析法来保证评价的准确性。模糊综合分析法是以模糊数学为基础、应用模糊关系合成原理，将一些边界不清、不易定量的因素定量化，从多个因素对被评价事物隶属等级状况进行综合性评价的一种方法。在前面章节中已经针对"一带一路"沿线国家油气投资的风险进行了相应评估，但是根据分析的结果只能够进行粗略的分类，而在类群内部的先后顺序难以准确表述，进而无法为油气投资活动提供参考。通过模糊综合分析法能够用高、中、低三种隶属程度来刻画要素的模糊程度，构建油气投资风险评价指标的判断矩阵，进而可以将要素转化为隶属向量，最终得到相应国家排名。具体步骤如下：

1. 建立综合评价因素集。因素集是以影响风险指标的各种因素为元素所组成的普通元素集合，以 U 表示，U = $(u_1, u_2, \cdots, u_m)$，其中 u_i 表示影响风险评价对象的第 i 个因素，具有不同程度的模糊性。

2. 建立综合评价的评价集。评价集是对风险评价对象可能作出的各种结果所组成的集合，以 V 表示，V = $(v_1, v_2, \cdots, v_m)$，其中 v_j 表示第 j 种评价结果。

3. 进行单因素模糊评价，获得评价矩阵。因素集 U 中第 i 个元素对评价集 V 中第 1 个元素的隶属度为 r_{i1}，则对第 i 个元素单因素评价结果用模糊集合 $R_i = (r_{i1}, r_{i2}, \cdots, r_{in})$ 表示，构成矩阵 R_{m*n}，成为模糊矩阵。

4. 确定因素权向量。风险评价中各因素重要程度并不相同，因此将各因素 u_i 赋予权重 a_i，则权重集合 A = $(a_1, a_2, \cdots, a_m)$。

5. 建立综合评价模型。通过模糊变化将 U 上的模糊向量 A 变为 V 上的模糊向量 B，得到 B = $A_{1 \times m} \circ R_{m \times n}$ = $(b_1, b_2, \cdots, b_n)$，其中 ° 称为综合评价合成算子，取成一般矩阵乘法即可。

6. 确定系统总得分。综合评价模型确定后，根据以上集合可以最终确定系统得分，得到 F = $B_{1 \times n} \times S_{1 \times n}^T$，F 即为系统总得分。

通过运用上述的方法进行先行的处理再加以后续的综合分析从而得出结论，而后运用奇异值分解技术计算得出各国风险排名，这样既考虑了主观因素影响同时也考虑了客观因素影响，从而发挥了数据的最大效用，细致全面地考虑了多方面的因素，最大限度地保证了评价结果的客观性。最后根据各方案所得到的"一带一路"沿线国家的综合排名进行相应的分析，在兼顾了各方案优势的同时能够最大限度保证评价结果的客观性。

第二节 "一带一路"沿线国家油气投资的风险评价体系应用

一、"一带一路"沿线国家油气投资评价指标的量化

通过前面章节的油气投资风险识别和油气投资风险评估，并结合在本

章中进一步确立的油气投资评价指标和油气投资风险评价方法，才能够使油气投资风险评价指标更好地融入风险评价体系中。前面章节中，已经从政治风险、经济风险、运营风险、法律风险、安全风险五个方面，对"一带一路"沿线所研究国家油气投资风险进行了整体评估，并按照高、中、低三个等级根据五类风险针对不同国家给出了相应的结论，但是为了能够开展后续的评价工作，只有进一步将其赋值转变为定量指标，才能够与评价方法相结合进行更为精确的风险评估。而对于定量指标则可以直接应用在所构建的"一带一路"沿线国家油气投资风险评价体系中。进行指标量化的相关数据主要来源于 ICRG 与 WGI 两方面评价报告。国家风险国际指南简称 ICRG（International Country Risk Guide），该指南每月都会对全球 140 个国家进行相应的风险评估并给出相应的得分作为参考；全球治理指数简称 WGI（The Worldwide Governance Indicators），该数据包含了六大指标对世界各国进行相应的风险评估，来源于世界银行数据库。本节通过对两个报告中所需的指标进行数据选取统计与处理。

政治风险指标中地缘政治指标采用 ICRG 中的 Cross–border Conflict 进行表示，表明地区之间发生矛盾冲突从而导致限制业务到贸易和投资制裁，扭曲经济资源的分配的风险，得分区间位于 0—4，分数越高表明国家地缘之间发生的风险越低，越有利于油气投资，为正向指标。政权更迭指标采用 ICRG 中的 Government Stability 表示，表明对政府执政能力的评估，分数区间为 0—12 分，分数越高表明国家越稳定，政局变动的概率越小，短时间内国内环境不会发生巨大变化，油气投资风险较低适宜进行投资。

经济风险指标中的经济增长指标由 ICRG 中的 Risk for GDP Growth 表示，主要是指国家的经济增长风险，经济的稳定增长对油气设施的发展至关重要，其得分区间为 0—10 分，得分越高的国家表明该国家的经济增长越为稳定，由于经济问题所产生的能够影响油气投资因素的风险越小，越有利于油气投资。国家经济的汇率风险采用 ICRG 中的 Exchange Rate Stability 表示，主要是指本国货币对美元的升值或贬值，按照 0—10 分来分配比重，分数越高则表明被投资国的汇率变动频率越低，能够保障国家汇率稳定，中国企业能够面对较低的汇率风险，有利于油气投资活动。经济稳定指标采用 ICRG 中的 Socioeconomic Conditions 表示，主要是衡量社会中经济压力，包括了失业、消费者信心以及贫困三个方面，因为这些问题可能会限制政府的行动或者加剧社会不满，分数在 0—12 分，三个因素的得分区间均为 0—4 分，各项得分以及总得分越高，则表明国家的经济状况越稳定，稳定的经济环境是油气投资的重要保证，所以得分越高越有利于油气投资。

运营风险指标中违约风险指标由 ICRG 中的 Contract Viability 表示，表明被投资国能否正常履行合约的能力，得分区间为 0—4 分，得分越高表明合同不能履行的风险越低，油气企业遭受合同违约所带来的损失的风险越小。办事效率指标采用 WGI 的 Government Effectiveness 表示，表明油气企业在被投资国所花费的额外的时间与人力成本的风险。得分区间位于 0—10 分，得分越高说明国家政府机关处理事务速度快，企业投资时所需要花费的时间越少，越有利于油气投资。腐败程度指标采用 ICRG 中的 Corruption 指标表示，即表明政府的腐败行为使得民众造成不满，甚至强烈反应导致政府被推翻从而影响国家稳定，该指标的得分区间为 0—6 分，分数越高表明政府越清廉，其腐败程度越低，企业的额外支出越少，油气投资风险越低。

法律风险指标中的法律完善与透明度指标采用 ICRG 中的 Law and Order 表示，主要是从法律与秩序两个方面进行综合评价，表明被投资国的法律制度的力量和公平性，得分越低则表明被投资国法律体系越不完善与不透明。油气投资促进法规指标采用 ICRG 中的 Investment Profile 表示，表明投资过程中被投资国是否有激励外国油气企业进行投资，同时也表明国家对待外资态度，中国的油气企业在有着激励政策的国家开展活动将会更加顺利。法律公平性指标用 WGI 中的 Rule of Law 表示，表明被投资国的法律公平性，只有法律体制完善，油气企业在进行投资时才能够面对法律纠纷时运用合理的法律手段维护自身权益，评估得分区间为 0—10 分，得分越高表明国家的法律体系越完善，投资的风险成本越低。

安全风险指标中的武装冲突指标采用 ICRG 中的 External Conflict、Religious Tensions、Ethnic Tensions 三个部分组成。表明了国家可能发生矛盾冲突的三种情况：外部矛盾、民族矛盾、宗教矛盾，如果不能正确处理这些矛盾就会给国家带来严重破坏，增加油气投资风险。恐怖袭击指标采用

ICRG 中的 Terrorism 指标表示。鉴于油气资源作为多数国家重要的经济来源，所以油气设施极其容易成为恐怖组织占领或袭击的目标，这样对油气投资来说是不可防控且难以挽回的损失，当前恐怖主义有着抬头的趋势，得分越高表明国家发生恐怖袭击的概率越低，企业遭受损失的风险越小。治安风险指标选用 WGI 中的 Political Stability and Absence of Violence 表示。表示国家稳定从而不会发生社会暴力的风险，得分区间为 0—5 分，得分越高表明社会治安越稳定，发生暴乱的几率越小，油气企业的生产安全能够得到充分保证。

二、"一带一路"沿线国家油气投资评价方法应用

在选择了评价"一带一路"沿线国家油气投资风险指标的方法，并确定了一级、二级评价指标后，首先需要对选取的风险评价指标进行相应处理，才能运用到所构建的综合评价体系当中。数据处理及评价体系实际运用步骤如下：

1. 从数据库中找到确定的"一带一路"沿线国家油气投资风险评价指标数值，运用层次分析法进行定性与定量分析，并综合运用可拓物元评价法对风险指标经典域和节域层级进行确定，运用模糊综合分析法降低风险指标划分随机性对评价体系的影响。经过量化处理后的"一带一路"沿线国家相关的部分主要指标数据见表 6-4 至表 6-8。

政治风险指标的部分数据见表 6-4。

表 6-4　"一带一路"沿线国家油气投资政治风险指标数据

年份 国别	2015	2016	2017	2018	2019	2020	2021
哈萨克斯坦	8.58	8.00	8.00	8.00	7.83	7.67	8.04
俄罗斯	8.13	8.58	8.50	8.50	8.25	7.21	7.46
伊朗	6.33	7.17	7.00	7.67	6.79	6.92	6.88
伊拉克	6.25	7.00	6.58	6.00	6.42	6.88	6.63
沙特阿拉伯	7.79	8.42	8.00	7.75	7.83	8.29	9.29
印度尼西亚	6.00	6.54	6.92	8.38	8.33	8.00	7.33

续表

年份 国别	2015	2016	2017	2018	2019	2020	2021
新加坡	9.17	8.92	9.54	9.50	9.50	9.25	8.54
马来西亚	7.50	7.54	6.29	6.46	7.21	7.29	6.67
文莱	10.50	8.83	8.46	8.50	8.92	8.50	8.46
印度	7.75	7.88	8.21	6.88	6.67	7.08	7.08
卡塔尔	10.50	10.50	10.50	9.92	9.50	9.50	9.29
也门	7.13	4.58	5.29	6.50	6.50	6.50	6.50
阿联酋	10.04	10.00	10.00	10.00	10.00	10.00	9.79
科威特	7.00	6.58	6.04	6.04	6.04	6.46	6.42
叙利亚	6.00	6.00	6.29	7.04	7.54	8.00	8.08

经济风险指标的部分数据见表6-5。

表6-5　"一带一路"沿线国家油气投资经济风险指标数据

年份 国别	2015	2016	2017	2018	2019	2020	2021
哈萨克斯坦	7.08	7.17	3.63	9.96	9.46	8.75	9.29
俄罗斯	7.17	3.67	7.88	9.54	8.96	9.58	9.00
伊朗	1.67	7.88	9.54	9.00	6.83	9.71	10.00
伊拉克	10.00	10.00	9.79	10.00	10.00	10.00	10.00
沙特阿拉伯	10.00	10.00	10.00	10.00	10.00	10.00	10.00
印度尼西亚	8.25	8.33	9.96	10.00	9.46	10.00	9.79
新加坡	10.00	9.13	10.00	10.00	9.96	10.00	9.96
马来西亚	9.75	7.04	9.29	9.46	9.79	10.00	9.92
文莱	10.00	9.33	9.96	9.83	9.96	10.00	9.96
印度	9.38	9.63	9.67	10.00	9.29	9.83	9.67
卡塔尔	10.00	10.00	10.00	10.00	10.00	10.00	10.00
也门	10.00	10.00	8.13	9.58	10.00	9.67	9.96
阿联酋	10.00	10.00	10.00	10.00	10.00	10.00	10.00
科威特	10.00	10.00	9.58	9.92	10.00	10.00	10.00
叙利亚	4.13	4.79	9.75	4.92	5.83	10.00	10.00

运营风险指标的部分数据见表6-6。

表6-6　"一带一路"沿线国家油气投资运营风险指标数据

国别＼年份	2015	2016	2017	2018	2019	2020	2021
哈萨克斯坦	1.50	1.50	1.50	1.50	1.92	3.00	3.46
俄罗斯	1.50	1.50	1.50	1.50	1.50	1.50	1.50
伊朗	1.50	1.50	1.50	1.50	1.50	1.50	1.50
伊拉克	1.00	1.00	1.00	1.00	1.00	1.42	1.54
沙特阿拉伯	2.54	3.00	3.00	3.04	3.50	3.50	3.50
印度尼西亚	3.00	3.00	3.00	3.00	3.00	3.00	3.00
新加坡	4.50	4.50	4.50	4.83	5.00	5.00	5.00
马来西亚	2.50	2.50	2.50	2.50	2.50	2.50	2.50
文莱	2.50	2.50	2.50	2.83	3.00	3.00	3.00
印度	2.50	2.50	2.50	2.50	2.50	2.50	2.50
卡塔尔	3.08	4.00	4.00	3.67	3.50	3.50	3.50
也门	1.46	1.00	1.00	1.00	1.00	1.00	1.00
阿联酋	3.54	4.00	4.00	4.00	4.00	4.00	4.00
科威特	2.54	3.00	3.00	2.67	2.50	2.50	2.50
叙利亚	1.46	1.00	1.00	1.00	1.00	1.00	1.00

法律风险指标的部分数据见表6-7。

表6-7　"一带一路"沿线国家油气投资法律风险指标数据

国别＼年份	2015	2016	2017	2018	2019	2020	2021
哈萨克斯坦	3.50	3.50	3.50	3.50	3.50	3.50	3.50
俄罗斯	3.00	3.00	3.00	3.00	3.00	3.00	3.00
伊朗	4.00	4.00	4.00	4.00	4.00	4.00	4.00
伊拉克	1.50	1.50	1.50	1.50	1.50	1.50	1.50
沙特阿拉伯	5.00	5.00	5.00	5.00	5.00	5.00	5.00
印度尼西亚	3.00	2.54	2.50	2.50	2.50	2.50	2.50
新加坡	5.00	5.00	5.00	5.00	5.00	5.00	5.00
马来西亚	4.00	4.00	4.00	4.00	4.00	4.00	4.00
文莱	5.00	5.00	5.00	5.00	5.00	4.33	4.00
印度	4.00	4.38	4.50	4.50	4.50	4.50	4.50

续表

国别\年份	2015	2016	2017	2018	2019	2020	2021
卡塔尔	5.00	5.00	5.00	5.00	5.00	5.00	5.00
也门	2.00	2.00	2.00	2.00	2.00	2.00	2.00
阿联酋	4.00	4.00	4.00	4.00	4.00	4.00	4.00
科威特	4.67	4.00	4.00	4.00	4.00	4.00	4.00
叙利亚	4.50	4.50	4.50	4.50	4.50	4.50	4.50

安全风险指标的部分数据见表6-8。

表6-8 "一带一路"沿线国家油气投资安全风险指标数据

国别\年份	2015	2016	2017	2018	2019	2020	2021
哈萨克斯坦	4.00	4.00	4.00	4.00	4.00	4.00	4.00
俄罗斯	5.50	5.50	5.50	5.50	5.50	5.50	5.50
伊朗	2.00	2.00	2.00	2.00	2.00	2.00	2.00
伊拉克	1.00	1.00	1.00	1.00	1.00	1.25	1.50
沙特阿拉伯	3.50	3.50	3.50	3.50	3.50	3.50	3.50
印度尼西亚	1.00	1.00	1.00	1.38	1.50	1.50	1.50
新加坡	4.50	4.50	4.50	4.50	4.50	4.50	4.50
马来西亚	4.00	4.00	3.71	3.50	3.50	3.50	3.50
文莱	4.58	4.50	4.50	4.50	4.50	4.54	4.88
印度	2.50	2.50	2.50	2.50	2.50	2.50	2.50
卡塔尔	4.00	4.00	4.00	4.00	4.00	4.00	4.00
也门	3.58	2.75	2.50	2.50	2.50	2.50	2.50
阿联酋	4.00	4.00	4.00	4.00	4.00	4.00	4.00
科威特	4.00	3.75	3.50	3.50	3.50	3.50	3.50
叙利亚	3.50	3.50	3.50	3.50	3.50	3.50	3.50

2. 量化后的数据运用熵权法确定权重，并综合运用优劣解距离法对风险指标标准化处理，运用灰色关联度分析法弥补数据精准度要求过高的问题。通过综合使用多种分析方法对所选择的"一带一路"沿线国家数据进行预先处理，得到在各方案下的得分并对国家进行排名，最后根据多种方

法所得出的不同排名形成对应的序值矩阵 S。

3. 运用 MATLAB 软件对序值矩阵 S 进行奇异值分解（SVD）。矩阵 S 的 SVD 如式（6-38）：

$$S = U \sum V^T \quad (6-38)$$

其中 U 是 m×m 的矩阵，$\sum$ 是 m×n 的矩阵，除主对角线上的元素以外全为 0，V 是 n×n 的矩阵，U 和 V 均为酉矩阵，满足 $U^T U = I$，$V^T V = I$。将 S 的转置和 S 做矩阵乘法，得到方阵 $S^T S$ 并进行特征值分解，得到矩阵 $S^T S$ 的 n 个特征向量 v，最后将 $S^T S$ 所有特征向量构成一个 n×n 的矩阵 V，就得到 SVD 公式中的 V 矩阵。特征值向量满足式（6-39）：

$$(S^T S) v_i = \lambda_i v_i \quad (6-39)$$

将 S 和 S 的转置做矩阵乘法得到 SS^T，进行特征值分解后得到矩阵 SS^T 的 m 个特征向量 u，将 SS^T 的所有特征向量构成 m×m 个特征向量 U，就得到 SVD 公式中的 U 矩阵。特征值向量满足式（6-40）：

$$(SS^T) u_i = \lambda_i u_i \quad (6-40)$$

计算奇异值矩阵 $\sum$，可以通过求出每个奇异值 σ 进而计算得出。因为特征值矩阵等于奇异值矩阵的平方，所以特征值和奇异值满足以下关系，如式（6-41）：

$$\sigma_i = \sqrt{\lambda_i} \quad (6-41)$$

根据以上原理及公式，最终得到矩阵 U、V 以及原矩阵 S 的非零奇异值的对角矩阵 $\sum$。

4. 计算一致度、可信度及一致可信度指标。一致度是指 $\hat{S}_k$ 与矩阵 $\hat{S}_1$（仅保留最大的 1 个奇异值所得到的近似矩阵）的贴近程度，计算公式为（6-42）：

$$\eta_k = \frac{\|S\|_F - \|\hat{S}_K\|_F}{\|S\|_F - \|\hat{S}_1\|_F}, K = 1, 2, \cdots, p \quad (6-42)$$

式中 $\|A\|$ 为矩阵 A 的 Fronbenius 函数，P 为矩阵 S 的秩。可信度是指 $\hat{S}_k$ 与原始矩阵 S 的贴近程度，用 ε_k 表示，计算公式为（6-43）：

$$\varepsilon_k = \sum_{i=1}^{k} \varphi_i \quad (6-43)$$

其中，φ_i 的计算方式如式（6-44）：

$$\varphi_i = \frac{\sigma_i}{\sum_{j=1}^{p} \sigma_i}, i = 1, 2, \cdots, k; 1 \leq k \leq p \tag{6-44}$$

为实现一致度与可信度，构建了相应的一致可信度指标并记为 π_k，计算公式（6-45）为：

$$\pi_k = \alpha_1(\beta_1 \eta_k + \beta_2 \varepsilon_k) + \alpha_2(\eta_k \cdot \varepsilon_k), k = 1, 2, \cdots, p \tag{6-45}$$

式中要满足 $\alpha_1 + \alpha_2 = 1$，$\beta_1 + \beta_2 = 1$，$\alpha_i, \beta_i \in [0, 1]$。其中，$\beta_1 \eta_k + \beta_2 \eta_k$ 为线性组合部分，表明一致度与可信度能够进行"功能性"互补；$\eta_k \cdot \varepsilon_k$ 为非线性组合部分，强调一致度与可信度的均衡性。取 $\beta_1 = \beta_2 = 0.5$，按照下列公式运用相关的处理软件求解规划问题式，得到 α_1，α_2 为单位化的特征向量，再对 α_1，α_2 进行归一化处理，计算公式（6-46）为：

$$\begin{cases} \max \sum_{k=1}^{p} \left[\alpha_1 v_k + \alpha_2 \tau_k - \frac{1}{p} \sum_{k=1}^{p} (\alpha_1 v_k + \alpha_2 \tau_k) \right]^2 \\ s.t \ \alpha_1^2 + \alpha_2^2 = 1, \alpha_1, \alpha_2 \geq 0 \end{cases} \tag{6-46}$$

5. 选取 $\max_{1 \leq k \leq p} \{\pi_k\}$ 对应的 k 作为 $\sum$ 所保留的最大奇异值的个数，得到 $\hat{\sum}$ 与 $\hat{W}$，再将其分别代入公式 $\hat{S}_k - U\hat{W}V$ 中求出 $\hat{S}_k$。

6. 对所得到的方案 X_i 中的对应元素取平均值，再将所得到的各个国家的得分进行极大化处理，按照降序方式对所研究的全部国家进行排序得出最终结论见表 6-9。

表 6-9 "一带一路"沿线国家油气投资风险评价得分及排序

排名	评价国家	油气投资风险评价得分
1	俄罗斯	12.777
2	沙特阿拉伯	11.421
3	哈萨克斯坦	11.195
4	印度尼西亚	10.858
5	土库曼斯坦	8.253
6	伊朗	8.016
7	乌兹别克斯坦	6.185

续表

排名	评价国家	油气投资风险评价得分
8	新加坡	5.832
9	缅甸	5.553
10	文莱	4.423
11	马来西亚	4.396
12	巴基斯坦	4.212
13	阿联酋	4.041
14	卡塔尔	3.559
15	印度	3.160
16	科威特	3.034
17	伊拉克	1.514
18	也门	1.181
19	叙利亚	0.374
20	阿富汗	0.000

表6-9所示风险评价得分及排名表明,"一带一路"沿线国家油气投资风险评价得分数值越大,在目标国进行投资时的风险越小,越有利于中国的油气企业开展投资活动。根据不同国家的得分排名结果,进一步分析、评价出相应的投资风险,使油气企业选择出更为科学合理的投资方案、战略规划。

这里需要说明的是：该评价过程是在2021年进行并完成的,2022年突发俄乌战争,会对俄罗斯的各项指标产生一定的影响,但是总体来看,战争结束时间目前无法预料,但是最终中国与俄罗斯的合作不会受太多外界影响,投资合作的风险仍然相对比较稳定。

第三节 "一带一路"沿线国家油气投资的风险评价结果分析

通过对"一带一路"沿线国家进行油气投资风险的综合评价,从得分中可以看出不同国家之间的油气投资风险差异较大。俄罗斯、沙特阿拉伯、哈萨克斯坦、印度尼西亚的油气投资风险明显小于其他国家。土库曼斯坦、伊朗、乌兹别克斯坦、新加坡、缅甸的投资风险较低，虽然相对于排名前列的国家有着一定差距，但也适宜开展油气投资活动。文莱、马来西亚、巴基斯坦、阿联酋、卡塔尔、印度、科威特虽然油气资源比较丰富，但外交政策、油气投资环境相对不稳定，需要中国的油气企业谨慎考虑。伊拉克、也门、叙利亚、阿富汗4个国家的综合得分较低，表明油气投资环境较差，油气投资风险较高，不适宜大规模开展投资活动。

一、"一带一路"沿线国家油气投资评价结果总结评价

根据"一带一路"沿线国家的油气投资风险结果分析可以看出，按照奇异值分解法所得到的结论与实际情况基本相符。俄罗斯、沙特阿拉伯、哈萨克斯坦、印度尼西亚在所有研究样本中油气资源投资风险最小，因为俄罗斯2007年及2016年发现新原油资源所以储量显著增加；沙特阿拉伯具有原油品质高、原油埋藏浅、开采技术好的优势；哈萨克斯坦能源蕴藏量丰富且具有优惠宽松的制度政策；印度尼西亚矿产资源丰富且分布广泛。这四国均属于油气投资风险较小的国家，这些优势使得中国的油气企业能够在两国中顺利开展投资活动。

土库曼斯坦、伊朗、乌兹别克斯坦、新加坡、缅甸几个国家排名靠前，表明整体的油气资源投资风险较小，各国凭借油气资源储量丰富的优势成为"一带一路"沿线国家里中国油气企业投资较为青睐的目标国，但其中也存在着一定的问题。例如，土库曼斯坦地形地势复杂，开采难度大；伊朗受美国、欧盟实施的石油禁运制裁；乌兹别克斯坦油气开采基础设施较为落后；新加坡油气投资环境较好，但近年来资源较为缺乏；缅甸面临着制度缺陷、技术落后、资金缺乏等问题，这些因素难以适应油气产业大量开采需求，成为中国油气企业投资时重点考虑的问题。

文莱、马来西亚、巴基斯坦、阿联酋、卡塔尔、印度、科威特的油气资源投资评分相对较低，表明油气资源投资存在一定风险，虽然国内基本情况较为稳定、油气资源相对丰富，但是各国均存在较大问题。文莱受制于油价，国内经济结构单一；马来西亚政府油气资源补贴压力巨大，且油

气开采支出不断缩减；巴基斯坦、印度均受俄乌冲突影响，难以开展油气资源开采与投资等日常活动；阿联酋在发现重大油藏方面存在困难，且开采技术耗费经费较高；卡塔尔受大国制约独立困难，且水资源紧缺；科威特由于政府频繁更替、国会频繁解散、物流合同问题，导致经常性大能源项目延期。以上问题在攻克时具有一定难度，且花费时间长，企业在经过相应的油气投资风险分析并采取一定的预防措施后仍具有一定的投资价值。

伊拉克、也门、叙利亚、阿富汗油气资源投资风险极高，需要进行充分投资评估。主要原因在于几个国家国内及周边状况均不稳定，国内政府更替频繁、长期暴动，与周边国家关系极为紧张、战乱纷争不断，从而破坏这些国家油气开采基础设施、日常油气生产行为难以持续、油气投资政策落实困难，造成国家整体经济落后且发展无望。虽然这些国家油气资源储备高居世界前位，但是在面临巨大的国内外风险发生可能性下，企业和人员安全受到极大威胁，反映在排名上表明这4个国家处于末位，对于中国油气企业对外投资十分不利。

经过综合评价之后可以看出，得分较高排名靠前的国家通常在政治、经济方面有着相对的优势，凭借着稳定的政治局面以及投资优惠政策等优势使得油气投资环境相对较好，适宜中国的油气企业进行投资。得分较低排名靠后的国家在政治、经济方面存在一定问题，这些国家因为某一方面或多方面风险过高导致中国油气企业不适宜进行投资。"一带一路"沿线国家众多，针对不同国家的不同情况，中国油气企业在投资前可以根据本书的结论进行多方面的综合考虑，从而能够充分降低投资风险。这里只是提供一种方法，实际还要根据各个国家的各项指标变化进行实时评估，并不能一劳永逸。

二、"一带一路"沿线国家油气投资评价方法的完善

将综合评价方法得出的结果与实际的中国油气企业投资情况对比分析可以看出，经过实证分析后得到的油气资源投资风险大小及排名，与实际中各国油气资源投资现状基本一致。说明该综合评价体系具有一定的合理

性，但其中仍存在一定不足，经过深入剖析后发现可以在以下几个方面进一步完善：

首先，虽然该综合评价体系能够将多种评价方法整合后用于实证分析，以保证评价结果的最大客观性，但是受该综合评价体系的设计思路的约束，选取并构成综合评价体系的评价方法数量有限，不能够将所有常用评价方法均纳入综合评价体系之中，只能够选取在主观层面或客观层面具有相对代表性的方法。在油气投资的过程中所面临的风险是复杂多样的，某种指标对于油气资源投资的影响也许有更为精准的研究方法剖析其内在关系，然而为了满足对所有指标均能进行统一的、无差别的分析，最后选择了覆盖性较全的方法。这样会导致评价方法可能不适用于解析每项指标真正的内在联系，实证分析表现结果相对客观但欠缺一定的精准性。

其次，筛选后选取的评价方法本质上是由专家根据多年研究经验所得，或者通过相应的公式加之在计算机软件的辅助后应用于当前的研究中，即使进行了一定处理也仍具有不可避免的主观因素。该综合评价体系结合了多个经过长期验证的科学评价方法，实证研究之前需要将影响因素进行相应量化处理，一部分指标在量化过程中受人为因素的影响难以保证完全客观公正，一部分指标又难以进行量化并在研究中加以使用。这时虽然通过整合提取多评价结论中的共性信息得到了近似一致的结论，但是最终排序是在弱化了极端评价数值后形成的，其中有一部分数据被弱化、放弃甚至丢失。但这部分极端数据主要是由于长时间受多种因素影响，最终累积到某一年时出现数据波动相对较大而产生的结果，真实反映了油气投资目标国家的风险状况，并非统计与处理中出现的误差。但是在综合评价体系中会对数据进行无差别处理，往往将这一部分具有实际意义的数据赋予较小的权重，弱化其对总体数据的影响，虽然对整体结论影响不大，但可能会影响其评价体系的精确性。

最后，奇异值分解法的主要原理是根据在不同方法下的所有研究对象的对应排名进行相应的分析，但是相应的得分是根据整体排名得到的，反映出的是在某一年所研究的国家整体变动趋势。但是国家的整体排名并不是每年都会有较大幅度的波动，对于某些油气资源投资风险较大但后来有所改善的国家而言，有时国内经济实力有所提高，内外部政治环境相对稳定，相较于本国历年数据有着显著的进步与发展，然而在各国综合实力对比下，可能在连续几年间整体排名并未发生改变。这样的数据在经过奇异值分解法处理后，单个国家的变动趋势就会弱化。对于某些油气资源投资风险较大而后情况愈发恶劣的国家而言，有时因政权更迭、国际战争等突发情况导致当年油气资源投资风险持续提升，而其他各国依然保持稳定发展趋势，全球大多数国家油气资源投资风险相对较小，从而导致整体排名变化不大，变动趋势并不明显，也不利于分析较长时间油气资源环境演变。

第七章 "一带一路"沿线国家油气投资风险决策

对"一带一路"沿线国家的油气投资风险进行影响因素分析与综合评价,其最终目的是要根据"一带一路"沿线国家的油气投资风险状况提出相应的对策,进而最大限度地规避风险发生所带来的经济损失。从更深层次的意义上理解,针对"一带一路"沿线国家的油气投资风险状况提出相应的意见和建议,进而能够保障我国的油气企业进一步走出国门,扩大自身影响力。同时也能够促进"一带一路"的发展,使其发展成为我国参与国际能源事务与构建世界能源命运共同体的重要平台。近年来召开了许多关于深化推进"一带一路"沿线国家合作的会议,并提出了与时俱进的思想理念,在助力于中国能源安全开辟新的发展空间的同时,也推进区域能源一体化雏形的稳步形成,针对油气投资风险的研究也进入了新的维度。所以在前文的基础上,通过对"一带一路"沿线国家的油气投资风险结果进行风险等级分类,并提出针对性的油气投资风险对策以及预防措施,从而帮助中国的油气企业在目标国家开展投资活动时能够更具针对性,进而降低油气投资风险。

第一节 "一带一路"沿线国家油气投资风险分类

为了能够使中国的油气企业在"一带一路"沿线国家开展油气投资活动时更具有针对性,本节将采用科学的研究方法根据"一带一路"沿线国家的油气投资状况进行相应的风险等级划分,为将来中国油气企业开展投资活动提供参考。这样中国的油气企业能够按照不同的风险等级采取相应的措施,从而能够保障企业自身利益,降低油气投资风险。

为了能够将"一带一路"沿线国家油气投资状况进行更为合理的风险等级分类,根据第六章的计算结果能够得到所研究国家的整体排名,将得到的数据通过聚类分析方法进行处理,以满足将"一带一路"沿线国家的油气投资风险等级划分为不同等级的要求。聚类分析方法种类诸多,如基于密度、网络、划分、层次等方法。经过综合比较后,选择基于K-means改进的K-means++聚类方法作为分类的依据,该方法既凭借具有算法简单快速的特点能够符合油气投资风险划分的基本要求,又能够克服K-means聚类方法其对于初值和孤立点的数据敏感的不足。

运用SPSS软件通过聚类分析将"一带一路"沿线国家油气投资风险按照高、中、低三个等级进行划分,得到的最终分类结果见表7-1。

表7-1　　"一带一路"沿线国家油气投资风险分类

排名	评价国家	聚类结果
1	俄罗斯	1
2	沙特阿拉伯	1
3	哈萨克斯坦	1
4	印度尼西亚	1
5	土库曼斯坦	3
6	伊朗	3
7	乌兹别克斯坦	3
8	新加坡	3
9	缅甸	3
10	文莱	3
11	马来西亚	3
12	巴基斯坦	3
13	阿联酋	3
14	卡塔尔	2
15	印度	2
16	科威特	2
17	伊拉克	2
18	也门	2
19	叙利亚	2
20	阿富汗	2

根据第六章的综合评分与表7-1所得出的结果，可以将俄罗斯、沙特阿拉伯、哈萨克斯坦和印度尼西亚划分为油气投资的低风险国家；土库曼斯坦、伊朗、乌兹别克斯坦、新加坡、缅甸、文莱、马来西亚、巴基斯坦和阿联酋归类为油气投资的中风险国家，其余的则为油气投资高风险国家，有卡塔尔、印度、科威特、伊拉克、也门、叙利亚和阿富汗。本节所进行的油气投资风险等级的划分是根据所研究的"一带一路"沿线国家得分状况所得到的，反映出的是国家之间相对油气投资风险状况，即使是排名靠前划入低风险的国家也可能存在一定的风险，所以无论是油气投资低风险国家还是油气投资高风险国家均要对症下药，即根据可能存在的不同风险提出一一对应的解决对策。

第二节 "一带一路"沿线国家油气投资风险控制对策

近年来随着"一带一路"的快速发展，中国的油气企业开始逐步走出国门。借助"一带一路"平台充分发挥自身优势，取得了显著的合作成果，但是由于对外国的油气投资项目合作缺乏经验以及对于油气投资风险的评估不够充分，容易出现决策失误从而导致损失。目前中国的能源合作仍然处于转型期，与能源出口国的深入合作保障了中国能源供应安全，而且在较长一段时间内仍然是能源国际合作的基石，所以针对油气投资的风险仍然需要提出相应的对策。本节根据"一带一路"沿线国家的油气投资风险状况，按照所划分的不同风险等级将提出针对性的应对策略，进而希望能够增强油气企业的抗风险能力，同时提升我国能源合作的国际化水平，降低油气投资的相关风险。

一、"一带一路"沿线油气投资低风险地区对策

油气投资低风险地区的国家共性在于油气资源丰富，有俄罗斯、沙特阿拉伯、哈萨克斯坦和印度尼西亚，这些国家油气相关产业成熟，而且近

年来与我国合作紧密，国家内部也长期保持稳定，未来发生变动的可能性较小，对于我国的油气投资是十分有利的。但上述国家也存在一定的潜在风险，例如沙特阿拉伯位于中东地区，油气资源丰富，但是周边地区政治状况较为复杂，多国在此施加影响，外部环境变化较大，而且由于担忧中国的"一带一路"倡议会影响到自身的能源霸权地位，所以也对"一带一路"的能源合作存在一定的抵触。还有俄罗斯虽然与我国接壤，能源之间的合作较为频繁，但由于受到美国制裁和俄乌战争的影响，导致国内经济状况也较为艰难，在政治方面国内也陷入了强人政治的怪圈当中。此外，深厚的地缘经济背景是中哈油气合作顺利进行的决定性因素，但也存在一些不利因素影响，如哈萨克斯坦周边环境的动荡、国内政治体制问题、多边均衡的能源外交政策、中亚地区恐怖犯罪活动的兴起等，这些潜在风险将对两国能源合作构成一定的挑战。因此，即使是油气投资低风险国家，中国的油气企业在未来也依然会面对一定的投资风险。

（一）加强能源外交，深化油气合作

我国可以在现有的基础上进一步拓宽能源合作渠道，不仅要考虑当下发展需要，积极推动双边、多边政策与战略合作，还要结合未来发展需要，以保证后续合作的精准落实与顺利开展。同时充分推进"一带一路"平台与低风险国家之间的合作，努力塑造"一带一路"能源合作的名片，将低风险地区国家打造成为"一带一路"能源合作示范区，开创全新的能源外交模式，借此吸引更多的国家参与到"一带一路"能源合作当中。同时还要做到改变方式方法，虽然我国在油气投资低风险地区长期投资并且未来有进一步深入合作的趋势，但是由于各国出于自身利益考虑，并不会全力参与到"一带一路"的能源合作当中，这就需要我国的油气企业展现出相应的诚意，进一步深化油气合作，在满足企业自身的利益需求时，还可以充分发挥自身优势，协助目标国实现油气产业发展，对当地就业或者国家实力的提升带来实质性的推动。

首先，能源外交对战略合作具有重大意义，不仅有利于巩固两国之间的关系，而且能够促进两国的政治、经济及能源安全之间的联系更加紧密。例如，中俄两国之间的能源外交合作具有重要意义。对中国来说，俄

罗斯有丰富的油气资源、优越的地理位置，两国之间成为能源战略协作伙伴不仅能够降低运输成本，而且能够为我国经济发展提供助力。此外，两国之间加强能源外交有助于保障国家能源安全，而能源安全的四大原则之一是多元化，包括国际能源供应多元化和国内能源品种多元化。为了确保能源供应，主要是积极与能源丰富的国家开展能源合作，寻求从多个来源和渠道进口油气资源。目前我国的石油进口主要还是依赖于中东和非洲国家，而这些地区国内形势不稳，并且80%的进口原油和天然气运输都要通过马六甲海峡，但这一关键要道由美方所控制，并且要道附近海盗活动频繁，这对中国的能源安全构成了一定的潜在威胁。因此，与俄罗斯加强能源外交构成能源合作是中国保障能源安全多元化的重要一步。对俄罗斯来说，与中国进行能源合作不仅可以得到能源开发技术而且还有一定的资金支持。油气输送管道是俄罗斯重要的基础设施，其正面临着严重的老化问题，需要大量的资金和技术支持进行修缮维护，以避免安全隐患，而我国恰好可以给予其技术和资金上的支持。我国是"一带一路"倡议的提出者、践行者、引领者，油气输送管道作为"能源大动脉"输送着油气，架起出口国与需求国之间的油气往来桥梁，是中国能源外交文化的主要载体之一。

其次，能源合作是"丝绸之路经济带"的重要突破口。"一带一路"能源合作能够在三个层面上发挥着重要作用：首先，能够满足能源供给国油气输出需求；其次，为能源国提供必要的能源保障；最后，在能源产业合作中带动多方经济产业全面发展，而坚持"合作共赢"的理念是实现以上重要作用的不二选择，如此才能保障能源安全、维护能源利益、促进国家发展。2016年习近平总书记在出访过程中第一次提出"能源合作共同体"概念。之后，国家发展改革委发布文件，明确指出要形成一张联结我国与世界的能源合作网，构建能源合作利益共同体和命运共同体。2018年在举行的"一带一路"能源部长会议中指出要按照"政府引领、企业参与、市场为导、商业规则"的要求，加强能源各领域合作。在这个过程中，中国作为一个负责任的大国要树立正确的义利观，在考虑我国能源利益的同时要顾及当地社会和民众的利益，只有这样才有助于经济长期稳定发展。

(二）稳定当前投资，保持长期发展

油气投资低风险地区发生风险的概率较小，与该地区内的国家进行合作是我国开启能源合作迈出的必要第一步，我们不能沉浸并止步于现有合作关系中，在此基础上建立油气合作长效机制才是我们共同追求的目标。随着中国综合国力的稳步提升，我国对能源的需求量也会与日俱增，与"一带一路"沿线国家之间的能源合作将会越来越紧密。可以在当前与低风险地区国家合作环境良好的状况下加大投入力度，政府也需要出台针对性的促进油气合作的扶持政策，统筹中国的油气企业逐步形成海外投资的合力，重点支持和引导非常规油气及深海油气资源国际合作。此外，美国"能源独立"必定为世界能源市场稳定带来相应的冲击，在世界油气贸易网络中对其他国家的影响显著，加速了全球油气市场格局的重塑。由于美国政府历来奉行霸权主义和强权政治，"一带一路"的快速发展必然会让美国采取一定的遏制措施，极有可能继续以油气资源为武器，打击并压制新型工业化国家的现代化发展，其首要目标将会是与我国合作关系紧密的油气投资国家。所以中国要加深与"一带一路"沿线国家的长期油气合作，提升"一带一路"的整体发展水平，打造稳固的能源合作平台，进而保障油气投资安全。

中国与"一带一路"沿线国家长期开展油气合作，需要深化能源合作方式，拓展能源合作领域。在能源合作方式上，就中国与沙特阿拉伯来看，2021年中沙双边贸易总额高达873.1亿美元，这是两国建交时的209倍。虽然从数据上看两国的贸易不断扩大，但是其贸易结构相对比较单一。沙特阿拉伯是中国在西亚非洲地区的第一大贸易伙伴，沙特阿拉伯大量的原油、石化产品输送到中国，而中国向沙特阿拉伯出口大量的钢材、机电产品等。但是在经济转型新形势下，双方应拓展能源领域的深度和广度，不断加深油气领域上的合作，例如，在能源开采、加工、储备等方面进行深度合作。在能源合作领域方面，中国在可再生能源领域具有技术、经验以及资金方面的优势。中国与沙特阿拉伯在可再生能源领域进行合作，有利于双方实现互利共赢。沙特阿拉伯在"2030愿景"发展战略中宣布，到2030年可再生能源在该国能源结构中的占比将达到50%，而沙特

阿拉伯计划到 2023 年实现安装 27.3GW 的可再生能源，到 2030 年实现 58.7GW 可再生能源目标，这就意味着需要投入一笔巨大的资金，而中国可以给予其资金上的支持以减轻其资金不足的压力。就中国而言，双方拓展能源合作领域有利于保障油气资源安全。

二、"一带一路"沿线油气投资中风险地区对策

土库曼斯坦、伊朗、乌兹别克斯坦、新加坡、缅甸、文莱、马来西亚、巴基斯坦与阿联酋属于油气投资的中风险国家。成为油气投资中风险国家地区主要是由于多数国家的油气资源相对丰富但基础设施较差，如土库曼斯坦、乌兹别克斯坦、文莱、马来西亚、巴基斯坦。还有部分国家的外部或内部环境较差，如伊朗、缅甸。而新加坡的情况较为特殊，虽然本国有着良好的油气投资环境，但是油气资源储量极少，受外界影响较大，与其他国家相比有着天然劣势。油气投资的中风险地区国家分布广泛，国家数量也最多，同时根据分析可以看出影响油气投资风险的因素也最为复杂。所以在中风险等级国家进行投资的油气企业需要采取适宜的对策。

（一）细分投资风险，提升防范能力

与油气投资的低风险和高风险国家不同，中风险地区国家基本有着一定的油气投资天然条件与合作基础，但是因为自身国内存在的一定问题导致油气投资环境状况较差，总体来看仍有较大的合作空间。中国的油气企业需要在开展项目合作时针对油气投资风险因素进行详细区分，进而采取相应的措施。以经济发展水平较低的中亚为例，该地区内的国家因位居亚洲中心地带而缺乏运送资源的海上通道，同时面临着经济落后、交通不便、生态恶劣等问题。为提升中亚地区能源合作水平，保证中国油气企业的投资环境，可以通过建设能源合作通道，将中亚国家的能源运输通道与我国国内的能源通道相结合，打通海外输出通道。文莱、马来西亚、巴基斯坦等国油气投资风险较高则主要是由于基础设施状况较差，技术输出、装备输出、工程队伍输出和资本输出是解决这类问题的不二选择。我国可以帮助投资合作国家建设炼油厂，为当地居民提供就业机会；延展油气产

业链下游发展可能性，将部分资源就地生产为能源消费品供当地居民消费交易，这样既可以提高我国油气进口保障，又可以带动相关国家经济发展，可谓一举两得。

中国在进行油气资源投资时面对东道国不同的风险应采取不同的措施进行风险防范。例如，中国与土库曼斯坦之间存在的能源合作风险。在国家治理风险方面，土库曼斯坦国内政治局势不稳定，容易受到国际经济环境的影响。国际能源价格、金融和外汇市场波动等因素都会影响中土能源合作的可持续性，从而影响两国在能源领域的长期稳定关系。在油气管道运输风险方面，中国与土库曼斯坦之间的油气贸易主要以油气管道过境为主，而中亚油气管道的四条天然气管道面临着跨越多国、线路长、运行难度大等方面的问题，跨境运输风险较大。因此，中国在进行项目投资时应对东道国存在的各种风险进行评估分析，针对不同的风险采取相应的措施。

（二）维持投资规模，拓展合作空间

针对与油气投资中风险地区国家之间的合作，需要做到在维持现有油气投资规模的基础上，争取拓展油气项目合作的空间，根据分析结果可以看出，油气投资中风险地区国家主要集中在东南亚、南亚与中亚地区。随着我国与东盟之间的合作步伐不断加速，能源领域业务也在不断拓展，可以实现优劣互补，将"一带一路"倡议与东盟发展相互衔接，促进能源合作，降低油气投资风险。此外还要重点推进油气资源较为丰富，但基础设施落后的中亚地区合作，例如中亚的土库曼斯坦、乌兹别克斯坦等国经济落后、交通闭塞，并处于亚洲腹地，同样面临着因海上运输路线缺失而资源运输困难的问题。但是对我国而言，中亚的地理位置反而使其成为无可替代的资源主要供给来源，我国应把握并开发好这一新的能源合作重点，在当前投资规模的基础上，拓展油气合作的空间。在深化"一带一路"的合作中，一方面，要维护现有的合作基础，稳步推进各国间合作强度与深度；另一方面，要善于利用地理要素，发挥出经济与地缘政治的综合优势。同时以我国的优势领域带动沿线国家经济发展，将我国工业、农业、制造业和文化产业与中亚国家经贸、科技、文化强强结合，以实现平等互

惠、合作共赢的理想结果。

在"一带一路"倡议下，中国与各成员国之间的能源合作模式要不断优化创新，由双边合作模式逐渐向多边合作模式延伸，构建"一带一路"国际能源合作示范模式。多边合作模式主要体现在合作方法日益多元化，合作范围不断拓展。在进行油气投资时，能源企业应采用收购并购、工程承包以及直接投资等多种投资方式，并且金融机构也应全程参与能源合作项目，形成能源"产业＋金融"的投资方式，提高投资稳定性。随着"一带一路"建设的不断推进，能源合作的规模和领域都在不断地扩大。以中国和伊朗为例，2016年1月习近平主席对伊朗进行国事访问，两国建立全面战略合作伙伴关系，并签署"一带一路"合作备忘录，同时，中伊两国在《关于建立全面战略伙伴关系的联合声明》中表示，要加强两国之间化石和可再生能源领域的多边和双边合作并开展技术经验交流，为中伊关系及领域合作健康发展奠定了坚实的基础。这不仅促进了油气项目合作发展，而且顺利推进了高铁、电力、产业园区、基础设施建设等发展，两国之间"一带一路"合作项目不断取得进展。"一带一路"多边合作模式有利于中国成为国际能源合作机制的重要参与者，拓展国际合作对象。

三、"一带一路"沿线油气投资高风险地区对策

卡塔尔、印度、科威特、伊拉克、也门、叙利亚与阿富汗作为油气投资的高风险国家。其中卡塔尔、印度、科威特等国的油气投资风险较高主要是由于风俗文化以及社会制度与我国相差甚远，导致合作的环境并不是十分理想，合作进度缓慢，油气投资风险较高。而伊拉克、也门、叙利亚与阿富汗等国油气投资风险较高的主要原因是国家状况极度不稳定，部分国家甚至长期处于战争状态，缺乏基本的油气投资环境。无论是由于何种原因导致的油气投资风险，相对低风险与中风险国家来说，上述国家都处于十分不利的地位。中国的油气企业在进行投资合作时需要采取更为严谨的对策措施。

（一）关注风险趋势，保障自身利益

通过上述分析可以看出，油气投资风险较高的主要原因在于资源国自

身油气投资环境的不稳定或者与我国在政治或经济上缺乏契合度。但这些因素都不是在短时间内能够轻易改变，也并非能够简单进行风险评估。所以在高风险地区国家进行投资时需要及时关注目标国的相关政治、经济信息，准确地评估我国在海外开展油气资源投资时，经济、政治、法律、军事、生态等方面存在的风险，并根据相关风险因素进行趋势预测，最终找到进入相关地区、国家进行油气资源投资的最佳战略方针、最优合作方案、最全应急机制，以此保障企业自身利益。对于制度、文化等方面的差异，企业可以通过采取本土化战略缓和油气合作之间的矛盾。但是针对部分国家较为混乱的国内政治局面，需要油气企业掌握好目标国国内的基本状况，提前做好相关的防范措施，例如在决定油气投资开发时可以签署长期的油气合作协议，避免因政权更迭或其他因素而造成项目的中断。针对战争风险较高的地区，则需要综合考虑地区局势，尽量避免大规模的投资活动，防止不可抗力所带来的损失。

（二）结合实际需求，谨慎决策投资

虽然这些国家的油气投资风险较高，但是由于多数国家处于"一带一路"重要的战略节点，因此与其油气投资合作绝对不能因为风险的高低而放弃，应该针对影响油气投资的因素进行密切关注。随着"一带一路"的影响力逐渐扩大，中国的油气企业业务范围也开始逐步拓展。当在油气投资高风险国家开展活动时，需要做到结合企业的业务需求和实际油气投资项目的状况，组织相关专家进行综合风险评估，不应为抢占市场份额而盲目扩张，避免投资失败造成损失，更好地利用国内国外两个市场。为降低我国油气企业在海外投资时承担的风险，可以在国内外分别组建专业、专门的机构负责解决海外油气资源投资业务风险，相关企业可根据海外业务所在地、规模大小有选择性地进行投保，此外企业还可以通过海外公司并购、股份合作式投标、建立合资公司等方式缓解投资压力、减轻企业负担，这样能够最大可能地降低油气投资风险。同时利用美国针对伊拉克、也门、叙利亚、阿富汗等国控制力有所减弱的同时，推进"一带一路"能源合作与上述国家的对接。在危机与机遇共存的局势下，首先要清醒地分析风险因素，而后有理有据地推测发展趋势，最终提出长效解决方案与应对机制，分步加强与沿线各国的能源合作，并从中探寻新的合作机会、新的发展可能。在推进"一带一路"战略能源合作中，应考虑高风险地区的油气投资潜力，做到早谋划、早进入，实现早突破。

第三节 "一带一路"沿线国家油气投资风险防范

油气投资合作作为国际能源合作的重要内容与领域之一，关乎国家的可持续发展与安全，严重影响着国际关系。在当前世界格局发生深刻变革的背景下，"一带一路"给国际能源合作提供了新的思路，进一步深化与"一带一路"沿线国家之间的油气投资合作就显得至关重要。中国将作为"一带一路"的能源合作伙伴，推动世界能源的可持续性发展，保护能源安全。构建能源命运共同体，既是实现人类命运共同体的重要环节，也是重构全球能源治理体系的重要措施，而油气投资风险的预防也就成为能源合作当中至关重要的一环。为了能够充分降低油气投资风险，中国需要在共商、共建、共享的理念指导下，在油气领域高效地把"引进来"和"走出去"相结合，以开放平等的姿态构建区域油气合作平台。拓宽"一带一路"能源合作渠道，提升"一带一路"的综合实力，结合前六章的相关内容，本节将会提出相应的措施从而保障油气合作，最大限度降低油气投资风险的发生概率，最终实现各国的发展与共赢。

一、凝聚理念共识，保障能源安全

为进一步加强与"一带一路"沿线国家石油和天然气的合作，降低未来能源投资的风险，首先需要做的是使沿线国家进一步加强对"一带一路"倡议的认同感。"一带一路"倡议作为沿线国家的共同事业，不仅会为沿线各国更会为其人民带来更多更实在的利益。一直以来，中国都积极倡导全球能源治理，广泛参与并积极讨论世界性能源组织和区域性、综合性国际组织提出的各种能源议题。截至目前，"一带一路"倡议的提出已经取得丰硕成果，但是依然面临着许多阻碍，对象国民众以及某些非政府组织经常打着环境污染和资源掠夺等旗帜来阻挠和干扰项目进行，有的项目被迫中途停工甚至破产。造成该情况的主要原因是一些国家担心"一带一路"能源合作会使自己国家在国际能源市场中的地位下降，而且过去我国在进行能源合作时，会过于从单方面强调自身对能源需求问题的看法，加剧了沿线国家的抵触情绪，从而造成"中国能源新殖民主义""中国能源威胁论"等观念不断出现。但是"一带一路"倡议的共建原则强调坚持互利共赢，各方利益与关系要同时兼顾，不断寻求利益的契合点、实现合作效益最大化，各施所长，各尽所能，充分发挥各方优势和潜力。能源安全的合作意识要进一步加强，推动各合作对象国政府以及能源企业充分认识到进一步促进与中国能源的合作会给其国家安全与发展带来重大战略价值。

目前全球油气贸易领域消费呈现加速东移的新趋势，中国等亚太地区国家将会在未来成为能源消费的中心，而目前和未来我国油气进口最可行和最主要的来源区是"一带一路"进行油气合作的沿线国家，同时这些沿线国家也是我国与境外开展油气合作的优先目标区域。能源合作是"一带一路"倡议进行的重要内容，它是我国为减少能源投资风险，维护油气投资安全所实行的重要举措。所以要通过对外宣传、开展对话、外交会晤并且进一步采取具体的措施打消各国疑虑，在推进"一带一路"能源合作时中国的油气企业要树立能源合作的正确义利观，做到既保护自身能源利益，同时也要造福和惠及当地民众，推动各合作对象国政府以及能源企业充分认识到进一步促进与中国能源的合作会给其国家安全与发展带来重大战略价值，从而能为保障能源安全、降低能源投资风险，为长期稳定合作打下坚实的基础。

（一）明确政策制定

"一带一路"倡议促使我国在能源合作方面获得了丰富硕果，但是随着合作的进一步深入，也暴露出越来越多的问题。在政策制定方面，不仅中国与"一带一路"沿线国家开展能源合作，其他国家也在与"一带一路"沿线国家开展能源合作，以满足本国的能源需求，这势必会形成一种竞争关系。因此，原有的"一带一路"区域能源合作关系将会被打破。此外，在缺乏良好沟通和互信的情况下，可能会出现一些对中国介入的怀疑论或威胁论等谬论，这将不利于中国与其他国家进一步深化能源合作。"一带一路"虽然是开放的格局，但要有明确的政策，避免双方在能源合作中出现利益冲突。

（二）加强制度建设

"一带一路"建设正在稳步推进，取得亮丽成绩。但是在能源合作过程中暴露出来的问题和能源制度建设有着紧密联系。"一带一路"建设为了适应沿线国家之间政治、经济、文化的差异，并体现出共建原则建立了多种合作机制。目前"一带一路"合作机制采取的方式有交流合作、峰会、多边、双边机制以及战略对接等。而这些机制在"一带一路"能源合作中最具有实践性的当属双、多边机制。这些机制的建立在一定程度上确实有利于中国与"一带一路"沿线国家在相互尊重和信任的基础上开展能源合作，但是这些机制的建立在一定程度上仍然不足以保证中国与"一带一路"沿线国家的能源合作，主要是因为这些机制过于松散。此外，法律制度不健全，特别是税收法律法规经常做出重大调整，随意性强。"一带一路"能源合作若要确保其可持续性，这就需要一个更加紧密的机制。因此，为了能够进一步深化"一带一路"沿线国家能源合作，需要加强制度建设，促进能源稳定，保障能源安全。

二、借鉴评价结果，规避投资风险

根据前五章的油气投资风险因素分析与第六、七章的油气投资风险综合评价与分类，可以看出"一带一路"沿线国家的油气投资状况差异巨大。而影响油气投资的因素是十分复杂的，并不能仅仅单纯依靠主观判断。企业需要根据油气投资评价结果与相关的意见和建议进行综合考虑，采取适当的措施规避油气投资风险。但油气投资风险评估是根据收集的相关国家政治、经济等方面因素的数值通过量化后，采取科学的方法进行计算得到的结果，只能表明目标国的总体风险趋势。而一个国家的真实情况并非依靠数据就能够简单概括的，所以在针对油气投资高风险国家采取风险防范措施的同时,对于油气投资低风险国家也需要进行全面评估。

例如,中东地区作为中国主要的油气来源渠道以及"一带一路"能源合作重要节点的局面将会在很长一段时间内难以得到改变。但是由于中东地区国家的油气投资状况各不相同,针对不同国家的突出风险因素,为了降低油气投资风险,需要采取差异化的油气合作模式。伊朗、阿联酋、沙特阿拉伯属于油气投资中的低风险国家,然而,这些国家实行的是传统的资源民族主义政策,因此中国尚未在这些国家中大规模参与勘探和开发油气的项目,也尚未在上游油气合作中取得突破性成果。不能够仅仅依靠政府层面之间的友好关系和能源外交开展相关的活动,同时需要企业层面进行合作,可以共同组建合资公司,以避开其对国际资本进入上游开发的政策壁垒。而多数中东地区国家则是处于油气投资高风险状况下,这些国家普遍缺乏资金或面对着复杂的政治环境,我国政府和企业可以通过参股或采取以贷款换石油的模式,为目标国提供长期贷款并通过协议获得长期稳定的油气供应。

(一) 持续评估风险

社会环境是不断变化的,因此,油气投资项目的环境也是处于不断变化之中。即使投资之前已识别分析存在的风险,还是要持续进行跟踪,监视未识别的风险、不断识别新风险以便能够及时应对风险变化并采取相应的措施。在政治风险方面,主要是地缘政治风险的影响,如阿富汗南部和东部是与巴基斯坦接邻,其西部和北部分别靠近伊朗和土库曼斯坦、乌兹别克斯坦及塔吉克斯坦,四周都是油气资源丰富的国家,从能源战略上来考虑,这会是众多国家的必争之地。此外,随着反恐形势的不断发展,美国、俄罗斯等一些大国也将以各种形式参与阿富汗政治,争夺在该地区的主导权,从而造成复杂多变的政治形势。我国要持续关注周边形势,做好风险评估应对。在法律风险方面,要持续关注能源合作国家的法律和政策方面的变化,积极与国内风险评估机构沟通,及时获取准确的法律信息,从而提前做好应对措施以避免发生损失。在经济风险方面,持续关注汇率风险。在进行国外油气投资时往往涉及外币兑换,而汇率是否稳定会对企业投资产生直接的影响。当前国际环境是极其不稳定的,各个国家之间的货币政策之间的差异较大,这进而增加了油气投资风险。虽然大多数投资项目是按美元进行结算的,但是美元和人民币依然是不稳定的,无论是升值还是贬值对两国之间的货币兑换都是不利的,这进而会对两国之间的投资收益产生影响。

(二)构建风险预警机制

中国在对"一带一路"沿线国家进行油气投资时,由于对东道国的市场环境了解得不够透彻,以至于会存在一定的信息不对称,这无疑增加了中国油气投资风险。因此,我国应建立"一带一路"沿线国家油气信息平台,跟踪"一带一路"沿线国家油气市场的动态。在金融风险方面,要加强金融监管,建立健全金融风险预警机制。根据汇率、利率、通货膨胀等金融参数的变化情况来分析判断系统性风险状况,从而能够及时发现油气投资项目中存在的金融风险。在政治风险方面,积极配合国家外交政策,形成相应的风险动态监控机制。例如,我国在和阿富汗进行能源合作时,应积极配合国家外交政策;对阿富汗国内政治体制、油气资源方面的政策以及政党之间的关系等方面进行深入了解,对其国内局势进行实时跟踪,同时,要紧密关注油气方面的信息动态,并将其反馈给我国动态监测机构以便能够随时调整风险对策。

三、多重措施并举,提升防范能力

"一带一路"进行油气合作的沿线国家是目前以及未来我国最可行也是最主要的油气进口来源区,还是我国与境外开展油气合作的优先目标区域,同时也是油气投资风险防范的重点地区。为保障能源投资安全,降低油气投资风险,应该将勘探开发油气、炼油化工以及建设基础设施作为抓手,将亚洲基础设施投资银行和丝路基金作为支撑,将油气投资低风险地区国家视作着力点,以油气投资中风险地区国家为革新点,以油气投资高风险地区国家为提升点,推动合作模式的创新,推进合作机制的完善,促进"一带一路"油气资源合作长期、稳定以及可持续发展。

为实现上述要求,需要将与"一带一路"沿线国家之间的油气合作内容尽快细化，向具体操作层面推进，实现多重措施并举，加速"一带一路"能源平台建设。要加速构建油气贸易中心与油气定价中心，同时中国油企应该推动贸易规模和频次的进一步扩大，促进多元化油气贸易通道的建立，实现贸易定价市场化，从而保障油气资源的动态性。此外，还要重视设计和发展油气金融衍生品，加快建设油气现货和期货贸易的电子与实货交易平台，同时还要加快设计天然气现货以及天然气期货的产品与合约，为我国进行亚洲及太平洋地区油气市场定价中心的建立和极具影响力的油气基准价格的推出奠定了坚实的基础。传统石油企业应借助"一带一路"能源合作平台，不断促进跨国经营战略的推进，发展国际化战略，由此培育出一批世界级的跨国油气企业。能源项目的合作和建设将带来巨大的机会，使我国能源装备制造、能源智库以及能源服务与工程建设领域的企业"走出去"。

（一）上、中、下游共同推进

"一带一路"能源合作的主要困境在于油气产业链体系薄弱，目前来看油气合作仅仅集中于资源的开采阶段，对于后续的加工炼化流程重视程度不够，导致不能够发挥合作最大效应。为充分发挥"一带一路"能源合作平台的作用，降低油气投资风险，首先需要做到油气产业的上、中、下游共同发展，从而实现产业一体化合作，提升"一带一路"沿线国家的油气合作能力。新形势下，对外油气合作应做到上下游兼顾，发展全球层面的一体化业务，发展成为遍及世界的地区一体化业务中心。这将是新形势下开展对外石油和天然气合作的新常态，同时也是改善油气投资环境，降低油气投资风险的重要环节。

其中上游要做到石油、天然气二者共同发展，要求企业从目前的单纯重视石油勘探开发转变为油气并重，加大与天然气资源富集区国家的上游合作，这样既保障了石油的供给安全，同时也将强有力地保障天然气的供给安全，从而能够降低油气投资风险。此外，油气投资风险的高低与基础设施和科技水平的高低有着密切关联，因此将油气合作进一步拓展到工程建设、工程技术、装备制造和具有主导性的技术标准服务等领域显得尤为重要，通过提升"一带一路"沿线国家的技术水平来提升目标国自身的软实力，从而能够降低油气投资风险。同时，要加强与"一带一路"沿线国家的上游能源开发合作，这是保障能源进口稳定与安全最直接有效的途径。各个国家对我国油气资源开放程度是不同的，我国要根据不同的开放程度采取不同的合作方式。例如沙特阿拉伯、俄罗斯对我国石油开放程度较高，要加大能源开发，在双方获取平等权益的情况下，争取利益最大化。

中游的合作重点则是在通过油气输送管线的互联互通建设，推动形成区域性的网络格局。目前我国的油气投资活动主要集中在单个国家，对区域效应的考虑不够充分，这也是导致部分国家油气投资风险较高的原因之一。中国可以借助"一带一路"平台，推进陆上与海上能源输送管线的建设，形成多元化、多渠道的能源进出口体系，增强"一带一路"沿线国家之间的联系，使其成为一个整体。这样即使某个国家或地区出现问题，也不会对"一带一路"的能源合作产生连锁反应。中游领域的油气输送管线建设不仅能为我国油气输送提供一个安全保障，而且还能向他国提供我国强大的基建制造能力，提高管道建设效率。

下游是要将重点放在对油气资源生产加工基地的建设上来。无论目标国的油气投资风险如何，在资源国建立生产加工销售的一体化业务是十分必要的，打破常规的油气资源全球开采，炼化加工集中某国的模式，争取做到每个国家都是一个个体，实现多元化发展，这样能够做到分摊油气投资风险，同时不仅能够带动当地就业，解决经济发展问题，更为重要的是能够实现"民心相通"，增强当地人对"一带一路"的认同感，从而能够进一步促进"一带一路"沿线国家开展能源合作，维护能源合作安全。

"一带一路"能源合作下是要促进上、中、下游协调发展。在加强与"一带一路"沿线国家上游领域油气勘探开发的基础上，加强与其中下游领域的合作，实现优势互补、共同发展。我国既要加大对油气资源的勘探开发又要加强技术输出，充分发挥我国先进工程服务技术、工程建设及制造业服务水平优势来拓展业务。这不仅保障了我国的能源供应，而且也有利于合作国家的能源产业发展。

（二）点、线、面相互结合

"一带一路"倡议包含非常多的油气国家而且涉及的地域范围十分广，

需要在油气投资的过程中做到能源的利益点、运输线、合作面三者相互结合，只有以点串线，连线成面，互相促进，才能够使"一带一路"更具韧性，从而提升中国企业在"一带一路"能源投资领域的抗风险能力。所以，在开展"一带一路"战略能源合作时，中国应该实行点线面相结合的措施，实现保点、通线、构面，如此最终不仅能实现重点突破，还能全面整体地推进能源合作。

利益点指的是能源运输的关键点、合作突破点和战略支撑点。在此处主要是指我国和"一带一路"沿线国家开展相关能源贸易、运输过程当中所包括的交通要道与重要地区。由于我国是能源进口大国，因此只要使利益点的安全得到充分保障，就能使我国能源保持稳定并持续供给，降低能源投资合作的外部风险。

运输线主要是指传统的陆路、海路能源输送通道和北极航道以及太平洋东线航道、中巴能源通道等。"一带一路"倡议涵盖国家数量众多，基本囊括了世界主要的油气产区，但是长期以来我国对能源运输通道的开拓力度不够以及部分地区难度过大导致进展缓慢。目前来看，现有的能源通道并不能够满足我国当前的能源投资需要，也并未能够充分发挥"一带一路"能源合作平台的作用，加之当前世界局势错综复杂，美国在全球战略中公开表示有意控制的重要战略路线有16条，其中有多至7条与中国油气运输密切相关，只有充分发掘"一带一路"沿线地区的能源合作路径，降低我国对马六甲航道的依赖，才能够保证油气投资的安全。

合作原则是指中国的油气企业针对不同油气投资风险等级的国家采取相应的策略。根据目前"一带一路"能源合作的基本状况，首先针对油气投资低风险地区国家，需要做到进一步深化合作，构建能源合作新局面。对于中风险地区国家，需要以传统友好关系为依托，稳固树立能源合作的新支点，借势用力抓住合作新契机。对于高风险地区国家，需要积极稳妥介入。

综上所述，能源合作是"一带一路"沿线国家之间开展合作的重点，作为提出和积极参与"一带一路"倡议的国家，我国在开展"一带一路"能源合作中的作用无可替代。同时，作为最大的能源消费国以及公共产品的提供国，中国转变能源国际合作实践将会严重影响到地区能源的安全和发展。为了使"一带一路"合作更加安全、绿色和开放，推动双边能源合作，使中国在国际能源市场的地位及影响力获得进一步提升，实现国家和区域经济发展普惠共享，有必要对"一带一路"沿线国家油气投资风险进行分析和评估。面临政治风险、经济风险、运营风险、法律风险以及安全风险五大方面的挑战，中国的油气企业需要在复杂的环境当中抓住机遇，与目标国形成优势互补，克服我国在海外油气行业投资存在的问题，真正使中国油企"走出去"，最终实现推进"一带一路"的快速发展，构建能源命运共同体的宏伟愿景。

结　论

本研究以"一带一路"倡议实施以来中国的油气海外投资风险作为主要研究对象，对"一带一路"沿线的 20 个合作频繁、油气资源禀赋较高的国家进行了全方位、多维度的投资环境分析和风险识别及评价，构建了油气领域海外投资风险的评价指标体系，并运用熵值法结合层次分析法确定指标权重，后结合优劣解距离法和灰色综合评价法进行 20 国的投资风险排序，最终基于 K - means 改进的 K - means + + 聚类方法作为分类的依据，对这些国家进行相对科学的投资风险排序，为我国的油气企业更好地"走出去"提供风险提示及投资策略。课题经过研究分析得出以下结论：

（1）我国油气领域的海外投资主要是在政府推动下进行的，国家尤其重视油气行业的海外投资，因为对外投资代表着国家的宏观利益，也是为国家经济发展和能源安全而必须进行的战略性投资。因此，在符合国家利益的前提下，需要国企和民企都更加谨慎更加科学地进行投资决策，以谋求最大程度的投资收益合理化、规范化。

（2）我国油气对外投资规模不断扩大，海外权益产量也快速增长，海外自主勘探权不断提高，但仍存在较大投资风险：比如，我国海外石油投资的方向集中的重点区域仍是高风险地区，与其他国家合作经营时经常出现资金不足或资金成本过高、海外投资项目管理不够成熟、合同模式复杂多样且投资风险大等一系列问题，都需要逐步解决，来提高我国油气对外投资的成效。

（3）"一带一路"沿线国家的投资环境极其复杂，需要从多维度、广视角、由点到面的全盘评估才可确定投资的区域、合作的方式及投入的金额等决定性的条件。在此次分析的 20 个国家中，从油气资源、政体政局、经济形势、油气法律政策、基础设施建设五个方面进行投资环境的评价，这五个方面在环境评估的由点到面过程中缺一不可，均为环境评估的重要因素。综合环境初评为：中亚国家投资环境相对较好，俄罗斯油气投资合作历史悠久但由于近期的俄乌冲突，使国内投资环境趋于恶化；其次为中东国家，因为其油气资源禀赋高且油气法律政策环境相对宽松；叙利亚、阿富汗等国则为投资环境相对较差的国家，战争频发、政局不稳，对于投资者来说都需要暂停或进一步评估后才能确定。

（4）"一带一路"沿线国家的投资风险识别主要从政治风险、经济风险、运营风险、法律风险、安全风险五个方面进行识别和评估，能够全面、系统、综合地识别出被投资国家主体的各种风险，但仍然需要综合性的考量，总体评估为：中亚和东南亚国家的政治风险较低，而中东和西亚的也门及叙利亚的政治风险相对较高；经济风险较高的有中东国家中的伊拉克、叙利亚、也门这3个国家，南亚国家中的印度以及东南亚国家中的缅甸经济情况不容乐观，其他国家相对较好。俄罗斯、马来西亚、伊拉克、印度等国的运营风险比较高，伊朗、文莱、科威特等国较低；中东国家中的伊拉克、也门以及东南亚国家中的印度尼西亚这3个国家的法律秩序风险较高，其他国家相对风险较低；中亚国家的安全风险最低，东南亚次之，南亚的阿富汗，西亚的也门、叙利亚最高。

（5）"一带一路"油气投资风险的指标体系构建可以从以上五个方面建立一级指标体系，然后再细化14个二级指标，在评价方法的选择上，对于结构复杂的评价对象，应该从多角度入手构建相应的评价体系，同时运用多种指标进行综合评价，才能够得到较为科学客观的结论，即利用综合评价方法进行相关处理。可以在熵权法结合层次分析法的基础之上再引入适用于指标权重主观性较强的可拓综合评价法和模糊综合分析法进行风险评价，这样使评价结果更趋于客观，可信度更强。

（6）通过对20个"一带一路"沿线国家进行油气投资风险的综合评价，根据得分可以看出不同国家之间的油气投资风险差异较大。俄罗斯、沙特阿拉伯、哈萨克斯坦、印度尼西亚的油气投资风险明显小于其他研究国家。土库曼斯坦、伊朗、乌兹别克斯坦、新加坡、缅甸的投资风险较低，虽然相对于排名前列的国家有着一定差距，但也适宜开展油气投资活动。文莱、马来西亚、巴基斯坦、阿联酋、卡塔尔、印度、科威特虽然油气资源也比较丰富，但外交政策、油气投资环境相对不稳定，需要中国的油气企业谨慎考虑。伊拉克、也门、叙利亚、阿富汗四个国家的综合得分较低,表明油气投资环境较差,油气投资风险较高,不适宜大规模开展投资活动。

（7）目前中国的能源合作仍然处于转型期,与能源出口国的深入合作保障了中国能源供应安全,而且在较长一段时间内仍然是能源国际合作的基石,所以针对油气投资的风险仍然需要有针对性地提出对策。可以根据"一带一路"沿线国家的油气投资风险状况,按照所划分的不同风险等级来进行不同层面的投资策略组合,降低投资风险,实现投资利益的最大化。

参考文献

[1] 权衡. 世界经济的结构性困境与发展新周期及中国的新贡献 [J]. 世界经济研究, 2016, (12): 3-11+24+132.

[2] 剧锦文. "一带一路" 战略的意义、机遇与挑战 [N]. 经济日报, 2015-04-02 (013).

[3] 王喆, 张明. "一带一路" 中的人民币国际化: 进展、问题与可行路径 [J]. 中国流通经济, 2020, 34 (1): 100-111.

[4] 杨成玉. "一带一路" 共促沿线国家贸易转型 [N]. 国际商报, 2017-05-18 (A04).

[5] 赵莹. 中国与 "一带一路" 沿线国家贸易格局及其经济贡献 [J]. 商, 2015 (45): 126.

[6] 敖双红, 孙婵. "一带一路" 背景下中国参与全球卫生治理机制研究 [J]. 法学论坛, 2019, 34 (3): 150-160.

[7] 陈翔. 浅析 "一带一路" 建设背景下的中国农业外交 [J]. 现代国际关系, 2015, (10): 48-53.

[8] 隋广军, 黄亮雄, 黄兴. 中国对外直接投资、基础设施建设与 "一带一路" 沿线国家经济增长 [J]. 广东财经大学学报, 2017, 32 (1): 32-43.

[9] 周泽昊. 中国与 "一带一路" 国家基础设施建设合作现状、意义及前景 [J]. 商讯, 2019, (5): 156-157.

[10] 王建忠, 李富兵, 黄书君, 等. "一带一路" 沿线国家油气合作进展与合作建议 [J]. 中国矿业, 2019, 28 (2): 18-24.

[11] 李富兵, 白国平, 王志欣, 等. "一带一路" 油气资源潜力及合作前景 [J]. 中国矿业, 2015, 24 (10): 1-3+26.

[12] 倪秀红. 美、日对外石油投资对我国的启示 [J]. 企业研究, 2010,

(20)：51-53.

[13] 李优树，李蕾，罗运兰. 中国对"一带一路"沿线国家油气投资的区位选择研究——基于投资环境与投资绩效的角度 [J]. 经济问题，2019，（7）：115.

[14] 夏龙兵. 海外投资风险研究综述 [J]. 中国市场，2017，（14）：330-331.

[15] 翟玉胜. 中国能源海外投资风险管理实证研究——以南苏丹石油投资为例 [J]. 财经理论与实践，2015，36（4）：74-79.

[16] 李玉顺，樊利钧，郑德鹏. 土库曼斯坦油气投资环境与合作对策研究 [J]. 国际石油经济，2003，8：39-42.

[17] 佚名. 沙特阿拉伯经济与商业环境风险分析报告 [J]. 国际融资，2017，10：66-68.

[18] 张修诚. "一带一路"背景下中国对新加坡直接投资的机遇和挑战 [J]. 中国商论，2020，4：90-91.

[19] 聂珊珊. "一带一路"背景下中国企业对新加坡直接投资的现状与风险分析 [J]. 辽宁经济，2019，2：16-17.

[20] 董晔，师心琪. "一带一路"背景下巴基斯坦投资环境及区位选择 [J]. 热带地理，2019，3906：901-910.

[21] 张耀铭. 中巴经济走廊建设：成果、风险与对策 [J]. 西北大学学报（哲学社会科学版），2019，4904：14-22.

[22] 姜英梅. 卡塔尔经济发展战略与"一带一路"建设 [J]. 阿拉伯世界研究，2016，6：35-47+117.

[23] 张海征，杨颖南. 卡塔尔投资环境和风险评析及其对中国的启示 [J]. 国际论坛，2015，1706：70-76+79.

[24] 齐黎明，陈雪. 也门天然气开发商业性分析 [J]. 国际石油经济，2014，2208：73-79.

[25] 仝菲. 科威特经济发展战略与"一带一路"的倡议 [J]. 阿拉伯世界研究，2015，6：31-44.

[26] 王高峰. 叙利亚危机与石油市场 [J]. 能源，2013，10：4.

[27] 李华姣，安海忠，丁颖辉. 中亚主要油气资源国政治体制及油

气管理机构比较分析 [J]. 资源与产业, 2013, 1506: 55-62.

[28] 邹长胜, 王萍. "一带一路"视角下石油装备制造企业"海外建厂"风险识别与防范——以哈萨克斯坦为背景 [J]. 改革与战略, 2015, (5): 168-172.

[29] 周明. 地缘政治想象与获益动机——哈萨克斯坦参与丝绸之路经济带构建评估 [J]. 外交评论: 外交学院学报, 2014, (3): 136-156.

[30] 刘妍婕. 哈萨克斯坦现行民族政策分析与思考 [J] 当代教育实践与教学研究, 2016, (7): 65-68.

[31] 刘妍婕. 哈萨克斯坦独立后民族政策建构探析——从"哈萨克人"到"哈萨克斯坦人"的转变 [J]. 理论观察, 2017, (9): 43-47.

[32] 李永红. 中国石油在哈萨克斯坦践行"一带一路"倡议的实践与思考 [J]. 北京石油管理干部学院学报, 2019, (1): 44-47.

[33] 潘志平. 中亚地缘政治博弈及其新动向 [J]. 石河子大学学报: 哲学社会科学版, 2015, 29, (2): 1-3.

[34] 庹石磊, 余慧, 向素玉, 等. "一带一路"倡议下中国和土库曼斯坦油气合作新趋势探析 [J]. 前沿理论, 2019, (4): 15-18.

[35] 张艳松, 倪善芹, 陈其慎, 等. 基于地缘战略中国同土库曼斯坦资源合作分析 [J]. 资源科学, 2015, (5): 1087-1095.

[36] 吴楠, 佟方, 金玺. 土库曼斯坦投资环境分析 [J]. 中国矿业, 2016, (10): 138-141.

[37] 潘志平. "丝绸之路经济带"与中亚的地缘政治 [J]. 西北民族研究, 2016, (1): 42-50.

[38] 壮志. 中亚国家跨境交通的地缘政治博弈 [J]. 新疆师范大学学报哲学社会科学版, 2016, (2): 37-44.

[39] 余冠军, 黄瑾, 颜玉川. 我国油企与乌兹别克油气市场的合作策略选择 [J]. 西南石油大学学报, 2015, (1): 9-13.

[40] 徐晓彤, 龙涛, 吴姗, 等. 乌兹别克斯坦矿业投资前景分析 [J]. 中国矿业, 2017, (3): 77-80.

[41] 潘志平. 俄美中亚"大博弈"的攻守逆转及地缘政治走向 [J]. 新疆师范大学学报哲学社会科学版, 2011, 32 (1): 37-42.

[42] 李志刚, 姜明军, 刘卫东, 等. "后制裁时代"的伊朗油气投资前景展望 [J]. 国际石油经济, 2016, (3): 66-77.

[43] 尚艳丽. 伊朗油气投资环境变化特点及影响 [J]. 国际市场, 2016, (5): 85-90.

[44] 杨俊. "一带一路"沿线国家油气资源投资风险评价 [J]. 中国矿业, 2018, 2712: 52-57+64.

[45] 李义虎. 地缘政治学: 二分论及其超越: 兼论地缘整合中的中国选择 [M]. 北京: 北京大学出版社, 2007.

[46] 蒋姮. "一带一路"地缘政治风险的评估与管理 [J]. 国际贸易, 2015, (8): 21-24.

[47] 胡爱清. "一带一路"倡议下中国与东南亚国家油气合作风险探析 [J]. 东南亚研究, 2018, (8): 14-20.

[48] 戴永红, 秦永红. 中缅油气管道建设运营的地缘政治经济分析 [J]. 南亚研究季刊, 2015, (1): 16-22.

[49] 齐嘉欣. 中国和新加坡"一带一路"现状与成效 [J]. 区域与城市经济, 2020, (9): 30-31.

[50] 李瑞豪, 李振宇. 探讨"一带一路"倡议在经贸的效果——以马来西亚与新加坡为例 [J]. 金融时代, 2018, 717, (35): 377-380.

[51] 谢明华, 杨明珠. "一带一路"油气通道建设的地缘政治和安全风险 [J]. 探索, 2016, (2): 63-69.

[52] 刘倩. 中巴经济走廊沿线的恐怖主义安全风险治理 [J]. 国际关系研究, 2018, (5): 96-112.

[53] 黄河, 许雪莹, 陈慈钰. 中国企业在巴基斯坦投资的政治风险及管控——以中巴经济走廊为例 [J]. 国际贸易, 2017, (2): 132-154.

[54] 张同功, 宋子佳. 中国企业印度投资风险评价研究 [J]. 青岛科技大学学报. 2016, (3): 50-54.

[55] 代琤, 李洪玺. 阿富汗油气投资风险及应对策略 [J]. 国际经济合作, 2017, (2): 82-87.

[56] 梁玉忠. 中国企业投资"一带一路"沿线国家面临的政治风险与防范策略 [J]. 跨国投资, 2018, (5): 77-80.

[57] 李彪. "一带一路"建设面临沿线国家政治动荡风险 吴志成：增加中国维的政策选项 [EB/OL]. (2017-02-24)[2023-01-26]. http://www.nbd.com.cn/articles/2017-02-24/1079044.html.

[58] 韩永辉, 李子文, 张帆. 中国在阿联酋的投资机会与风险分析 [J]. 长安大学学报 (社会科学版), 2020, 22 (1): 19-26.

[59] 周保根, 田斌. "一带一路"投资合作风险的深入评估及应对 [J]. 国际贸易, 2016, (11): 29-32.

[60] 余家豪, 沈君哲. "一带一路"能源合作回顾与投资风险分析 [J]. 能源, 2019, (6): 37-38.

[61] 李宇, 郑吉, 金雪婷, 等. "一带一路"投资环境综合评估及对策 [J]. 中国科学院院刊, 2016, 31 (6): 671-677.

[62] 翟玉胜. 中国能源海外投资风险管理实证研究——以南苏丹石油投资为例 [J]. 财经理论与实践, 2015, 36 (4): 74-79.

[63] 王越. 一带一路主要国家油气投资环境分析与评价 [J]. 工业技术经济, 2016, 35 (9): 118-127.

[64] 张彦明, 程泽川, 贾桂英, 等. 实物期权在石油勘探投资项目中的应用 [J]. 辽宁工程技术大学学报 (社会科学版), 2015, 17 (5): 495-499.

[65] 孙青茹, 黄书培, 王泽. "21世纪海上丝绸之路"沿线国家海域资源勘探和油气投资环境评价 [J]. 资源与产业, 2020, 22 (1): 12-23.

[66] 文巍, 吴昊. "一带一路"背景下阿拉伯国家投资环境研究 [J]. 阿拉伯世界研究, 2020, (5): 85-106+159.

[67] 张春光, 满海峰. "一带一路"沿线国家投资环境的综合评价与比较——基于不同类型经济体的实证研究 [J]. 金融与经济, 2018, (2): 48-54.

[68] 方尹, 陈俊华, 代欢欢. "一带一路"背景下海湾国家投资环境综合评价 [J]. 世界地理研究, 2018, 27 (2): 36-44+94.

[69] 李优树, 李蕾, 罗运兰. 中国对"一带一路"沿线国家油气投资的区位选择研究——基于投资环境与投资绩效的角度 [J]. 经济问题, 2019, (7): 115-122.

[70] 屈耀明,张煜,赵鹏大. 基于境外油气勘探开发的投资环境评价指标体系设计 [J]. 资源与产业, 2010, 12 (S1): 130-133.

[71] 张栋,许燕,张舒媛. "一带一路"沿线主要国家投资风险识别与对策研究 [J]. 东北亚论坛, 2019, 28 (3): 68-89+128.

[72] 孙彦波. 中国投资在"一带一路"沿线国家的区位分布及政治风险实证分析 [J]. 云南财经大学学报, 2017, 33 (6): 123-131.

[73] 李亚波,杨荣海,张斯. "一带一路"沿线国家恐怖袭击对中国海外并购影响分析 [J]. 国际经贸探索, 2020, 36 (8): 68-80.

[74] 张斌彬,冯珺. "一带一路"沿线国家债务违约风险的识别与防范 [J]. 河北师范大学学报（哲学社会科学版）, 2020, 43 (1): 127-134.

[75] 高新伟,李振. 基于灰色多层次分析的中国石油国际竞争力评价 [J]. 管理学报, 2020, 7 (9): 1410-1415.

[76] 范体军,张莉莉,常香云,等. 中国海外石油开发利用的国家风险评估 [J]. 管理学报, 2021, 8 (6): 943-948.

[77] 郭思佳,方伟,曾金芳,等. 中东地区油气资源投资环境评价及优选 [J]. 资源与产业, 2022, 14 (6): 93-100.

[78] 杨海恩. 基于AHP的中国石油企业海外投资环境评价 [J]. 经济问题, 2019, (3): 81-84.

[79] 陈亚强,穆龙新,翟光华,等. 海外油气项目多目标投资组合优化方法 [J]. 系统工程理论与实践, 2017, 37 (11): 18-24.

[80] 王信敏,丁浩. 海外主要油气产国油气投资环境及影响因素演化 [J]. 经济地理, 2017, 37 (4): 107-116.

[81] 王信敏,刘丙泉,孙金凤. 国际油气投资环境潜力演化和差异变动趋势研究 [J]. 世界经济研究, 2015, (2): 105-114+129.

[82] 王信敏,孙金凤. 基于证据理论的中东地区油气投资环境演化分析 [J]. 中国石油大学学报（社会科学版）, 2015, 31 (4): 1-6.

[83] 杨炘,王鸿冰,邢云,等. 中国国际石油投资模糊数学综合评价方法 [J]. 清华大学学报（自然科学版）, 2016, (6): 855-857.

[84] 赵亚博,刘晓凤,葛岳静. "一带一路"沿线国家油气资源分布格局及其与中国合作中的相互依赖关系 [J]. 地理研究, 2017, 36

(12): 305-320.

[85] 计萌, 刘悦, 秦亚玲, 等. 基于蒙特卡洛模拟的非常规油气投资风险分析 [C]. 中国软科学研究会. 北京: 中国经济出版社, 2018.

[86] 孙青茹, 黄书培, 王泽. "21世纪海上丝绸之路"沿线国家海域资源勘探和油气投资环境评价 [J]. 资源与产业, 2020, 22 (1): 12-23.

[87] 蒋伟娜, 鞠斌山, 翟光华, 等. 海外油气开发项目风险评价研究 [J]. 资源与产业, 2015, 17 (1): 62-66.

[88] 陈菁泉, 张晶, 米军. "丝绸之路经济带"沿线国家投资风险评价——基于粗糙集和模糊C均值聚类 [J]. 金融理论探索, 2020, (2): 32-42.

[89] 刘海猛, 胡森林, 方恺, 等. "一带一路"沿线国家政治-经济-社会风险综合评估及防控 [J]. 地理研究, 2019, 38 (12): 2966-2984.

[90] 张帅, 朱雄关. 东南亚油气资源开发现状及中国与东盟油气合作前景 [J]. 国际石油经济, 2017, 25 (7): 67-79.

[91] 周云亨, 陈佳巍, 叶瑞克, 等. 国家天然气安全评价指标体系的构建与应用 [J]. 自然资源学报, 2020, 35 (11): 2645-2654.

[92] 马远, 张瑞. "一带一路"背景下中国天然气进口贸易效率及潜力分析——基于时变随机前沿引力模型 [J]. 新疆财经, 2021, (1): 70-80.

[93] 孙焱林, 覃飞. "一带一路"倡议降低了企业对外直接投资风险吗 [J]. 国际贸易问题, 2018, (8): 66-79.

[94] 苏轶娜, 李雪梅. 推进我国参与"一带一路"油气合作核心区建设研究 [J]. 经济纵横, 2017, (9): 89-98.

[95] 渠立权, 骆华松, 胡志丁, 等. 中国石油资源安全评价及保障措施 [J]. 世界地理研究, 2017, 26 (4): 11-19.

[96] 于宏源. 地缘政治视域下国际石油价格的震荡及应对 [J]. 国际展望, 2020, 12 (6): 23-44.

[97] 林培源. 中国与哈萨克斯坦油气合作的现状、挑战和前景 [J]. 中国石油大学学报 (社会科学版), 2017, 33 (1): 6-10.

[98] 朱雄关. 能源命运共同体: 全球能源治理的中国方案 [J]. 思

想战线, 2020, 46 (1): 140-148.

[99] 包博文. 中俄能源外交的现状与对策分析 [J]. 中国市场, 2018, (29): 7-9+17.

[100] 麻希源. 简析俄罗斯与中国开展能源外交的动因 [J]. 南方论刊, 2017, (9): 29-31.

[101] 方婷婷. 俄罗斯管道外交对中国的影响及其应对 [J]. 江苏行政学院学报, 2016, (6): 98-101.

[102] 韩庆娜, 修丰义, 张用. "一带一路" 背景下中国对中亚能源外交中的美国因素与对策研究 [J]. 青海社会科学, 2018, (5): 42-48.

[103] 张居营. 中亚国家经济风险及对 "一带一路" 倡议落实的影响研究 [D]. 北京: 中央财经大学, 2019.

[104] 葛璐澜, 金洪飞. "一带一路" 沿线国家制度环境对中国企业海外并购区位选择的影响研究 [J]. 世界经济研究, 2020, (3): 60-71.

[105] 余晓钟, 刘利. "一带一路" 倡议下国际能源产业园区合作模式构建——以中亚地区为例 [J]. 经济问题探索, 2020, (2): 105-113.

[106] 蒋钦云, 梁琦. 沙特谋求经济转型的启示及中沙能源合作建议 [J]. 宏观经济研究, 2016, (12): 160-167.

[107] 余晓钟, 白龙. "一带一路" 背景下国际能源通道合作机制创新研究 [J]. 东北亚论坛, 2020, 29 (6): 77-93.

[108] 余晓钟, 焦健, 高庆欣. "一带一路" 倡议下国际能源合作模式创新研究 [J]. 科学管理研究, 2018, 36 (4): 112-115.

[109] 蔡青青, 张文中. "丝绸之路经济带" 背景下中国与土库曼斯坦能源合作问题 [J]. 对外经贸实务, 2019, (6): 18-21.

[110] 余晓钟, 罗霞. "一带一路" 能源合作伙伴关系内涵与推进策略 [J]. 亚太经济, 2020, (4): 5-17.

[111] 许勤华, 袁淼. "一带一路" 建设与中国能源国际合作 [J]. 现代国际关系, 2019, (4): 8-14.

[112] 董秀成, 董康银, 窦悦. 后疫情时代全球能源格局演进和重塑路径研究 [J]. 中外能源, 2021, 26 (3): 1-6.

[113] 欧庭宇. "一带一路" 能源命运共同体的构建探讨——兼论中

国石油与中亚油气合作［J］．中外能源，2021，26（3）：7-13．

［114］张所续．中国与"一带一路"沿线国家能源合作研究［J］．国土资源情报，2021，（2）：22-29．

［115］卢伟，公丕萍．与俄蒙中亚地区共建"一带一路"［J］．宏观经济管理，2021，（2）：84-90．

［116］张金珠，赵欣，刘宇，等．中国对"一带一路"沿线国家能源投资的经济与环境效应研究［J］．科技促进发展，2021，17（1）：42-51．

［117］吕江．"一带一路"倡议与全球能源供需平衡机制的构建［J］．马克思主义与现实，2021，（1）：159-165．

［118］熊智钰．"一带一路"背景下国际能源合作机制创新模式研究［J］．价格理论与实践，2020，（2）：157-159+175．

［119］李宇，郑吉，金雪婷，等．"一带一路"投资环境综合评估及对策［J］．中国科学院院刊，2016，31（6）：671-677．

［120］冯玉军，庞昌伟，许勤华，等．俄罗斯在国际能源战略格局变化中的地位及中俄能源合作［J］．欧亚经济，2018，（3）：1-69．

［121］贺方彬．海外精英对"一带一路"倡议的认知及启示［J］．当代世界与社会主义，2019，（4）：192-201．

［122］吕江．"一带一路"能源合作（2013—2018）的制度建构：实践创新、现实挑战与中国选择［J］．中国人口·资源与环境，2019，29（6）：10-19．

［123］衣保中，张洁妍．东北亚地区"一带一路"合作共生系统研究［J］．东北亚论坛，2015，24（3）：65-74+127-128．

［124］林建勇，蓝庆新．"一带一路"战略下中国与中亚国家能源合作面临的挑战与对策［J］．中国人口·资源与环境，2017，27（S1）：203-206．

［125］洪菊花，骆华松，梁茂林．主体间性视角下的"一带一路"能源安全共同体研究［J］．世界地理研究，2017，26（2）：11-19．

［126］王珏．中国企业海外油气投资风险管理及优化研究［D］．北京：对外经济贸易大学，2016．

［127］杨鑫磊．"一带一路"沿线国家油气投资风险管理研究［D］．北京：中国石油大学，2021．

[128] 肖宇. 一带一路油气合作金融风险评估与防范机制 [D]. 北京: 中国石油大学, 2018.

[129] 代琤, 李洪玺. 阿富汗油气投资风险及应对策略 [J]. 国际经济合作, 2017, (2): 82-87.

[130] 杨宇, 何则. 能源地缘政治与能源权力研究 [J]. 地理科学进展, 2021, 40 (3): 524-540.

[131] 潘建屯, 范乃嘉. 共生理论视域下"一带一路"能源命运共同体构建 [J]. 西南石油大学学报 (社会科学版), 2020, 22 (4): 1-7.

[132] 姜璐, 余露, 邢冉, 等. "一带一路"沿线国家能源地理格局及空间特征分析 [J]. 辽宁大学学报 (自然科学版), 2020, 47 (1): 26-33.

[133] 吕江. "一带一路"能源合作 (2013—2018) 的制度建构: 实践创新、现实挑战与中国选择 [J]. 中国人口·资源与环境, 2019, 29 (6): 10-19.

[134] 南楠, 程中海, 赵泡馨. 局部地区冲突冲击了中国石油进口吗 [J]. 国际经贸探索, 2021, 37 (2): 19-36.

[135] 田文林. "资源诅咒": 论石油因素对中东的消极影响 [J]. 阿拉伯世界研究, 2019, (6): 75-87+117-118.

[136] 吴磊, 曹峰毓. 论世界能源体系的双重变革与中国的能源转型 [J]. 太平洋学报, 2019, 27 (3): 37-49.

[137] 王波, 李扬. 论"丝绸之路经济带"倡议下中国与中亚地区能源合作制度建设的大国因素 [J]. 东北亚论坛, 2018, 27 (6): 105-124+126.